Witold Gombrowicz

Diario argentino

Traducción del polaco
por Sergio Pitol

Adriana Hidalgo editora

Gombrowicz, Witold
Diario argentino - 1ª. ed. 2ª. reimp.
Buenos Aires : Adriana Hidalgo editora, 2006.
304 p. ; 19x13 cm. - (Narrativas)
Traducido por: Sergio Pitol

ISBN 987-9396-61-8

1. Crónicas. I. Título
CDD 070.44

narrativas

Selección original hecha por W. Gombrowicz
Traducción: Sergio Pitol

Editor:
Fabián Lebenglik

Diseño de cubierta:
Eduardo Stupía

© Rita Gombrowicz, 2001
© Adriana Hidalgo editora S.A., 2001, 2003, 2006
Córdoba 836 - P. 13 - Of. 1301
(1054) Buenos Aires
e-mail: info@adrianahidalgo.com
www.adrianahidalgo.com

ISBN 10: 987-9396-61-8
ISBN 13: 978-987-9396-61-2

Impreso en Argentina
Printed in Argentina
Queda hecho el depósito que indica la ley 11.723

Diario argentino

Nota editorial

La ausencia de fechas en el *Diario argentino* respeta el criterio adoptado por Witold Gombrowicz cuando preparó la primera edición de esta obra.

La presente edición incluye una exhustiva bibliografía de los textos de Gombrowicz y los artículos, ensayos y libros sobre el autor y su obra publicados en la Argentina.

PREFACIO

El diario que sigo desde hace catorce años consta de más de mil páginas. Forma tres gruesos volúmenes. El presente tomo, Diario argentino, *comprende únicamente los textos referentes a la Argentina.*

De ahí resulta cierta distorsión de la perspectiva. Quizá sea difícil leer correctamente estas páginas sin conocer el complemento, todo lo que en el diario escribí sobre el hombre, sobre el Arte, sobre Polonia, sobre Europa, sobre mí mismo y sobre tantas cosas mías.

No encontraréis aquí una descripción de la Argentina. Quizás incluso no reconoceréis sus paisajes. El paisaje es aquí "un estado de ánimo". Este diario, a pesar de las apariencias, tiene igual derecho a la existencia que un poema.

No es la descripción de Argentina, sino la de mi vivencia de Argentina.

Argentina es aquí tan sólo mi aventura, nada más. Generalmente se dice de Argentina que no existe, o que existe pero no como una realidad, o que existe, sí, pero como algo aún embrionario, doloroso, desesperado... que el argentino todavía no ha nacido y de ahí su dolor y su vergüenza, etcétera.

Tales cosas, repetidas con demasiada frecuencia, me parecen poco veraces y harto exageradas. Prefiero mantenerme al margen de esa retórica demasiado patética. Estos apuntes del mo-

mento se hicieron además sin intención especial de penetrar el país. Escribo sobre mí mismo y no sobre Argentina: pero a veces ocurría que escribía sobre mí en Argentina. Son esas páginas las que integran el presente volumen.

¿La política?

Si casi no toco los temas políticos, si no me asocio con ese otro coro que hoy predomina entre los argentinos ("se nos explota económicamente, estamos en las garras del capitalismo internacional y de la oligarquía local") es porque mi diario quiere ser lo contrario de la literatura comprometida, quiere ser literatura privada. Me parece que ese tipo de literatura es ahora necesario, sería extremadamente aburrido que todos repitieran siempre lo mismo y al unísono.

Y permitidme deciros que desde la perspectiva de la Europa central y la oriental la realidad argentina se ve de distinta manera.

¡Bah!, este diario mío es así, casual, a veces descuidado... inmediato... privado...

Jóvenes amigos argentinos: erais un pequeño grupo de muchachos extremadamente inteligentes y sensibles, inclusive talentosos. Me habéis mostrado tanta amistad sincera que os perdono las burlas hechas a costa de este viejo estrafalario... merecidas por lo demás... también yo me reía de vosotros a más no poder.

Después de mi éxodo de Argentina se creó algo así como una leyenda melodramática; resulta que el escritor reconocido hoy en Europa vivió en Argentina, humillado, despreciado y rechazado por el Parnaso local. Todo eso es falso. Yo preferí voluntariamente no mantener relaciones estrechas con el Parnaso, porque los medios literarios de todas las latitudes geográficas están integrados por seres ambiciosos, susceptibles, absortos en su propia grandeza, *dispuestos a ofenderse por la cosa más mínima. Creo que por las mismas razones el Parnaso no se apresuró demasiado a trabar relaciones más estrechas conmigo. En fin, no es de extrañar: un polaco, desconocido en París, autor de cierta obra, con gustos literarios demasiado paradójicos, sospechoso y excéntrico.*

Probablemente... si alguien se me hubiera acercado... si me hubieran dado la mano... Pero los únicos que se interesaban en mí eran los estudiantes. Y sin embargo yo también era como un estudiante que vagaba por las calles, sin empleo, desconectado, con una inmensidad de tiempo libre, vacío...

Hay que añadir, además, que cuando no se tiene una situación social, honores, reconocimiento, la gente joven se convierte en el único lujo; es la única aristocracia accesible.

En mi situación no podía sino elegir entre el lamento y la diversión. Escogí la diversión, pero confieso que quizá me divertía en exceso y demasiado bien.

Además, quienes sólo conocen Ferdydurke *no saben que al correr de los años todo el complejo de problemas: juventud-inmadurez-forma, se volvió para mí cada vez más esencial y quizás más doloroso; no fue ya solamente la diversión, sino también las disputas y el doloroso esfuerzo espiritual oculto tras esa problemática.*

Sí, mi diario argentino es una especie de salto de un tema a otro. Y, sin embargo, es cierto que Argentina se convirtió para mí en algo inusitadamente importante, conmovedor hasta lo más profundo. Pero no sé bien a qué se debe eso y en qué consiste. No, no miento y no exagero al decir que hasta hoy no he logrado desprenderme de la Argentina.

Gombrowicz en Tandil, 1960. Gentileza de Alejandro Rússovich.

I

Lunes

Rugido de sirenas, pitidos, fuegos de artificio, corchos que saltan de las botellas y el tremendo ruido de una ciudad en plena conmoción. En este minuto entra el nuevo año 1955. Voy caminando por la calle Corrientes, solo y desesperado.

No veo nada ante mí... ninguna esperanza. Todo para mí ha terminado, nada quiere iniciarse. ¿Un balance? Después de tantos años, intensos a pesar de todo, laboriosos a pesar de todo... ¿quién soy? Un empleadito cansado por siete horas de *burolencia*, cuyas pretensiones de escribir han sido ahogadas. No puedo escribir sino este diario. Todo se ha ido al diablo debido a que día tras día, durante siete horas, realizo el asesinato de mi propio tiempo. Dediqué tantos esfuerzos a la literatura y ella hoy día no es capaz de asegurarme un mínimo de independencia material, un mínimo –al menos– de dignidad personal. "¿Escritor?" ¡Qué va! ¡En el papel! Pero en la vida... un cero, un ser de segunda categoría. Si el destino me hubiera castigado por mis pecados no protestaría. ¡Pero me ha aplastado por mis virtudes!

¿A quién debo culpar? ¿A la época? ¿A los hombres? Pero cuántos existen cuyo aplastamiento es aún peor. Mi mala suerte se debió a que en Polonia me despreciaban, y hoy, cuando uno que otro al fin comienza a respetarme, no hay sitio para mí. Estoy tan desprovisto de casa como si no habitara en la tierra sino en los espacios interplanetarios, como un globo.

Viernes

Fui a Ostende, una tienda de moda, y compré un par de zapatos amarillos que me resultaron demasiado estrechos. Volví a la tienda y los cambié por otro par de zapatos del mismo modelo y número, idénticos bajo todos los aspectos; me resultaron igualmente estrechos.

A veces me asombro conmigo mismo.

Jueves

Me levanté como de costumbre alrededor de las diez y desayuné: té con bizcochos y un plato de cereales. Cartas: una de Litka, Nueva York; otra de Jelenski, París.

A las doce me dirigí a la oficina (caminando; es cerca). Hablé por teléfono con Marril Alberes sobre la traducción y con Russo para arreglar los detalles de nuestro próximo viaje a Goya. Llamó Ríos para decirme que ha vuelto de Miramar y Dabrowski para tratar el asunto del departamento.

A las tres café y pan con jamón.

Salí de la oficina a las siete y fui a la Avenida Costanera a respirar un poco de aire fresco (hace calor, 32 grados). Pensaba en lo que me contó ayer Aldo. Después fui a casa de Cecilia Benedit para llevarla a cenar. Comí una sopa, un bife con papas, ensalada y compota. Hacía tiempo que no la veía, me relató sus aventuras con Mercedes. Llegó a sentarse a nuestra mesa una cantante. Hablamos también de Adolfo y su astrología. De allí, alrededor de la medianoche, me dirigí al Rex a tomar un café. Eisler se sentó a mi mesa. Nuestras conversaciones son por este estilo: "¡Qué tal, señor Gombrowicz!", "Tranquilícese un momento Eisler, se lo agradeceré mucho."

De regreso a casa entré en el Tortoni a recoger un paquete y a conversar con Pocho. En casa leí el *Diario* de Kafka. Me acosté a eso de las tres.

Publico esto para que me conozcan en la intimidad.

Jueves

Concierto en el Colón.

¿Qué me puede importar el mejor virtuoso en relación con la disposición de mi espíritu? Mi espíritu que hoy por la tarde fue traspasado de uno a otro extremo por una melodía mal tarareada por alguien, y que ahora en la noche rechaza con repugnancia la música servida por un *mâitre* de frac, en bandeja dorada, con albondiguitas. No siempre la comida se come con mayor placer en los restaurantes de primera categoría. Además el arte me habla casi siempre con más elocuencia cuando se manifiesta de un modo imperfecto, casual y fragmentario, como si sólo me señalara su presencia, permitiéndome intuirlo tras la torpeza de una interpretación. Prefiero el Chopin que me llega en la calle desde lo alto de una ventana al Chopin perfectamente ornamentado de una sala de conciertos.

El pianista alemán galopaba con el acompañamiento de la orquesta. Arrullado por los tonos ya vagaba en una especie de ensueños, recuerdos... y en un asunto que debo arreglar mañana: mi perrito Bumfila, un pequeño fox-terrier... Mientras tanto el concierto tenía lugar, el pianista galopaba. ¿Era un pianista o un caballo? Hubiese jurado que no se trataba en absoluto de Mozart, sino de adivinar si aquel brioso corcel iba a ganarles la delantera a Horowitz o a Rubinstein. El público presente estaba absorto en la pregunta: ¿de qué clase de virtuoso se trataba; estaban sus *pianos* a la medida de Arrau y sus *fortes* a la altura de Gulda? Soñaba estar en un match de boxeo y veía cómo le daba un golpe de gancho a Brailowski, cómo machacaba con octavas a Gieseking, cómo con un trino dejaba knock-out a Solomon. ¿Pianista, caballo, boxeador? De repente me pareció un boxeador montado sobre Mozart, cabalgando a Mozart, pegándole, golpeándolo y acicateándolo con las espuelas mientras tamborileaba. ¿Qué pasa? ¡Llegó a la meta! ¡Aplausos, aplausos, aplausos! El jockey bajó del caballo y saludó, enjugándose la frente con un pañuelo.

La condesa en cuyo palco me encontraba suspiró: "¡Precioso, precioso, precioso!".

Su marido, el conde, replicó: "Yo de esto no entiendo nada, pero tengo la impresión de que la orquesta no logró estar a su altura...".

Los miré como a perros. ¡Qué irritación cuando la aristocracia no sabe comportarse! ¡Se les exige tan poco y ni siquiera a eso llegan! Esas personas deberían saber que la música es sólo un pretexto para que se reúna la sociedad de la que forman parte, con sus buenos modales y manicuras. Pero en vez de permanecer en su sitio, en su mundo social-aristocrático, quieren tomar en serio el arte, se sienten en la obligación de brindarle un medroso homenaje y, fuera de su condado, descienden al nivel del estudiantado. Puedo tolerar algunos lugares comunes puramente formales, expresados con el cinismo de la gente que conoce el valor de un cumplido... pero ellos se esfuerzan en ser sinceros... ¡los pobres!

Después pasamos al foyer. Mis ojos se posaron en la excelsa multitud que giraba distribuyendo saludos. ¿Ves al millonario X? ¡Mira, mira, allá está el general con el embajador! Y más allá el presidente inciensa al ministro, quien dirige una sonrisa a la esposa del profesor. Creí, pues, encontrarme en medio de los personajes de Proust, quienes iban al concierto no a escucharlo sino a realzarlo con su presencia, cuando las damas se metían a Wagner en los cabellos con una hebilla de brillantes, cuando las notas de Bach significaban un desfile de nombres, dignidades, títulos, dinero y poder. ¿Pero esto? Cuando me acerco a ellos sobreviene el ocaso de los dioses, desaparecidas la grandeza y el poder... los oí cambiar impresiones tímidas, humildes, llenas de respeto hacia la música y a la vez peores de las que podría emitir cualquier aficionado de la galería. ¿Hasta a esto se han rebajado? Me pareció que no eran presidentes sino alumnos del quinto año de la escuela secundaria y, como siempre que vuelvo a esos años escolares, sentí un profundo desagrado; preferí alejarme de esa tímida juventud.

En la soledad del palco yo, moderno, yo, desprovisto de prejuicios, yo, enemigo de los salones, yo, a quien el látigo de la derrota no ha extraído de la mente nada de su pretensión y altanería, meditaba en que el mundo donde el hombre se adora a sí mismo por medio de la música me convence más que el mundo donde el hombre adora la música.

Después tuvo lugar la segunda parte del concierto. El pianista volvió a montarse sobre Brahms y a galopar. Nadie, en realidad, sabía qué estaba tocando. Porque la perfección del pianista no dejaba concentrarse en Brahms y la perfección de Brahms desviaba la atención del pianista. Llegó el desenlace. Aplausos. Aplausos de los conocedores. Aplausos de los aficionados. Aplausos de los ignorantes. Aplausos del rebaño. Aplausos provocados por los aplausos. Aplausos que crecían por sí mismos, se acumulaban, se excitaban, se reclamaban... y ya nadie podía dejar de aplaudir porque todos aplaudían.

Fuimos a los camarines a rendir homenaje al artista.

El artista estrechaba manos, cambiaba amabilidades, recibía elogios e invitaciones con la sonrisa pálida de un cometa ambulante. Lo contemplé a él y a su grandeza. Parecía ser muy agradable, sí, sensible, inteligente, culto... ¿pero su grandeza? Llevaba esa grandeza sobre los hombros como un frac y, ¿no le había sido en realidad cortada por un sastre? A la vista de tantos solícitos homenajes puede parecer que no hay mayor diferencia entre esta fama y la fama de Debussy o de Ravel, su nombre estaba también en todas las bocas, él también era "artista" como ellos... y sin embargo... y sin embargo... ¿era su fama como la de Beethoven o más bien como la de las hojas de afeitar Gillette o las plumas Waterman?

¡Qué diferencia entre la fama por la que se paga y la fama con la que se gana!

Era demasiado débil para oponerse al mecanismo que lo exaltaba, no había que esperar ninguna resistencia de su parte. Al contrario. Danzaba al son que le tocaban y tocaba para hacer danzar a quienes danzaban a su alrededor.

Viernes

Escribo este diario sin ganas. Su insincera sinceridad me fatiga. ¿Para quién escribo? ¿Si tan sólo para mí, por qué se imprime? ¿Y si lo es para el lector, por qué finjo entonces conversar conmigo mismo? ¿Hablar con uno mismo para que lo oigan los demás?

Cuán lejos me encuentro de la seguridad y el aliento que vibran en mí en el momento –perdonad– de "crear". Aquí, en estas páginas, me siento como si estuviera saliendo de la noche bendita a la dura luz de la mañana que me llena de bostezos y saca a la claridad mis imperfecciones. La falsedad existente en el principio mismo del diario me intimida, les ruego que me disculpen... (Pero tal vez estas últimas palabras son superfluas, son ya pretenciosas.)

Sin embargo advierto que uno debe ser el mismo en todos los niveles de la escritura; es decir, que debería poder expresarme no sólo en un poema o en un drama, sino también en la prosa vulgar, en un artículo o en el diario... y el vuelo del arte tiene que encontrar su correspondencia en la región de la vida cotidiana, igual que la sombra del cóndor se refleja sobre la tierra. Es más, este tránsito al mundo cotidiano desde el campo distante de las profundidades más lejanas, casi en el subsuelo, es para mí algo de inmensa importancia. Quiero ser un globo, pero cautivo; una antena, pero clavada en el suelo; quiero ser capaz de traducirme al idioma ordinario. Sí, pero *traduttore, traditore.* Es ahí donde me traiciono, donde estoy por debajo de mí mismo.

La dificultad consiste en que escribo sobre mí, pero no en la noche, no en la soledad, sino precisamente en un periódico, en medio de la gente. No puedo, en tales condiciones, tratarme con la seriedad debida; debo ser "modesto"... y otra vez me cansa como me ha cansado toda la vida –lo que tanto ha influido en mis relaciones con los hombres– esta necesidad de menospreciarme para adaptarme a los que me menosprecian o a quienes no tienen de mí la más remota idea. No quiero de ningún modo someterme a esa "modestia", a la que considero mi enemiga mortal. ¡Felices los franceses que escriben sus diarios con tacto! No creo en el valor de ese tacto, sé que solamente consiste en evitar con tacto un problema que por su naturaleza misma rechaza todo tacto.

Pero debería yo tomar el toro por las astas. Desde la infancia me inicié en este asunto, creció conmigo. Hoy, en verdad, debería sentirme completamente liberado. Sé, y lo he dicho más de una vez, que todo artista debe tener pretensiones (porque pretende el pedestal de un monumento), pero que a la vez esconder dichas pretensiones es un error de estilo, es la prueba de una mala "solución interna". Hay que abrirse. Poner las cartas sobre la mesa. Escribir no significa sino la lucha del artista contra los demás por resaltar su propia superioridad.

¿Qué valor puede tener en todo caso esta idea si no soy capaz de realizarla aquí, en el diario? Sin embargo no logro hacerlo, algo me lo impide; cuando entre la gente y yo no existe una forma artística, el contacto se vuelve demasiado molesto. Debería tratar a este diario como un instrumento de mi devenir ante ustedes... obligarlos a que me enfoquen de cierta manera, de una manera que hiciera en mí posible (aparezca la palabra peligrosa) el talento. Sea pues este diario más moderno y más consciente y quede impregnado de la idea de que mi talento sólo puede nacer en relación a ustedes, es decir que sólo ustedes pueden incitarme al talento, es más: crearlo en mí.

Desearía que se reflejara en mi persona esto que sugiero. Imponerme a los hombres como personalidad para luego permanecer sometido a ellos durante el resto de la vida. Otros diarios podrían ser al mío lo que es la expresión "así soy yo" en relación a "quiero ser así". Nos hemos acostumbrado a las palabras muertas que solamente afirman, pero son mejores las que llaman a la vida. *Spiritus movens*. Si lograra convocar este espíritu en movimiento en las páginas del diario, podría realizar no pocas cosas. Podría ante todo (y eso lo necesito aún más por ser un autor polaco) romper esta estrecha jaula de nociones en la que desearían aprisionarme. Demasiados hombres dignos de mejor suerte se han dejado encadenar. Soy yo y nadie más que yo quien debe designarme el papel que me corresponde.

Y luego, al internarme –en cierta forma a título de proposición– en cuestiones más o menos relacionadas conmigo, me siento dirigido a otras iniciaciones que aún me son desconocidas. Internarme lo más lejos posible en los terrenos vírgenes de la cultura, en sus parajes todavía casi salvajes, es decir indecentes, y al incitarlos a la rigurosidad, incitarme también yo... Porque quiero encontrarme con ustedes precisamente en esa selva, relacionarme con ustedes de manera difícil e incómoda tanto para ustedes como para mí. Por otra parte, ¿acaso no tengo que separarme del pensamiento europeo contemporáneo, acaso no son enemigas mías las corrientes y doctrinas a las que me asemejo? Debo atacarlas para forzarme a ser diferente... y forzarlos a ustedes a confirmar tal diferencia. Descubrir mi presente, relacionarme con ustedes en la época actual.

Quisiera empezar a construirme un talento en este cuadernillo, a la vista de todos... de modo tan evidente como Henryk en el tercer acto de mi obra *El matrimonio* se fabrica ese matrimonio... ¿Por qué a la vista de todos? Porque quiero dejar de ser para ustedes un enigma demasiado fácil. Al introducirlos en las entretelas de mi ser, me obligo a penetrar en una profundidad aún más lejana.

Todo eso en el caso de lograr captar el espíritu en movimiento. Pero no me siento con fuerzas... Desde hace tres años, desgraciadamente, me desvinculé del arte puro. Mi trabajo literario no es de aquellos que se pueden practicar de pasada los domingos y días festivos. Comencé a escribir este diario precisamente para salvarme, por miedo a la degradación y a la inmersión definitiva en la marea de vida trivial que me llega ya hasta la boca. Pero resulta que aquí tampoco soy capaz de un esfuerzo pleno. No se puede ser "una nada" durante la semana para lograr existir el domingo. Ustedes, periodistas, consejeros respetables y aficionados no debéis temer nada. Ya no los amenaza ninguna presunción mía, ningún misterio. Al igual que ustedes, que el universo entero, me deslizo hacia el periodismo.

¿Decirlo o no decirlo? Hace aproximadamente un año me ocurrió lo siguiente: Entré en el baño de un café de la calle Callao... En las paredes había dibujos e inscripciones. Pero aquel deseo delirante nunca me hubiera atravesado como un aguijón envenenado de no haber palpado por azar un lápiz en mi bolsillo. Un lápiz de color.

Encerrado, aislado, con la seguridad de que nadie me veía, en una especie de intimidad... el murmullo del agua que me susurraba: hazlo, hazlo, hazlo, saqué el lápiz. Mojé la punta con saliva. Escribí algo en la pared, en la parte superior para que fuera más difícil borrarlo, escribí en español algo, ¡bah!, completamente anodino, del género de: "Señoras y señores tengan la bondad de...".

Guardé el lápiz. Abrí la puerta. Atravesé el café y me mezclé entre la multitud de la calle. Allá quedó el escrito.

Desde entonces vivo con la conciencia de que mi escrito está allá.

Dudaba si debía confesarlo. Vacilaba no por razones de prestigio sino porque la palabra escrita no debe servir para la publicación de ciertas manías...Y sin embargo no voy a ocultarlo: nunca soñé siquiera que aquello podía resultar tan... fascinante. Apenas si puedo reprimir el remordimiento por haber malgastado tantos años de mi vida sin haber conocido una voluptuosidad tan barata y desprovista de todo riesgo. Hay algo raro y embriagador en ello... que posiblemente proviene de la terrible evidencia del escrito que está allá en la pared unido al absoluto secreto de su autor, al que es imposible descubrir. Debo añadir también que esto no se ajusta por completo al nivel de mi creación...

Domingo

Tragedia.

Caminé bajo la lluvia con el sombrero hundido en la frente, con el cuello del abrigo levantado, con las manos en los bolsillos.

Después regresé a casa.

Salí otra vez para comprar algo para comer.

Y comí.

Viernes

Con el pintor español Sanz en El Galeón. Vino a pasar dos meses, vendió cuadros por varios centenares de miles de pesos, conoce a Lobodowski y lo aprecia mucho. A pesar de haber ganado mucho dinero en Argentina habla sin entusiasmo del país. "En Madrid uno se sienta en la mesa de cualquier café y aunque no espere nada concreto, sabe que todo puede ocurrir: la amistad, el amor, la aventura. Aquí uno sabe que nada ocurrirá."

Pero el descontento de Sanz es muy moderado en comparación con lo que dicen otros turistas. Esas muecas de los extranjeros con respecto a Argentina, sus críticas altaneras, sus juicios sumarios, me parecen desprovistos de calidad. Argentina está llena de maravillas y de encanto, pero el encanto es discreto, arropado en una sonrisa que no quiere expresar demasiado. Hay aquí una buena "materia prima" aunque todavía no sea posible fabricar productos. No hay una Catedral de Notre-Dame ni un Louvre, en cambio a menudo se ven por la calle dentaduras deslumbrantes, magníficos ojos, cuerpos armoniosos y ágiles. Cuando de vez en cuando llegan de visita los cadetes de la marina francesa, Argentina se arrebata –es algo obvio e inevitable– de admiración, como si contemplara a la misma París, pero dice: "¡Lástima que no sean más apuestos!". El aroma de París de las actrices francesas naturalmente embriaga a los argentinos, pero comentan: "No hay una sola que tenga todo en orden". Este país, saturado de juventud, tiene una especie de perennidad aristocrática propia de los seres que no necesitan avergonzarse y pueden moverse con facilidad.

Hablo solamente de la juventud porque la característica de Argentina es una belleza joven y "baja", próxima al suelo, y no se la encuentra en cantidades apreciables en las capas medias o superiores. Aquí únicamente el vulgo es distinguido. Sólo el pueblo es aristócrata. Únicamente la juventud es infalible. Es un país al revés, donde el pillo vendedor de una revista literaria tiene más estilo que todos los colaboradores de esa revista, donde los salones –plutocráticos o intelectuales– espantan por su insipidez, donde al límite de la treintena ocurre la catástrofe, la total transformación de la juventud en una madurez por lo general poco interesante. Argentina, junto con toda América, es joven porque muere joven. Pero su juventud es también, a pesar de todo, inefectiva. En las fiestas de aquí es posible ver cómo al sonido de la música mecánica un obrero de veinte años, que es en sí una melodía de Mozart, se aproxima a una muchacha que es un vaso de Benvenuto Cellini, pero de esta aproximación de dos obras maestras no resulta nada... Es un país, pues, donde no se realiza la poesía, pero donde con fuerza inmensa se siente su presencia detrás del telón, terriblemente silenciosa.

Es mejor no hablar de obras maestras porque esa palabra en Argentina carece de sentido... aquí no existen obras maestras, sino solamente obras, aquí la belleza no es nada anormal sino que constituye precisamente la materialización de una salud ordinaria y de un desarrollo mediocre, es el triunfo de la materia y no una revelación de Dios. Y esta belleza ordinaria sabe que no es nada extraordinario y por eso no se tiene el menor aprecio; una belleza absolutamente profana, desprovista de gracia... y sin embargo, por su esencia misma parece estar fundida con la gracia y la divinidad, resulta fascinante por aparecérsenos como una renunciación.

Y ahora:

Lo que ocurre con la belleza física sucede también con la forma... Argentina es un país de forma precoz y fácil. No es posible ver aquí esos dolores, caídas, suciedades, torturas que son el acompañamiento de una forma que va perfeccionándose con lentitud y esfuerzo. Es raro que alguien meta la pata. La timidez es una excepción. La tontería manifiesta no es frecuente y estos hombres no caen en el melodrama, el sentimentalismo o el patetismo y la bufonería, al menos nunca por completo. Pero, consecuencia de esta forma que madura precoz y llanamente (gracias a la cual el niño se mueve con la desenvoltura del adulto), que facilita, que pule, en este país no se ha formado una jerarquía de valores en el concepto europeo y es eso tal vez lo que más me atrae de la Argentina. No sienten repugnancia... no se indignan... no condenan... ni se avergüenzan en la misma medida que nosotros. Ellos no han vivido la forma, no han experimentado su drama. El pecado en Argentina es menos pecaminoso, la santidad menos santa, la repugnancia menos repugnante y no sólo la belleza del cuerpo, sino en general cada virtud, es aquí menos señera, está dispuesta a comer en el mismo plato que el pecado. Aquí surge algo en el aire que nos desarma. El argentino no cree en sus propias jerarquías o las considera como algo impuesto. La expresión del espíritu en Argentina no es convincente; ellos lo saben mejor que nadie; existen aquí dos idiomas distintos, uno público, que sirve al espíritu: ritual y retórico; otro privado, por medio del cual los hombres se comunican a espaldas de los demás. Entre esos dos idiomas no existe la menor relación y el argentino oprime el botón que lo traslada a la grandilocuencia para después oprimir el que lo devuelve a la vida cotidiana.

¿Qué es la Argentina? ¿Es acaso una masa que no llega todavía a ser pastel, es sencillamente algo que no ha logrado cuajar del todo o es una protesta contra la mecanización del espíritu, un gesto desdeñoso e irritado del hombre que rechaza la acumulación demasiado automática, la inteligencia demasiado inteligente, la belleza demasiado bella, la moralidad demasiado moral? En este clima, en esta constelación, podría surgir una protesta verdadera y creadora contra Europa... Si la blandura encontrase algún camino para convertirse en dureza... Si la indefinición pudiera convertirse en programa, es decir en definición.

Sábado

Paseo con Karol Swieczewski por San Isidro: residencias, jardines. Pero –lo vemos desde la colina– el río inmóvil resplandece a lo lejos, con su color leonado, y a mano derecha, a la sombra de los eucaliptos, la casa de los Pueyrredón, blanca, secular, las ventanas cerradas, deshabitada desde que Prilidiano la abandonó. Entre esa casa y yo ha surgido una relación muy arbitraria. Empezó un día en que al pasar por allí pensé: "¿qué sucedería si esta casa se me volviera algo íntimo, si irrumpiera en mi destino por la única razón de que me es absolutamente ajena?". E inmediatamente después esta otra idea: "¿por qué precisamente esa casa, entre tantas casas, te sugirió semejante deseo?, ¿por qué precisamente ésa?". Inmediatamente esta idea respaldó a la otra y desde entonces me relacioné de verdad con la casa de Pueyrredón. Ahora esta luz, estos arbustos, estas paredes provocan en mí una conmoción cada vez mayor –y una inquietud– y cada vez que vengo me doblego bajo un peso indecible; en algún lado, en los límites, en los confines de mi ser explota el grito, el escándalo, el pánico terrible... Y es muy característico de mí, sí, me es propio, que ninguna de estas experiencias de angustia, abatimiento, congoja, desesperación, sea de sangre y hueso –que se trate sólo de algo como el contorno de un sentimiento–, por eso quizá sean más agudas, no estén alimentadas de nada, absolutamente puras. Este fuerte dolor no me impide la conversación con Swieczewski.

Conversamos sobre el abate Maciaszek.

Pero la casa de los Pueyrredón queda ahora a nuestras espaldas, detrás de nosotros, y el hecho de no verla aumenta su existencia. ¡Maldita casa que irrumpió en mí!; mientras menos la veo más existe. ¡Hela ahí!, detrás de mí, allí está. ¡Allí está! ¡Está allí, hasta la exageración, hasta la locura!, está y está, con sus ventanas y sus columnas neoclásicas, ¡a medida que me alejo en vez de disiparse existe cada vez más violentamente! ¿Por qué ésa? No es ésa a quien le corresponde acompañarme, perseguirme; otras casas son más mías, ¿por qué ésa, ajena, extraña, blanca existencia en este jardín, se me pega y me alcanza? Pero sigo conversando con Swieczewski. Sé que no digo lo que debería decir. ¡No debería hallarme aquí! ¿Dónde, entonces? ¿Cuál es mi sitio? ¿Qué debo hacer? ¿Dónde estar? No es mi lugar, mi país natal, ni la casa de mis padres, ni el pensamiento, ni la palabra, no, la verdad es que no tengo sino esta casa, sí, desgraciadamente, desgraciadamente, mi única casa es esta casa deshabitada, la blanca casa de Pueyrredón.

Conversando siempre sobre el abate Maciaszek nos alejamos de la casa de Pueyrredón. Pero él, Swieczewski, parece también estar como ausente, como si no estuviera aquí; lo veo estrujar una rama seca hasta reducirla a polvo.

Sábado

Partí al sitio donde el resplandor del sol enceguece. Primero un viaje de tres días en automóvil hasta un pueblo, soleado hasta el exceso. Allí terminaron los caminos. Recorrimos en avión los setenta kilómetros que nos separaban de la estancia.

DIARIO DE CAMPO

Sábado

Aterrizamos suavemente en una pradera junto a un bosquecillo, asustando a unas vacas aleladas –vistas de cerca parecían carneros–; bajé del aeroplano sin saber en realidad dónde estaba el Sur y dónde el Norte; en general no entendía nada sino que estaba sudando, sí, sudando, sí, sudaba hasta el alma, mientras el aire rarificado y ardiente danzaba ante mis ojos... Entre eucaliptos desgarrados por el grito de los loros se encuentra la casa.

Las patitas del sol me hacen entornar los ojos; paseo entre los árboles pero Sergio dice algo, y un gran pájaro despega en vuelo –sudo–, despega en vuelo y yo sudo; oigo que me dice que deberíamos ir de caza. Pero sudo. Sudo y me siento un tanto nervioso. Caprichoso, sí. Además me aburre que este muchacho haga siempre lo que de él se espera: a la hora de la comida se sienta a la mesa, cuando es tarde bosteza, y cuando vengo al campo me ofrece ir de caza. Le dije que dejara de fastidiarme con su banalidad e intentara ser más original. Nada responde. Zumban las moscas.

Domingo

Me desperté bastante tarde y traté de orientarme en cuanto a la posición, pero no era fácil porque el resplandor del sol no permite abrir los ojos... veía solamente el suelo arenoso bajo mis pies y, según me pareció, hormigas. Intenté levantar la vista, miré hacia la derecha: allí había una vaca; miré hacia la izquierda, otra vaca. Caminé en línea recta entre vibraciones solares que se filtraban a través de las hojas; de pronto tropecé con un árbol. Sergio, que me acompañaba, trepó inmediatamente al árbol. Le pregunté si no podía imaginar algo más original. En vez de responder siguió trepando, pero creo que ya no al árbol. Digo "creo" porque los párpados entornados me impedían ver bien, por lo demás sentía que me derretía.

Lunes

Pienso en mi trabajo, en mi lugar en la literatura, en mi responsabilidad, mi destino y mi vocación.

Pero a la izquierda zumba un mosquito, no, a la derecha; el verdor se desliza con fluidez al azul, las cotorras parlotean y hasta el momento no he podido ver los alrededores; no tengo ganas, además me estoy derritiendo. Supongo que hay palmeras, cactus, malezas, pastizales, ciénagas o pantanos, pero no lo sé con seguridad ; vislumbré una vereda, caminé por ella, la vereda me condujo a un bosque de arbustos que olían como a té, pero que no eran té; después vi por debajo del ala de mi sombrero las piernas de Sergio muy cerca del sitio en que yo estaba, a la izquierda. ¿Qué buscaba aquí? ¿ Deseaba acompañarme en el paseo? En un acceso de irritación le pregunté si no dejaría nunca de ser convencional, y de pronto me pareció ver que sus pies se levantaban y comenzaban a caminar a una altura de 15 cm. Eso duró algunos minutos. Luego descendieron y pisaron tierra... Usé la expresión "me pareció ver" porque no creo que aquello fuera posible. Además estoy dudando, y el sombrero, el resplandor y los matorrales limitaban el campo de visión. Mandioca.

Martes

No pasa nada. Si no me equivoco me miran manadas de caballos, así como cantidades inmensas de vacas.

Las noches son más frescas, pero a pesar de eso tengo gelatina en el cráneo y flojera en los huesos. Durante la cena Sergio en vez de encender un cigarrillo le prendió fuego a la cortina. Yo iba a gritar, pero resultó que no la encendió totalmente, es decir no por completo, sino a medias, lo que provocó cierto asombro por parte de sus padres, asombro a medias por lo demás; yo dije en tono de indulgencia benévola:

–Vamos, vamos, Sergio, ¿qué haces?

Miércoles

Estoy derritiéndome, disolviéndome, pero lo cierto es que aquí todo se disuelve; ¿dónde está el Norte?, ¿dónde está el Sur? No sé nada, quizá miro el paisaje al revés, pero no logro ver sino mosquitos, franjitas, puntos, temblor de la atmósfera, zumbido bañado en resplandor. En cambio Sergio empieza a despertar mi interés. Hoy durante el desayuno volvió a asombrarnos un poco; fue como si al entrar en el comedor hubiese hallado el modo de entrar otra vez al comedor; es decir, en cierta forma, entrar desde el interior; sí, fue como si del interior entrara al interior, lo que le permitió salir después del interior al interior y sólo más tarde del interior al exterior... Digo "fue como si", "en cierta forma", porque todo existía sólo hasta cierto punto; no cabe duda que este muchacho se aleja cada vez más de un patrón. Sus padres le llamaron la atención pero solamente hasta cierto grado porque era imposible concentrarse y el sudor lo inundaba a uno y todo se borra...

Jueves

Si no fuera por el sudor me sentiría seriamente intranquilo e incluso asustado porque están sucediendo cosas extrañas. En pleno mediodía, en medio de las vibraciones y del ardor más intenso, Sergio a caballo. Frente a la sorpresa de sus padres y de toda la estancia, montaba a caballo, pero no del todo, galopaba, pero no por entero; después bajó, sólo en cierta medida, y fue a su cuarto, pero no lo bastante. Tuve una amplia conversación con sus padres que no me ocultaron su preocupación, la que sin embargo se derretía, al igual que ellos, en la torridez tropical. A continuación me dirigí a Sergio rogándole que en el futuro fuera menos insólito. Me respondió que desde que le había abierto los ojos a posibilidades no presentidas se sentía como un rey y no pensaba abdicar. Me desagradó su respuesta y le demostré todas las inconveniencias de sus jugarretas, a lo que replicó:

—¡Bueno, bueno, sí, naturalmente, tienes la razón, cómo no!

Este "cómo no" me indicaba que persistiría en su medianía, en su carácter incompleto, y que sin embargo intentaría aprovechar esa especie de confusión, de nebulosa, de derretimiento de todo, para sus maquinaciones, que aprovecharía el que nosotros tuviéramos que cerrar *nolens volens* los ojos, y que haría pillerías, aunque quizá no del todo, y se permitiría libertades, aunque no por completo...

La conversación no produjo resultados positivos, más aún porque caminábamos por un sendero entre malezas al borde de la laguna; en cierto momento advertí que estaba parado entre cañas, y a mi lado, junto a los pies de Sergio, los pies de Chango y Cambá, dos peones de la estancia. Entonces ocurrió algo terrible. A saber, que todos se detuvieron (yo también) y la mano de Sergio me pasó la escopeta mientras otra mano indicaba de manera apremiante algo que parecía un triángulo, en un claroscuro verde-amarillento-azuloso, allá, entre las malezas de la orilla... Disparé.

El rayo del estrépito lo sacudió todo...

Y algo resbaló, saltó, desapareció.

Quedó sólo el zumbido de los mosquitos. Entonces comencé a caminar junto a los demás bajo un calor bochornoso y poco después entraba en la casa. Un yacaré. ¡Un yacaré! Un yacaré baleado, pero insuficientemente; matado, pero no del todo; tocado, pero no lo necesario... y él ahora lo penetra todo a mi alrededor. Además de eso: el estruendo, ese estruendo que también me penetra y que ha dejado su sello, sí, ¡¡¡su sello!!! Infernal ardor del sol. Sudor y deslumbramiento, estupor, caída en la haraganería... y el yacaré, un yacaré incompleto allá... Sergio nada decía, pero yo sabía que eso era parte de su juego... y no me asombró en absoluto cuando no del todo pero ya abiertamente voló sobre una rama y gorjeó durante un momento. ¡Claro que sí! Ahora –hasta cierto punto–, puede permitirse todo.

En cierta manera me preparo para la fuga. Hago en cierta medida mis valijas. El yacaré incompleto, ¡el no del todo yacaré! Los padres de Sergio ya casi subieron a un coche tirado por cuatro caballos, ya casi se alejan... casi con premura... Calor. Bochorno. Ardor.

II

Sábado

Me enteré por Tito que César Fernández Moreno había tomado notas de nuestra conversación sobre la Argentina y se proponía publicarlas en una revista. Le pedí por teléfono que me las mostrara antes de darlas a la imprenta.

Aunque ahora recuerdo que todavía nada saben de mi convivencia con el mundo literario argentino. Ahora apenas me doy cuenta de que no están al tanto de este capítulo de mi vida. No dudo de que les gustará enterarse. ¿Es que he logrado introducirlos bastante en mí, para que todo lo relacionado conmigo no les resulte indiferente?

Como he dicho ya en otra parte, llegué a Buenos Aires en el vapor *Chrobry,* una semana antes de que estallara la guerra.

Jeremi Stempowski, entonces director de GAL en Buenos Aires, se ocupó de mí; fue él quien me presentó a uno de los más conocidos escritores, Manuel Gálvez. Gálvez había sido amigo de Choromanski, quien había pasado aquí una temporada el año anterior a mi llegada, ganándose muchas simpatías. Gálvez me brindó una generosa hospitalidad y me auxilió en algunas dificultades, pero su sordera lo relegaba a la soledad... Poco después me traspasó al no menos conocido poeta

Arturo Capdevila, también amigo de Choromanski. "Ah –me dijo la señora de Capdevila–, si es usted tan encantador como Choromanski, llegará a conquistar muy fácilmente nuestros corazones."

Desgraciadamente no fue así. No puedo culpar de esto a los argentinos. Hubiesen tenido que usar una dosis de perspicacia mucho mayor de la que permite el febril ajetreo de las relaciones urbanas para poder entender algo de mi locura de aquel entonces, y tener una paciencia angelical para adaptarse a ella. La culpa era de esa constelación que apareció en mi cielo desplomado.

En el trayecto de Polonia a la Argentina me había sentido bastante desmoralizado; nunca (con excepción, quizá, del período pasado en París unos años atrás) me había encontrado en semejante estado de disipación. ¿La literatura? La literatura me importaba un bledo; después de publicar *Ferdydurke* había decidido descansar... por otra parte, el alumbramiento de esa novela fue para mí una sacudida realmente fuerte; sabía que habría de correr mucha agua antes de que se movilizaran en mí nuevas vivencias. Estaba aún envenenado por la ponzoña de mi libro, del que ni siquiera sabía bien si quería ser "joven" o "maduro", si se trataba de una vergonzosa manifestación de mi eterno hechizo ante la joven –encantadora– inferioridad o si, por el contrario, pretendía la orgullosa, pero trágica y nada atractiva, madura superioridad. Y cuando en el *Chrobry* pasaba frente a las costas alemanas, francesas e inglesas, todos esos territorios de Europa inmovilizados por el pavor del crimen aún por nacer, en el clima sofocante de la espera, parecían gritarme: ¡sé ligero, nada te es posible, lo único que te resta es la ebriedad! Me emborrachaba, pues, a mi modo, es decir, no necesariamente con alcohol... pero estaba borracho, casi totalmente embotado...

Después, las fronteras de los Estados y las tablas de las leyes hicieron explosión; se abrieron las esclusas de las fuerzas ciegas y –¡ah!– de pronto yo, en la Argentina, absolutamente solo, cortado, perdido, hundido, anónimo. Me sentía un tanto excitado, otro tanto amedrentado... Pero a la vez algo en mi interior me ordenó saludar con apasionada emoción el golpe que me aniquilaba y me lanzaba fuera de mi orden establecido. ¿La guerra? ¿La caída de Polonia? ¿El destino de mis amigos, de mi familia? ¿Mi propio destino? ¿Podía preocuparme por eso de una manera, podríamos decir, normal, yo, que estaba iniciado en todo ello de antemano, que lo había experimentado hacía ya tiempo?.. Sí, no miento al decir que desde hacía años convivía en mi interior con la catástrofe. Cuando aconteció me dije algo por el estilo: "Ah, así que al fin...". Y comprendí que había llegado el momento de aprovechar esa capacidad de lejanía y rompimiento en la que me venía ejercitando. Por cierto nada había cambiado, ese cosmos, esa vida, en la que estaba aprisionado, no se volvieron distintos por haber terminado cierto orden cómodo de mi existencia. Pero el escalofrío de una terrible y febril excitación provenía del presentimiento de que la violación libera algo que no estaba nombrado ni formado, cuya presencia no me era ajena, un elemento del que sabía solamente que era "inferior", "más joven"... y que se ponía en movimiento ahora en medio de una noche negra y violenta. No sé si resulta claro cuando señalo que desde el primer momento me enamoré de la catástrofe, aunque a mí también me arruinaba; que mi naturaleza me obligó a recibirla como una oportunidad de unirme en las tinieblas con el elemento inferior.

Capdevila, poeta-profesor-redactor del gran diario *La Prensa*, vivía con su familia en una casa en Palermo. Recuerdo la primera vez que fui a cenar a su casa. ¿Cómo debía presentarme a los Capdevila? ¿Como el trágico exiliado de una patria invadida? ¿Como un literato extranjero que sabe discurrir sobre los "nuevos valores" en el arte y desea informarse sobre el país? Capdevila y su esposa esperaban que apareciera en una de esas encarnaciones, además estaban llenos de una simpatía potencial hacia "el amigo de Choromanski"... pero pronto se sintieron confundidos al encontrarse ante un muchacho enteramente joven que, sin embargo, no era ya un muchacho tan joven...

¿Qué aconteció? Sí, tendré que confesarlo. Bajo el efecto de la guerra, del surgimiento de las fuerzas "inferiores" y las fuerzas regresivas se efectuó en mí la irrupción de una juventud tardía. Ante el desastre me escapé hacia la juventud y de golpe cerré esa puerta. Siempre tuve inclinaciones a buscar en la juventud –la propia o la ajena– un refugio frente a los "valores", es decir, frente a la cultura. Ya lo he dicho en este diario: la juventud es un valor en sí, lo que significa que es destructora de todos los demás valores, puesto que, bastándose a sí misma, no los necesita. Yo, por lo tanto, en vista del aniquilamiento de todo lo que hasta ahora poseía: patria, casa, situación social y artística, me refugié en la juventud, más apresuradamente aún debido a que (como se ha mencionado) estaba "enamorado". *Entre nous soit dit*, la guerra me rejuveneció... y dos factores me eran propios en este sentido. *Parecía* joven, tenía una cara fresca, veinteañera. El mundo me trataba *como* a un joven –¿acaso para la mayor parte de mis lectores polacos no era yo sino un chiflado, una persona carente de toda seriedad? Para los argentinos era alguien totalmente desconocido, más o menos igual a todos aquellos aspirantes que llegan de provincia y sólo después de demostrar sus posibilidades pueden pretender ser aceptados. Aunque quisiera imponerme como un valor, ¿qué podía hacer si el idioma me era desconocido y la gente se entendía conmigo en un francés cojo? Así que todo: mi aspecto, mi situación, mi absoluta desviación de la cultura y las vibraciones secretas de mi alma, todo me empujaba hacia una ligereza juvenil, un juvenil bastarme a mí mismo.

Los Capdevila tenían una hija, Chichina, de veinte años. Así fue que tanto él como su mujer pronto me pusieron en manos de ella, quien me presentó a sus amigas. Imaginad a Gombrowicz en ese año mortal de 1940 flirteando sutilmente con esas señoritas... que me hacían conocer los museos... con las que iba a comer masas... para quienes dicté una charla sobre el amor europeo... una mesa grande en el comedor de los Capdevila, detrás doce jovencitas y yo –¡qué idilio!– que hablaba de *L'amour europeen*. Sin embargo, aunque esta escena parezca un contraste infame con otras escenas de verdadera destrucción, en realidad no estaba tan lejos de serlo, era más bien la otra cara de la misma catástrofe, el principio de un camino también descendente. Adivino una especie de absoluta desvalorización de mi ser. Me volví liviano y vacío.

Al mismo tiempo penetraba en una Argentina alejada de todo aquello, exótica, displicente, impávida, consagrada a lo cotidiano. ¿Cómo conocí a Roger Pla? Quizá por la señorita Galiñana Segura. De cualquier modo fue él quien me introdujo en casa de Antonio Berni, el pintor. Allí también di una conferencia sobre Europa para unos cuantos pintores y escritores. Pero todo lo que decía era fatal; sí, justamente en el momento en que conquistar cierto aprecio me era decisivo, me falló el estilo, y mi discurso se volvió tan indolente que casi me avergonzaba. ¿De qué hablaba? De la regresión de Europa, de cómo y por qué Europa anheló el salvajismo, de cómo esta morbosa inclinación del espíritu europeo podía ser aprovechada para hacer una revisión de una cultura excesivamente desvinculada de sus bases. Pero al decirlo, yo mismo era un triste ejemplar de la regresión, una lastimosa ejemplificación... era como si las palabras me traicionaran y quisieran justamente probar que era inferior a lo que tenía que decir. Y aún hoy me acuerdo cómo, en Diagonal Norte, Pla, con cierta irritación, me reprochó algunos tontos e ingenuos sentimentalismos colados en mi exposición; y yo, dándole la razón y sufriendo a la par de él, sabía que aquello era inevitable. Existen períodos durante los cuales se produce en nosotros un desdoblamiento de la personalidad y, entonces, una parte de nuestro ser le juega bromas a la otra, porque es otro el camino y el fin que se ha elegido. Allí justamente, en casa de Berni, conocí a Cecilia Benedit de Debenedetti, en cuya casa de la avenida Alvear se reunía cierto grupo bohemio. Cecilia vivía en no sé qué brumas, aturdida, temerosa, embriagada por la vida, acosada por todas partes, despertándose del sueño para hundirse en otro sueño más fantástico, luchando al estilo de Chaplin con la materia misma de la existencia... era incapaz de soportar el mero hecho de existir... por lo demás una mujer de dotes magníficas, de grandes virtudes, un alma noble y aristocrática. Su descentramiento no le impedía actuar bien y con sumo sentido de responsabilidad. Pero dado que se sentía aplastada y atemorizada por el hecho mismo de existir, le resultaba indiferente rodearse de quien fuera. ¿Las recepciones en casa de Alicia? Algo de ello me ha quedado en la memoria. Joaquín Pérez Fernández, bailando; Rivas Rooney, empinando el codo; una jovencita muy bella divirtiéndose a más no poder... sí, sí, esas reuniones se me confunden con otras de lugares distintos, otras donde iba gente aún más bohemia, y me veo con una copa en la mano, oigo mi propia voz, llegada de lejos, mezclada con la voz de Julieta:

Yo: ¿Conoces a esas dos chicas que están junto al rincón?

Julieta: Son las hijas de aquella señora que habla con La Fleur. Se habla mucho de ella; parece ser que se llevó a un hotel a dos muchachos de la calle y, para excitarlos, les puso una inyección... uno de ellos, con el corazón algo débil, murió. ¡Te imaginas! ¡La policía, la investigación! Como estaba bien relacionada se ocultó el asunto, pero tuvo que irse por un año a Montevideo...

No podía revelar la importancia que tenían para mí esas noticias; decía únicamente:

–¡Ah, sí!

Más tarde abandoné esa reunión y en una noche argentina, inmóvil, azul negra, me dirigí a Retiro, que tanto he descrito en mi *Transatlántico*. "Allí es donde la barranca se despeña en el río y la ciudad al puerto baja... Abundan allí los marineros jóvenes..." A quienes se interesan en el punto debo aclararles que jamás, aparte de ciertas experiencias esporádicas en mi temprana juventud, he sido homosexual. No puedo quizás hacer frente a la mujer, no lo puedo hacer en el terreno de los sentimientos, porque existe en mí algo frenado, una especie de temor al cariño... sin embargo, la mujer, sobre todo cierto tipo de mujer, me atrae y me sujeta. Así que no eran aventuras eróticas lo que iba a buscar en Retiro... Aturdido, fuera de mí, expatriado y descarrilado, trabajado por ciegas pasiones que se encendieron al derrumbarse mi mundo y sentir mi destino en bancarrota... ¿qué buscaba? La juventud. Podría decir que buscaba a la vez la juventud propia y la ajena. Ajena, pues aquella juventud en uniforme de soldado o marinero, la juventud de aquellos ultrasencillos muchachos de Retiro, me era inaccesible; la identidad del sexo, la carencia de atractivo erótico, excluían toda posibilidad de posesión. Propia, pues aquella juventud era al mismo tiempo la mía, se realizaba en alguien como yo, no en una mujer sino en un hombre, era la misma juventud que me había abandonado y que veía florecer en otros. No cabe duda: para un hombre la juventud, la belleza, el encanto de una mujer, nunca serán tan categóricos en su expresión, ya que la mujer es, a pesar de todo, un ser distinto y, además, crea la posibilidad de lo que, en cierta medida, biológicamente, nos salva: el niño. Pero ahí, en Retiro, veía la juventud en sí, independientemente del sexo, y experimentaba el florecer del género en su forma más aguda, radical y –debido a que estaba marcada por la carencia de cualquier esperanza– demoníaca. Además: ¡abajo!, ¡abajo!, ¡abajo! Aquello me llevaba hacia abajo, a la esfera inferior, a las regiones de la humillación; aquí la juventud, humillada ya como juventud, se veía sometida a otra humillación como juventud vulgar, proletaria... Y yo, *Ferdydurke*, repetía la tercera parte de mi libro: la historia de Polilla que intentaba "fraternizar" con el gañán.

¡Sí, sí! He aquí a todo lo que me indujo aquel núcleo de tendencias a las que me sentía supeditado, mientras en mi patria anterior la degradación alcanzaba el fondo, haciendo sólo posible la presión hacia arriba... Ésta era mi nueva patria que iba reemplazando gradualmente a la otra. A menudo me ocurría que abandonaba las reuniones sociales o artísticas para vagar por allí, por Retiro, por Leandro Alem, tomando cerveza y pudiendo captar, con la mayor emoción, los destellos de la Diosa, el secreto de esa vida floreciente y a la vez degradada. En mis recuerdos, todos aquellos días de mi vida normal en Buenos Aires están "recubiertos" por la noche de Retiro. Aunque una ciega obsesión empezaba a dominarme por completo, mi vida trabajaba; advertía que estaba aventurándome en zonas peligrosas y, naturalmente, lo primero que se me ocurrió pensar fue que estaban trabajándose en el subconsciente tendencias homosexuales. Y, por cierto, habría recibido con alivio tal hecho, que por lo menos me ubicaba en alguna realidad –pero no, al mismo tiempo mantenía relaciones íntimas con una mujer y su intensidad no dejaba nada que desear. En general, en aquella época, corría bastante tras las mujeres, a veces hasta con escándalo. Ruego me sean perdonadas estas confidencias. No me propongo introducir a nadie en mi vida erótica, sólo trato de fijar los límites de mis experiencias. Si al comienzo yo sólo buscaba refugio en la juventud frente a valores que se me mostraban inaccesibles, pronto ella se me reveló como el único, máximo y absoluto valor de la vida y su única belleza... Pero esa "belleza" tenía de particular el que parecía haber sido inventada por el mismo diablo; en especial el hecho de que al ser y por ser juventud, estaba siempre por debajo del valor, estaba estrechamente vinculada con el rebajamiento mismo.

Debe haber sido en 1942 cuando trabé amistad con el poeta Carlos Mastronardi; mi primera amistad intelectual en la Argentina. La sobria poesía de Mastronardi le había valido alcanzar un sitio destacado en el arte argentino. Algo más de cuarenta años, sutil, con lentes, irónico, sarcástico, hermético, un poco parecido a Lechoń, este poeta de Entre Ríos era un provinciano ornamentado con lo más fino de Europa, poseía una bondad angelical oculta tras la coraza de lo cáustico; un cangrejo que defendía su hipersensibilidad. Despertó su curiosidad el ejemplar, raro en el país, de un europeo culto; a menudo nos encontrábamos durante la noche en un bar... lo que tenía también para mí un atractivo gastronómico, pues de cuando en cuando me invitaba a cenar ravioles o spaghettis. Poco a poco le descubrí mi pasado literario, le hablé de *Ferdydurke* y de otros asuntos, y todo lo que en mí difería del arte francés, español o inglés le interesó vivamente. Él, a su vez, me iniciaba en los entretelones de la Argentina, país nada fácil y que a ellos, los intelectuales, se les escapaba de un modo extraño y aun, a menudo, los asustaba. Por mi parte el juego era más encubierto –más encubierto por prohibido. No podía decirle todo. No podía hablarle de ese lugar en mí, penetrado por la noche, que he llamado "Retiro". A Mastronardi le descubría el trabajo de mi mente anárquica en busca de algunas "soluciones" sin indicarle las fuentes de mi inspiración, y él no sospechaba de dónde procedía aquella pasión con la que arremetía contra los mayores y lo "mayor", exigiendo que en la cultura, basada hasta ahora en la supremacía de la superioridad, la madurez, lo "mayor", se destacara esa corriente que provenía de abajo, y que, a su vez, hacía depender lo "mayor" de lo "menor", la superioridad de la inferioridad. Exigía que lo "adulto" quedase sometido a lo "joven". Exigía que por fin se legalizara en nosotros esa tendencia al rejuvenecimiento incesante, y que la juventud fuese reconocida como un valor distinto capaz de transformar nuestra relación con los demás valores. Tenía que dar la apariencia de razonamiento a lo que en mí era pasión, y esto me conducía a innumerables construcciones mentales que en realidad nada me importaban... Pero, ¿no es de esta manera como nace el pensamiento: como sucedáneo inocuo de anhelos ciegos, de necesidades y pasiones a las que no logramos dar el derecho de ciudadanía entre los hombres? El infantilismo era lo que aliviaba estos diálogos, porque Mastronardi, casi tan infantil como yo, sabía por suerte divertirse conmigo. El infantilismo, aunque próximo a la juventud, es sin embargo infinitamente menos comprometedor; por eso a un hombre maduro le resultaba más fácil ser infantil que juvenil; por eso yo casi siempre me volvía infantil frente al demonio del verdor, con el que no podía llegar a ningún acuerdo. Sin embargo, ¿hasta dónde quería yo ser infantil y hasta dónde lo era de verdad? ¿Hasta dónde quería ser joven y hasta dónde encarnaba en verdad una especie de tardía juventud? ¿Hasta dónde todo esto era mío, y hasta dónde era solamente algo de lo que estaba enamorado?

Mastronardi mantenía buenas relaciones con el grupo de Victoria Ocampo, el centro literario más importante del país, concentrado alrededor de *Sur*, revista editada por la misma Victoria, dama aristocrática, apoyada en grandes millones, que hospedaba en su casa a Tagore y a Keyserling, cuya obcecación entusiasta le había ganado la amistad de Paul Valéry, que tomaba el té con Bernard Shaw y se tuteaba con Stravinski. ¿En qué medida influyeron en esas majestuosas amistades los millones de la señora Ocampo y en qué medida sus indudables calidades y su talento personal? –he aquí una pregunta que no pretendo contestar. El tufo insistente de esos millones, ese aroma financiero, un tanto irritante a la nariz, me hacía desear no conocerla. Se contaba que un escritor francés de renombre había caído de rodillas frente a ella, proclamando que no se levantaría hasta obtener el dinero necesario para fundar una *revue* literaria. El dinero le fue concedido, "porque –dijo la Ocampo– ¿qué se puede hacer con una persona arrodillada que insiste en no levantarse? Tenía que darle el dinero". En mi opinión la actitud del escritor francés ante la señora Ocampo me parecía, después de todo, la más sana y sincera, pero estaba persuadido de antemano de que, por no ser conocido en París, yo nada hubiera obtenido aunque me arrodillase durante meses enteros. No me apresuraba, pues, a hacer la peregrinación a la residencia de San Isidro. Por otra parte, Mastronardi temía –y con razón– que el "conde" (porque yo me había proclamado conde) fuera a comportarse extraña o aun descabelladamente y tampoco se daba prisa en introducir a mi persona en esas reuniones. Por lo pronto decidió presentarme primero a la hermana de Victoria, Silvina, casada con Adolfo Bioy Casares. Una noche fuimos a cenar con ellos.

Después conocí a muchos otros escritores, a gran parte de la intelectualidad argentina –pero me extiendo sobre estos primeros pasos, porque los que siguieron fueron bastante semejantes. Silvina era *poetisa*, de cuando en cuando publicaba un volumen de versos... su marido, Adolfo, era autor de novelas fantásticas bastante buenas... y ese culto matrimonio vivía inmerso en la poesía y en la prosa, frecuentaba exposiciones y conciertos, estudiaba las novelas francesas, sin descuidar, de ninguna manera, su discoteca. En esa cena estaba también presente Borges, quizás el escritor argentino de más talento, dotado de una inteligencia que el sufrimiento personal agudizaba; yo, con razón o sin ella, consideraba que la inteligencia era el pasaporte que aseguraba a mis "simplezas" el derecho a vivir en un mundo civilizado. Pero, prescindiendo de las dificultades técnicas, de mi castellano defectuoso y de las dificultades de pronunciación de Borges, quien hablaba rápido y poco comprensiblemente, omitiendo también mi impaciencia, mi orgullo y mi rabia, tristes consecuencias del doloroso exotismo y del consiguiente aprisionamiento en lo extranjero, ¿cuáles eran las posibilidades de comprensión entre esa Argentina intelectual, estetizante y filosofante y yo? A mí lo que me fascinaba del país era lo bajo, a ellos lo alto. A mí me hechizaba la oscuridad de Retiro, a ellos las luces de París. Para mí la inconfesable y silenciosa juventud del país era una vibrante confirmación de mis propios estados anímicos, y por eso la Argentina me arrastró como una melodía, o más bien como un presentimiento de melodía. Ellos no percibían ahí ninguna belleza. Y para mí, si había en la Argentina algo que lograra la plenitud de expresión y pudiera imponerse como estilo, se manifestaba únicamente en los tempranos estados de desarrollo, en lo joven, jamás en lo adulto. ¿Qué es, sin embargo, lo importante en un joven? Por cierto que no su sabiduría, experiencia, razón, o técnica, siempre inferiores y más débiles en él que en un hombre ya formado, sino únicamente su juventud −ésa es su carta de triunfo. Pero ellos no veían en esto ningún atractivo, y esa élite argentina hacía pensar más bien en una juventud mansa y estudiosa cuya única ambición consistía en aprender lo más rápidamente posible la madurez de los mayores. ¡Ah, no ser juventud! ¡Ah, tener una literatura madura! ¡Ah, igualar a Francia, a Inglaterra! ¡Ah, crecer, crecer rápidamente! Además, ¿cómo podrían ser jóvenes, si personalmente eran hombres ya de cierta edad, si su situación social no encajaba en aquella juventud del país entero, si el hecho de pertenecer a las altas clases sociales excluía una verdadera unión con lo bajo? Así, Borges, por ejemplo, advertía únicamente sus propios años y no, por decirlo así, la edad que lo rodeaba; era un hombre maduro, un intelectual, un artista perteneciente a la Internacional del Espíritu, sin ninguna relación definida ni intensa con su propio suelo. Y esto a pesar de que de vez en cuando aderezaba su metafísica (que muy bien podría haber nacido en la Luna) con lo gauchesco y lo regional −en el fondo su modo de encarar lo americano era precisamente europeo−; él veía a la Argentina como un francés culto ve a Francia, o un inglés a Inglaterra.

No obstante, el ambiente del país era tal que ese Borges europeizante no podía lograr ahí una vida verdadera. Era algo adicional, como pegado, un ornamento; y no era otra la suerte de toda esa literatura argentina, tanto la confeccionada a la francesa o a la inglesa como la que se esforzaba, según los esquemas consabidos, por exaltar lo propio, lo nacional, el folclore (haciéndolo exactamente igual que en otros países). Naturalmente sería un disparate exigir que ellos, siendo mayores, pudiesen expresar directamente a la juventud; que, siendo superiores, pudiesen expresar textualmente la inferioridad. Lo que les reprocho es no haber elaborado una relación con la cultura mundial más acorde con su realidad, realidad argentina. El arte es ante todo un problema de amor; si queremos conocer la verdadera posición del artista debemos preguntar: ¿de qué está enamorado? Para mí era evidente que ellos no estaban enamorados de nada o de nadie y si lo estaban era de Londres, París, Nueva York, o, en fin, de un folclore bastante esquemático e inocuo. Pero ninguna chispa auténtica brotaba entre ellos de esa masa oscura de belleza "inferior".

De no ser así, si hubiesen captado la poesía junto a la cual pasaban con las narices sumergidas entre libros, ¿acaso toda la inspiración de este pueblo no habría tomado otra dirección? Una enorme cantidad de problemas se acumulaba ante quien quisiera desde aquí participar en la cultura mundial como genuino representante de su lugar en el mundo. ¿No consistirá el papel de una cultura más joven, además de repetir las obras adultas, en crear sus propios puntos de partida? ¿No será que las palabras "arte", "historia", "cultura", "poesía" suenan aquí en forma diferente que en Europa y, por lo tanto, no es posible pronunciarlas del mismo modo? ¿Debe el joven obediencia al maestro o por el contrario debe, con arrogancia, con atrevimiento, abrirse paso? ¿No era ésta la plataforma ideal para someter a una crítica creadora todos los mecanismos gastados del espíritu europeo, poner en claro todas sus estupideces, liberarse de sus convenciones? Por eso la corrección del arte argentino, su aire de alumno aplicado, su buena educación, eran para mí un testimonio de impotencia frente a su propia realidad. Prefería *gaffes*, equivocaciones, hasta suciedad, pero creadoras. De vez en cuando trataba de decirle a algún argentino lo mismo que se me ocurre decirles a los polacos: "¡Interrumpan por un momento la producción de versos, de cuadros, las conversaciones sobre el surrealismo, averigüen si esto los satisface realmente, piensen si no valdría la pena meditar un poco más en su ubicación en el mundo y en la elección de sus medios y fines!". Pero no. A pesar de toda su inteligencia no lo asimilaban. Nada podía detener la marcha de este nuevo taller cultural. Exposiciones. Conciertos. Conferencias sobre el gaucho o sobre Alfonsina Storni. Comentarios, glosas, ensayos. Novelas y cuentos. Volúmenes de poesía. Pero, a todo esto, ¿no era acaso un polaco quien hablaba? ¿Ignoraban que los polacos por lo general no son "finos" ni están a la altura de la problemática parisiense? Decidieron, pues, que yo era un anarquista bastante turbio, de segunda mano, uno de aquellos que por falta de mayores luces proclaman el *élan* vital y desprecian aquello que son incapaces de comprender.

Así terminó la cena en casa de Bioy Casares... en nada... como todas las cenas consumidas por mí al lado de la literatura argentina. Y así pasaba el tiempo... pasaban la noche de Europa y la mía, durante la cual se edificaba mi mitología con grandes sufrimientos... Podría hoy presentar toda una lista de palabras, cosas, personas, lugares, que tienen para mí el gusto de una santidad agobiante e íntima... ése era mi destino, mi templo. Si los introdujese en esa catedral se quedarían asombrados al ver qué triviales y aun a veces deleznables –por su pequeñez– son los altares a los que rendía culto, pero la santidad no se mide por la grandeza del dios, sino por la vehemencia del alma que santifica algo. "No es posible luchar contra lo que el alma ha elegido."

A fines de 1943 pesqué un resfrío y me quedó una pequeña fiebre que se negaba a ceder. Jugaba entonces al ajedrez en el café Rex, en la calle Corrientes, y Frydman, el director del lugar, amigo noble y generoso, se preocupó por mi salud y me procuró algunos pesos para que me fuera a las sierras de Córdoba; lo hice con gusto. Pero tampoco allí cedía la fiebre, hasta que por fin, ¡paf!, se rompió el termómetro prestado por Frydman; compré un termómetro nuevo y... la temperatura había desaparecido. Le debo, pues, la estancia de unos meses en La Falda al termómetro de Frydman que andaba mal e indicaba unas cuantas décimas de más. La estadía se amenizó por la llegada al vecino Valle Hermoso (llegada previamente arreglada) de cierta conocida mía, argentina, que me fue presentada por Cleo, la hermana de la bailarina Rosita Contreras.

Cuando llegué a La Falda no sabía que me esperaban momentos terribles y ridículos.

Todo se anunciaba bien. Paré en el Hotel San Martín, libre de preocupaciones materiales, y pronto conocí a un par de jocosos mellizos. Con ellos y con otros jóvenes hice algunas excursiones y adquirí nuevos amigos, en quienes el despertar de la vida vibraba como un colibrí; en todos ellos se sentaba la sonrisa, esa sonrisa que es uno de los fenómenos más nobles que conozco, porque se realiza a pesar de la nostalgia abrumadora y de la tristeza de esos años condenados a la insatisfacción de los instintos. ¡Ah, esas despreocupadas vacaciones en las sierras o en las playas... el sombrero llevado por el viento, el sándwich comido sobre una roca y la lluvia que cae de golpe! Mi armonía con América latina, adormecida en su amanecer, asombrosamente discreta y silenciosa en su amable existencia, parecía no estar perturbada por nada más (mi hermano y mi sobrino se encontraban entonces en un campo de concentración; mi madre y mi hermana habían escapado de Varsovia en ruinas y vagaban por la provincia, y sobre el Rin estallaba el rugido, ese grito del que no me olvidaba, tan sólo aumentaba mi silencio). Sería un error imaginarse que por convivir con esos muchachos podía comportarme como ellos; no, jamás, el sentido del ridículo nunca me lo hubiera permitido –me comportaba como una persona mayor, despreciándolos, ironizando sobre ellos, provocándolos, abusando de todas las ventajas del adulto. Pero era eso justamente lo que les encantaba y enardecía su juventud; al mismo tiempo detrás de esa tiranía se formaba un tácito entendimiento basado en el hecho de necesitarnos mutuamente. Empero, un día, al mirarme detenidamente en el espejo, vi algo nuevo en mi rostro: una red sutil de arrugas que aparecían sobre la frente y en las comisuras de la boca, así como bajo el efecto de algún ácido puede aparecer el contenido funesto de una carta, inocente en apariencia. ¡Maldita cara mía! La cara me traicionaba. ¡Traición, traición, traición!

¿Era la sequedad del aire? ¿O el agua caliginosa? ¿O sencillamente llegaba el momento ineludible en que los años se abrían paso a través de la mentira de mi tez? Ridiculizado, humillado por la índole de mi sufrimiento, comprendí, al mirar mi rostro, que estaba ante el fin, la terminación, el final, el

51

punto. En los senderos que parten de La Falda existe un límite donde terminan las luces de las casas y hoteles y empieza la oscuridad del espacio, quebrado en montículos, un espacio enano, como inválido y envilecido. A ese límite lo llamé, por Conrad, "La línea de la sombra", y cuando por las noches lo atravesaba, dirigiéndome a Valle Hermoso, sabía que entraba en la muerte, una muerte delicada, insignificante y lenta, pero en todo caso una agonía... y que yo mismo era el envejecimiento, una muerte viva, que imitaba a la vida, que todavía andaba, hablaba, hasta se divertía, pero que en realidad sólo era vital por ser la realización gradual de la muerte. Como Adán, expulsado del paraíso, así penetraba yo en la oscuridad tras la frontera de sombra, eliminando la vida que allí, fuera de mí, se deleitaba consigo misma bajo los rayos de la gracia. Sí, la mistificación tenía que ponerse en evidencia, algún día debía terminar esa ilegítima y tardía permanencia en la vida floreciente y ahora yo era el envejecer, yo-ponzoñoso, yo-repulsivo, yo-adulto. Aquello me colmaba de espanto, pues me hacía comprender que definitivamente quedaba fuera del encanto y que sería incapaz de gustar a la naturaleza. Si la juventud teme menos a la vida se debe a que ella es en sí vida atractiva, subyugadora, hechicera, conoce la simpatía y la benevolencia... puede atraer... Aquél era el motivo por el que yo me acogía al florecimiento; sobre todo en esta tierra de repente árida y bajo un firmamento inconmovible de estrellas debía soportar la tensión del ser, siendo yo mismo un ser corrupto, sin poder obtener los favores que obtienen los jóvenes.

Aquí se me hizo evidente la liberación que puede aportarnos el sexo, la división entre hombre y mujer. Porque cuando al cabo de mi vía crucis llegaba al hotel donde me esperaba mi amiga, todo el panorama de mi destino cambiaba y aquello era como la irrupción de otra fuerza que trastornaba toda mi "constelación". ¡Fuerza ajena! Allí me esperaba lo joven, pero diferente, incorporado en una forma humana distinta de la mía, y esos brazos a la vez idénticos y exóticos me convertían en otro, me obligaban a armonizarme con esta extraña, su complemento. La feminidad no exigía de mí juventud, sino masculinidad, y yo me volvía sólo macho, conquistador, capaz de poseer, de anexar la biología ajena. Lo terrible de la masculinidad es que no se preocupa de su propia fealdad, no desea agradar, constituye un acto de expansión y prepotencia y –ante todo– de dominio. Este señorío está siempre en búsqueda de su propia satisfacción... y puede ser que esto me procurase un alivio momentáneo... era como si abandonase mi condición de ser humano, temeroso, amenazado, convirtiéndome en señor, poseedor, soberano... y ella, la mujer, mataba en mí al muchacho con el hombre. Pero esto no duraba mucho tiempo.

Duraba mientras el ser se dividía, por efectos del sexo, en dos polos. Cuando al amanecer regresaba a casa, todo a mi alrededor se cerraba otra vez en una órbita de la que no había huida –y me sentía como estafador y como víctima de una estafa–, la conciencia de morir volvía a irrumpir en mí. Estaba ya marcado por el signo negativo. Estaba en oposición a la vida. La mujer no estaba en condiciones de salvarme, la mujer podía sólo salvarme en tanto hombre, pero yo era también un ser humano, sencillamente. Y de nuevo volvía a sentir el anhelo de "mi" juventud, es decir una juventud idéntica a mí, la que se repetía ahora en otros, más jóvenes... Allí, pues, encontraba el único lugar de la vida donde se efectuaba el florecer, mi florecer. Este algo absolutamente seductor del que estaba privado. Todo lo demás era humillación, compensación. Único triunfo, única alegría en la humanidad horrenda, gastada, agotada, desesperada y degradada... Me encontraba entre monstruos yo-monstruo. Al mirar las casitas del valle donde algunos jóvenes sencillos se entregaban a sueños banales, pensaba que allí se había trasladado mi patria.

Regresé a Buenos Aires, persuadido de que ya nada me quedaba... por lo menos nada que no fuese un sucedáneo. Volví con mi secreto humillante que no podía confesar a nadie, pues eso no hubiera sido viril, y yo, hombre, estaba supeditado a los hombres... Y me amenazaban las carcajadas groseras de los machos, únicamente por el pecado de haber violado su código. En Rosario el tren se llenó de adolescentes, eran marineros que regresaban a su base en Buenos Aires.

Por el momento basta, ya la mano me duele de tanto escribir. Pero no terminan aquí mis recuerdos de esos años aún no tan lejanos en la Argentina.

III

Domingo

Quiero concluir el relato sobre mi pasado argentino. Ya he descrito el estado de espíritu en que regresé de La Falda a Buenos Aires.

En aquel entonces me hallaba a miles de kilómetros de la literatura. ¿El arte? ¿Escribir? Todo eso se había quedado en el otro continente, como detrás de un muro, muerto... y yo, "Witoldo", acriollado ya, aunque de vez en cuando aún me presentaba como "escritor polaco", era sólo uno de tantos expatriados que hospedaba esta pampa, despojado hasta de la nostalgia por el pasado. Había roto... y sabía que la literatura no podría procurarme en esta Argentina agraria y ganadera ni situación social ni bienestar material. Entonces, ¿para qué? Sin embargo, en la segunda mitad del año 1946 (pues el tiempo sí corría), encontrándome, como tantas veces, con los bolsillos totalmente vacíos y sin saber dónde obtener algún dinero, tuve una inspiración: le pedí a Cecilia Debenedetti que financiara la traducción de *Ferdydurke* al español, reservándome seis meses para hacerlo. Cecilia asintió de buena gana. Me dediqué entonces al trabajo, que se efectuaba así: primero traducía como podía del polaco al español y después llevaba el texto al café

Rex donde mis amigos argentinos repasaban conmigo frase por frase, en busca de las palabras apropiadas, luchando con las deformaciones, locuras, excentricidades de mi idioma. Dura labor que comencé sin entusiasmo, solamente para sobrevivir durante los meses próximos; mis ayudantes americanos también lo encaraban con resignación, como un favor que había que hacer a una víctima de la guerra. Pero, cuando teníamos traducidas algunas páginas, *Ferdydurke*, libro ya muerto para mí, que yacía sobre la mesa como cualquier otro objeto, empezó de repente a dar signos de vida... y percibí en los rostros de los traductores un interés creciente. ¡Más tarde, ya con evidente curiosidad, comenzaron a penetrar en el texto!

Pronto la traducción comenzó a atraer gente y algunas sesiones del Rex se vieron colmadas de asistentes. Pero quien tomó el asunto a pecho, como algo propio, quien ocupó la "presidencia" del "comité" formado por algunos literatos para dar la última redacción, fue Virgilio Piñera, escritor cubano recién llegado al país. Sin su ayuda y la de Humberto Rodríguez Tomeu, también cubano, quién sabe si se hubieran salvado las dificultades de esta –como calificó la crítica– notable traducción. Evidentemente no era por casualidad que Piñera y Rodríguez Tomeu, dos "niños terribles" de América, hastiados hasta lo indecible, hastiados y desesperados ante las cursilerías del *savoir vivre* literario local, pusieran sus afanes al servicio de esta empresa. Olfateaban la sangre. Anhelaban el escándalo. Resignados de antemano, a sabiendas de que "no pasaría nada", de antemano vencidos, estaban sin embargo hambrientos de lucha *post mortem*. Se advertían en ellos las terribles debilidades de la aristocracia espiritual americana, crecida rápidamente, alimentada en el extranjero, que no encontraba en su continente nada en qué apoyarse. Pero –y no fueron pocos los americanos de este tipo que encontré– la muerte les daba una vitalidad particular, al aceptar el fracaso como algo inevitable tenían una capacidad de lucha digna de envidia. Humberto Rodríguez Tomeu se vistió, frente a la llovizna de conferencias, recitales poéticos y demás actos culturales, con un impermeable, impregnado de un humor mortalmente impávido. El alma trágica de Virgilio Piñera se manifestó con fuerza poco común en su novela *La carne de René*, publicada algunos años después, obra en la que la carne humana aparece sin posibilidad de redención, como servida en un plato, como algo totalmente carente de cielo. ¿A qué se debe, en última instancia, el sadismo de esta carnicería, tan hondamente americano que para la América no oficial, oculta, dolorida, podría servir casi de himno? ¿No sería ése el dolor del americano culto que no logra encontrar su propia poesía... el cual, enfurecido por no ser lo bastante poético, se vuelve contra las fuentes de la vida, blasfemando?

Para tales espíritus, *Ferdydurke* podía resultar atractivo. En lo que a mí se refiere, no había leído el libro desde hacía siete años, estaba borrado de mi vida. Ahora lo leía de nuevo, frase tras frase... y sus palabras carecían para mí de importancia. La Nada de las palabras, la Nada de las ideas, problemas, estilos actitudes, aun la Nada de la rebelión... la Nada del arte. ¡Palabras, palabras, palabras!.. Todo eso no lograba curarme, el esfuerzo sólo me hundió más en el verdor de mi inmadurez. ¿Para qué había enfrentado una vez más esta inmadurez sino para que me arrastrara consigo? En *Ferdydurke* están en pugna dos amores y dos tendencias; una hacia la madurez y otra hacia la inmadurez eternamente rejuvenecedora... el libro es la imagen de alguien que, enamorado de su inmadurez, pugna por la madurez. Más, era evidente que no lograba sobreponerme a ese amor ni civilizarlo, y él, agreste, ilegal, secreto, me devastaba igual que antes, como una fuerza prohibida. Y... ¡qué impotencia la del verbo frente a la vida!

Sin embargo, ese texto inocuo para mí, se volvía eficaz con el mundo exterior. Frases para mí muertas, renacían en otros... ¿de qué otro modo podía explicar que de repente el libro se volviera valioso y cercano a esta juventud literaria?.. Y eso no sólo como arte, sino también como acto de rebelión, de revisión, de lucha. Comprobaba en esos jóvenes que había tocado puntos de la cultura sensibles y críticos, y a la vez veía cómo ese ardor que, aislado en cada uno de ellos, no hubiese durado a lo mejor mucho, empezaba a consolidarse entre ellos por el efecto de una excitación y una reafirmación recíproca. Pues bien, si eso ocurría con ese grupito, ¿por qué no tendría que repetirse con otros cuando *Ferdydurke* fuera publicado? ¿Podría tener el libro aquí en el extranjero la misma repercusión que en Polonia, o quizás aún mayor? Mi libro era universal. Uno de los escasos libros capaces de conmover al lector de calidad más allá de las fronteras nacionales. ¿Y en París? Descubrí que la carrera mundial de *Ferdydurke* no pertenecía sólo a la región de los sueños (cosa sabida pero que yo había olvidado).

No obstante, mi naturaleza, encadenada a mi inferioridad, se encabritaba frente a la mera posibilidad de ascenso; y esta segunda irrupción de la literatura en mi vida podía convertirse –así me lo temía– en una liquidación definitiva de Retiro.

Debo relatar algo característico: cuando se editó *Ferdydurke* lo llevé "adonde se yergue la torre edificada por los ingleses" y lo mostré a "Retiro" para despedirme, en señal de un alejamiento quizá definitivo. ¡Vana congoja, vano temor! ¡Qué ilusiones! No valoraba debidamente la somnolienta impasibilidad de América: sus jugos que todo lo diluyen. *Ferdydurke* se ahogó en esa impasibilidad, no pudieron nada las reseñas en la prensa y los esfuerzos de mis partidarios; al fin de cuentas se trataba del libro de un extranjero, y para colmo desconocido en París... Era algo imprevisto. No respondía ni al sector del mundo literario argentino que, bajo el signo de Marx y del proletariado, declamaba una literatura política, ni al que nutría su inspiración en las corrientes ya consagradas de Europa. Además iba precedido de un prefacio del autor donde expresaba conceptos nada agradables sobre el espíritu de ficticia madurez de las literaturas argentina y polaca, en un tono no siempre caracterizado por la debida seriedad. Así, de ese modo liviano, aun con descuido, introduje *Ferdydurke* en el ambiente latinoamericano... porque a este segundo debut mío lo encaraba en forma totalmente fatalista, resuelto a no buscar favores, a no ceder ante nada, preparado para el desprecio y decidido a despreciar a mi vez.

Considero, en tales circunstancias, como un éxito relativo el que a pesar de todo la edición del libro se agotó casi completamente y el editor no perdió dinero y hasta pudo pagarme algunos pesos. Por otra parte el lector argentino medio no es mal lector, al contrario, es capaz de asimilación y, en relación con el polaco, está mucho menos cargado de complejos hereditarios. Pero en un medio donde nadie confía en su propio juicio ni tampoco en el juicio de los demás (ésta es la desventaja de las culturas que viven en exceso de la importación), donde no hay personas capaces de imponer un valor, un libro imprevisto no podía obtener prestigio. Y para libros difíciles que exigen un esfuerzo (tal es el caso de *Ferdydurke*) el prestigio es imprescindible, sencillamente para obligar al lector a leerlo. De todos modos entré nuevamente en el engranaje de la literatura. Empecé a esbozar el drama *El casamiento* ya sin titubeos, y hasta diría que buscando descaradamente la genialidad, apuntando a la cumbre, la altura de *Hamlet* o de *Fausto*, premeditando algo en lo cual se expresaran no sólo los conflictos de la época sino también el sentimiento naciente de la humanidad... ¡Qué fáciles me parecían la grandeza y la genialidad!.. más fáciles que la corrección; y esto no provenía de ingenuidades mías sino de que la grandeza, la genialidad y todos los demás valores habían sido en mí devastados por esa gran destructora de todo valor: la juventud. No sentía respeto por ellos porque no me importaban y, en consecuencia, podía manejarlos a mi antojo. No es difícil caminar sobre una tabla colocada a la altura de un décimo piso cuando se ha perdido el temor a la altura... se camina por ella como si estuviera tendida en el suelo. (No se tome esto como objeción contra *El casamiento*. En la obra no se oculta esta "facilidad".)

En todo caso hacia el fin de esta erupción que en Europa arrojaba mil fermentos subterráneos, yo también empezaba a volver a la vida civilizada. Pero, en tanto que mi primer debut literario en Polonia había sido fruto de una presión del interior al exterior, este segundo, en la Argentina, se efectuaba bajo el influjo de fuerzas exteriores... allá, antes, escribía por necesidad interna; aquí, ahora, me sometía a cierto orden ya existente que me condenaba a la literatura; continuaba a mi yo, aquél de tiempos pasados. Diferencia mínima y, sin embargo, con un sentido enorme y trágico: significaba que en realidad yo había dejado de existir y, desviado de órbita, existía sólo como consecuencia de lo que había logrado hacer de mí en otro tiempo. Conservé, sin embargo, el buen humor... las apariencias, ante todo, de un infantilismo absoluto. Y el trabajo literario comenzó a meterme otra vez en la dialéctica de mi realidad, y de nuevo surgió la pregunta; ¿qué hacer en la literatura, en la cultura, con esos vínculos tan comprometedores que mantenía con la juventud, con la inferioridad, hasta qué medida se prestaban a una expresión literaria? ¿Se trataba de un complejo, enfermedad, aberración, casi clínicos... o, por el contrario, era algo que tenía derecho de ciudadanía entre personas normales? Y otra pregunta: ¿era esto tratar de abrir una puerta ya abierta o una difícil penetración en terrenos salvajes, vírgenes y vergonzosos? Para resumir: ¿era posible su aprovechamiento en el arte?

¡El psicoanálisis! ¡El diagnóstico! ¡Las fórmulas! –mordería la mano del psiquiatra que tratase de vaciarme de mi vida interior. El problema no consiste en que el artista tenga complejos sino en que pueda convertirlos en valores culturales. El artista, según Freud, es un neurótico que se cura a sí mismo... de lo que se deduce que nadie más puede curarlo. Pero, ¿se trataba en verdad de un complejo, de una desviación? ¿Por qué tenía que ser insana mi fascinación por la vida joven, no agotada, sí, por esa frescura? ¿Por la vida floreciente, es decir la única que merece llamarse vida? En este terreno no existe término medio: lo que no florece se marchita. ¿Acaso esa fascinación no era objeto de una envidia secreta y de una adoración no menos secreta de parte de todos los que como yo estamos condenados a un acabamiento cotidiano, privados del diario incremento de fuerzas? ¿No era esa línea divisoria entre la vida ascendente y descendente la más importante de todas? La única diferencia que surgía entre los hombres "normales" y yo consistía en que yo adoraba el destello de esta diosa –la juventud– no sólo en la joven sino en el joven, y que él y no ella me parecía ser su encarnación más perfecta... El pecado, si existía, se reducía a que yo me atrevía a venerar a la juventud independientemente del sexo y que la abstraía de los dominios de Eros. Así, pues, se ponía en evidencia que ellos, los hombres, están dispuestos a admirar a la juventud sólo si les es accesible, si se presta a la posesión... pero la juventud a la que no pueden acoplarse sexualmente les es extrañamente enemiga.

¿Enemiga? Ten cuidado (me decía) de no caer en una tontería sentimental, en el melodrama... Por cierto, a cada rato podía ver manifestaciones de simpatía del "mayor" hacia el "menor"... y aun de afecto. ¡Y sin embargo! ¡Sin embargo! Ocurrían también cosas que significaban todo lo contrario: la crueldad. Esa aristocracia biológica, esa flor de la humanidad, casi siempre estaba terriblemente hambrienta –contemplando a través de los vidrios del restaurante a los mayores que comían y se divertían–, perseguida en las tinieblas por sus instintos insatisfechos, trabajada por su belleza incompleta –flor pisoteada y rechazada, flor rebajada. La flor de la adolescencia adiestrada por los oficiales enviada a la muerte; las guerras son ante todo guerras de muchachos, guerras adolescentes, esa ciega disciplina a la que se los somete para que sepan sangrar cuando sea necesario. Toda esa prepotencia del adulto, social, económica, intelectual, que se realizaba sin ambages y que, por otra parte, era aceptada por quienes se le sometían. Era, entonces, como si el hambre del muchacho, la muerte del muchacho, el dolor del muchacho, fueran por su propia índole de un valor inferior a la muerte, el dolor, el hambre de los Maduros, como si la no importancia del cachorro se transmitiera a sus sufrimientos. Y justamente a esta no importancia, a esa inferioridad del cachorro se debía que la juventud se volviera esclava, destinada en cierto modo a servir a la humanidad ya consolidada. Comprendía que todo esto se realizaba de un modo natural, sencillamente, porque con el transcurrir de los años aumenta el peso y la importancia de la persona en la sociedad, pero ¿no se impone la sospecha de que el adulto maltrata más al joven para no caer ante él de rodillas? ¿El humo sofocante de vergüenza que surgía de ésa y otras preguntas semejantes no era ya prueba suficiente de que algo permanece inconfesado y que no todo se puede explicar por el simple juego de las fuerzas sociales? ¿Y esa enorme ola de amor prohibido y humillante, que en verdad pone de rodillas al hombre ante el joven, no era una venganza de la naturaleza por la violación perpetrada por quien envejece sobre el que crece?

Lo nebuloso de estos interrogantes, sus múltiples significados y aun su arbitrariedad, no les reducía valor a mis ojos... como si de antemano supiera que había en ello algo de verdad. Pero el problema se volvía más fastidioso aún cuando empezaba a meditar acerca de cómo y en qué grado se refleja en nuestra cultura la oposición entre la vida ascendente y la descendente. ¿Qué era lo que me proponía? ¿Qué deseaba? En primer lugar me interesaba que esa línea divisoria fatal entre dos fases de la vida no sólo diferentes sino contradictorias fuese reconocida y puesta de manifiesto. Sin embargo, todo en la cultura indicaba más bien el deseo de borrar el límite... los adultos se comportaban como si siguieran viviendo, viviendo la misma vida de los jóvenes, no otra. No niego que existe una vitalidad en el adulto y aun en el anciano; sin embargo, su índole no es la misma, es sólo contra la muerte. Pero justamente esos hombres ya en vías de morir tenían todas las ventajas, disponían de una fuerza acumulada durante la vida y producían e imponían la cultura. La cultura era obra de los mayores... de quienes estaban acabándose.

Me bastaba por sólo un momento vincularme espiritualmente con Retiro para que el idioma de la cultura se convirtiera a mis oídos en un sonido vacío y falso. Las verdades. Lemas. Filosofía. Morales. Religiones. Códigos. Todo ello parecía estar compuesto en otro registro, inventado, dicho, escrito por seres ya en parte eliminados de la existencia, carentes de futuro... La pesada obra de los pesados, rígida creación de la rigidez... mientras allí, en Retiro, toda esa cultura se diluía en cierta joven insuficiencia, en la joven inmadurez, se volvía "peor"... "peor", porque quien todavía puede desarrollarse es siempre peor que su definitiva realización. El secreto de Retiro, demoníaco por cierto, consistía en que allí nada podía lograr la plenitud de la expresión, todo tenía que estar por debajo del nivel, en una fase inicial, ser algo no logrado, hundido en la inferioridad... y sin embargo ésa era la vida viva y digna de admiración, su encarnación más alta entre todas las que nos son accesibles. ¿Lo nietzscheano y su afirmación de la vida?

Pero Nietzsche no tenía la menor sensibilidad para estos asuntos, difícil imaginarse algo más libresco, ridículo y de peor gusto que su superhombre y su bestia rubia; no, no es verdad, no la plenitud, sino justamente el ser inferior, inacabado, peor, caracteriza todo lo que aún es joven y por lo tanto viviente. No sabía entonces que contra dificultades parecidas provenientes del deseo de captar la existencia en su movimiento, en lo vivo, se rompían la cabeza los existencialistas que al final de la guerra alcanzaron gran auge... Debe comprenderse entonces mi soledad y mi contradicción interior que amenazaba toda mi empresa artística: como artista me sentía llamado a buscar la perfección... pero me atraía la imperfección; tenía que crear valores... pero algo que fuera como un subvalor, algo por debajo del valor, se me volvió precioso. Podía ceder la Venus de Milo, el Apolo, el Partenón, la Sixtina y todas las *fugas* de Bach a cambio de un chiste trivial en algunos labios que fraternizaban con el rebajamiento...

Ya es tiempo de concluir estas confidencias. No logré solucionar nada de todo lo que acabo de tratar... todo sigue en fermento. Si tuve que relatar esas experiencias argentinas es porque considero importante que un literato introduzca de vez en cuando a su lector detrás de la fachada de la forma, en el bullente elemento de su historia privada. ¿Historia ridícula y hasta humillante? Sólo los niños o las tías solteronas (cuya inocencia de viejas solteronas constituye, desgraciadamente, un factor importante dentro de la opinión pública) pueden imaginarse al escritor como un ser tranquilamente sublimado, un espíritu elevado que enseña desde las alturas de su "talento" lo que es bueno o bello. No, el escritor no está sentado en la cima, sino que desde abajo trepa hacia lo alto. ¿Quién podría seriamente exigirnos que solucionemos en el papel todos los nudos gordianos de la existencia? El hombre es débil y finito. El hombre puede ser más fuerte de lo que es. La fuerza del hombre puede aumentar sólo cuando otro hombre le presta sus fuerzas. El papel del literato no consiste, pues, en solucionar los problemas sino en plantearlos para que se concentre sobre ellos la atención general, e introducirlos entre los hombres... allí de algún modo quedarán resueltos.

Quiero, en fin, decir que la conciencia de esta impotencia frente al problema me indujo en los años siguientes a retroceder de la teoría sobre los hombres a la concreción de las personas humanas. Surgieron de en medio de la niebla de Retiro dos propósitos importantes, decisivos respecto de si en el futuro iba a poder expresarme más sinceramente o si tendría que constreñirme a ocultarme en mi fuero interno. El primero, claro está: dotar de una importancia primordial a esta palabra secundaria "muchacho", añadir a todos los altares oficiales otro más sobre el que se irguiese el dios joven de lo inferior, de lo peor, de lo-sin-importancia, en todo su poder vinculado con lo bajo. He aquí un ensanchamiento imprescindible de nuestra conciencia: introducir, en el arte, por lo menos, aquel otro polo del porvenir, dar nombre a la forma humana que nos une a través de la insuficiencia, obligar a que se le rinda culto. Pero ahí surgía otra tarea: era imposible tocar este tema aun con la punta de la pluma sin liberarse previamente de la "masculinidad" y, para poder hablar de esto o escribirlo, debía vencer en mí el miedo a la insuficiencia en este sentido, el miedo a lo femenino. ¡Ah! Conocía ese tipo de masculinidad que se

66

fabrican los hombres cuando están entre ellos, instigándose a ella, obligándose mutuamente a ella por el terror pánico a la mujer en sí, conocía bien a los hombres tensos en su afán por lograr la hombría, machos convulsos que sentaban escuela de masculinidad. Un hombre así aumentaba artificialmente sus calidades: exageraba su pesadez, brutalidad, fuerza, autoridad; él es quien viola, quien conquista por prepotencia... teme entonces la belleza y la gracia, armas de la debilidad, se obstina en su monstruosidad de macho, se vuelve cínico y banal, o bruto e indolente. Constituían quizá la más alta realización de esta "escuela" esos banquetes de los oficiales ebrios de la guardia del zar donde los comensales se ataban una cuerda al miembro y, bajo la mesa, uno tiraba al otro de la cuerda; el primero en no resistir y gritar tenía que pagar la cena. Pero el espíritu de masculinidad intensificada se manifiesta en todo... también en la historia. Veía cómo a tales hombres esa masculinidad pánica les quitaba no sólo el sentido de la medida sino también toda intuición en el comportamiento frente al mundo: allí donde se necesitaba agilidad, él se lanzaba, empujaba, golpeaba, entre rugidos y bramidos. Todo en él se volvía excesivo: el heroísmo, la severidad, el poder, la virtud. Naciones enteras se lanzaban como un toro sobre la espada del torero... Sólo de miedo a que la galería fuese a tacharlas de tener alguna vinculación, por ligera que fuese, con la *ewig weibliche*... Y no me quedaban dudas de que ese toro superpotente cargaría contra mí al olfatear un atentado de mi parte contra sus preciosos genitales.

Para prevenirlo, tenía que buscar otra posición –fuera del hombre y de la mujer, y que sin embargo nada en común tuviera con el "tercer sexo"–, una posición asexual, puramente humana, desde la que pudiese ventilar esas regiones sofocantes y que llevan el lastre del sexo. No ser *antes que todo* hombre, sino un ser humano que sólo en un segundo plano es hombre; no identificarme con la masculinidad... Solamente cuando lograra liberarme de la masculinidad, su juicio sobre mí perdería virulencia y podría entonces decir muchas cosas que son ahora indecibles.

Sin embargo, tales proyectos se quedaron en eso, en proyectos. Más adelante, la obligación de ganarme la vida me ha aplastado de tal manera que toda realización en una escala más amplia se volvió técnicamente imposible. La burocracia me absorbió y enterró entre papeles mientras la verdadera vida se alejaba de mí como la marea baja. Con un último esfuerzo escribí *Transatlántico*, donde se encuentran muchas de las vivencias que aquí refiero; después me fui condenando a un trabajo literario ocasional, de domingos y días festivos, como en este diario en el que no puedo sino ofrecer un relato pobremente discursivo, casi periodístico. ¡Mala suerte! Que quede esto al menos como huella de mi intromisión en ésta mi segunda y dolorosa patria, la Argentina, que me deparó el destino y de la que ya no podré separarme por completo.

Lunes

¿Qué es lo que me lleva a destacar el papel específico y sumamente drástico de la juventud en mi vida (y en la de ustedes)? El que hay algo que no me satisface en la cultura.

¿Qué precisamente? Su excesividad. Es excesiva en su profundidad, su dramatismo, su responsabilidad, agudeza, seriedad. La cultura nos supera. Hace falta algún líquido que suavice su tensión, que la haga retroceder a nuestra condición humana hecha de ligereza; que nos ablande el mundo. Contemplemos el rostro del hombre culto contemporáneo: es demasiado categórico. Asustado por no saber aflojar sus tensiones.

Pero es imposible frenar el pensamiento en su desenvolvimiento mecánico. El pensamiento será cada vez más profundo y serio. Es posible, no obstante, modificar la situación del hombre que piensa, colocándolo en una situación diferente entre los hombres.

Por ese motivo quise destacar en primer plano al ser hasta ahora poco advertido: al joven, es decir, al no-del-todo-hombre, al hombre no hecho. Cabe confrontarlo con el hombre, lograr que el hombre sienta que existe "para" el joven y que la vida más acabada entienda su supeditación a lo inmaduro.

¡Francamente! Esta reducción del mayor al menor no resulta un comentario indispensable para la reducción antropológica de Feuerbach, la sociológica de Marx, la fenomenológica de Husserl... Pero, basta de conceptos. No pretendo ser proveedor de conceptos, sino de personas. Introduzco al joven: ahora piensen.

Otra cosa. ¿No creen ustedes que frente a este asunto de la edad hay algo en nosotros inconfesado? Es una razón de más para hablar de ello... Pero a la vez tengo algo que añadir al respecto: nada de lo que he dicho aquí es categórico, todo es relativo. Todo depende, ¿por qué ocultarlo?, del efecto que puedan tener mis palabras.

Esta particularidad define toda mi producción literaria. Ensayo diferentes papeles. Asumo actitudes diversas. Doy a mis vivencias diferentes sentidos... si uno de ellos es aceptado por los demás, me afianzo en él. El verbo no me sirve únicamente para expresar mi realidad, sino para algo más, es decir: para crearme frente a los demás y a través de ellos.

IV

MAR DEL PLATA

Sábado

Atravesé Buenos Aires sólo de paso rumbo al Sur. Debía ir a la estancia de "Dus" Jankowski, cerca de Necochea. Pero Odyniec me metió en su automóvil y me llevó a Mar del Plata. Después de ocho horas de viaje, la ciudad; y de repente a un lado, a la izquierda, visto desde la altura, él, el Océano. Nos metemos por entre las calles y, por fin, la quinta. Ya la conocía. Grandes árboles rumorosos en el jardín, perros y cactus. Un huerto. Es casi el campo.

Martes

El español con quien cenamos anoche: un señor de edad, sumamente amable. Pero esta amabilidad es como una red que lanza sobre la gente para sujetarla y pescar. Es tan amable que no es posible defenderse de él. Amabilidad como los tentáculos de un pulpo... cruel y devoradora.

Estoy solo en la casa. Odyniec salió de viaje. De la cocina y de la limpieza se encarga Formosa (se llama así porque nació en el barco *Formosa*), la mujer del jardinero.

71

Miércoles

Absolutamente solo en Jocaral (así se llama la quinta).

Me levanto a las nueve. Después del desayuno escribo hasta el mediodía. Almuerzo. Voy a la playa, vuelvo a las siete. Escribo. La cena. Escribo. Luego leo el *Vicomte de Bragelonne*, de Dumas, y *La pesanteur et la grâce,* de Simone Weil. Duermo.

Apenas comenzó la temporada. Muy poca gente. Viento, viento y viento. Por la mañana se hinca en mi despertar el ruido de los árboles que rodean la quinta. Los vientos que corren desde el Norte, el Sur, el Este, no quieren calmarse; el océano brilla, verde y blanco; salta, salino; con estruendo, en las orillas rocosas, explota la espuma; en las arenas una incesante invasión de aguas que se levantan amenazadoramente y se arremolinan en su escalada; ni un momento de silencio, y el trueno, el ruido tan amplio que logra volverse silencio. Silencio. Ésta es la demencia de la tranquilidad. La línea del horizonte, inmóvil. Inmóvil brillo de la placa inconmensurable. Movimiento inmovilizado, pasión de eternidad...

Vagabundeaba por la parte trasera del puerto, por playas no custodiadas, detrás de Punta Mogotes, donde las gaviotas en bandadas enteras, timoneando contra el viento, tensas, se elevan repentinamente hasta alturas vertiginosas y desde allí, en una línea oblicua y bella en la que se unen la inercia y el vuelo, caen hasta la superficie del agua. Miro el espectáculo durante horas enteras, atontado y aturdido.

Durante el viaje me acompañaba la esperanza de que el océano pudiera limpiarme de inquietudes y que cediera el estado de ansiedad que me había atacado en Melo. Pero estos vientos sólo han logrado aturdir mi angustia. Por la noche vuelvo de la orilla rugiente al jardín que murmura desesperadamente, abro con llave la casa vacía, enciendo la luz, como una cena fría preparada por Formosa y luego... ¿qué? Me siento y "exploto", explota mi drama, mi destino, mi hado, la confusión de mi existencia... todo esto me acorrala. Mi gradual alejamiento de la naturaleza y también de los hombres en los últimos años –el proceso de mi edad creciente– convierte tales estados de ánimo en algo cada vez más peligroso. La edad convierte en una trampa de hierro la vida del hombre. Al principio blandura y flexibilidad, uno se interna fácilmente en eso... pero después, ahora, la mano blanda de la vida se vuelve de hierro, inexorable frío del metal y crueldad terrible de la arteria que se osifica.

Sabía todo esto desde hacía mucho tiempo. Pero no me preocupaba... pues estaba convencido de que también yo evolucionaría junto con mi destino, que con el correr de los años sería otro hombre capaz de soportar la situación con su horror creciente. No elaboraba ningún sentimiento para este tiempo de mi existencia, pensando que los sentimientos surgirían en mí por propio impulso a su debido tiempo. Pero hasta ahora no existen. Me encuentro solamente yo, mínimamente cambiado... con la diferencia de que todas las puertas se me han cerrado.

Salgo de casa con este pensamiento, lo paseo por la playa intentando perderlo en el movimiento del aire y del agua... pero es ahí, precisamente, donde veo el horror que se realizó en mí, porque si antes estos amplios espacios me liberaban

73

ahora me aprisionan, sí, incluso el espacio se me ha vuelto prisión y camino por la playa como alguien que se encuentra entre la espada y la pared. Con la conciencia de que ya devine. Ya soy. Witold Gombrowicz, estas dos palabras que llevaba sobre mí, ya realizadas. Soy. Soy en exceso. Y aunque podría acometer todavía algo que me resultara imprevisible a mí mismo, ya no tengo deseos... Nada puedo querer por el hecho de ser en exceso. En medio de esta indefinición, versatilidad, fluidez, bajo un cielo inasible soy, ya hecho, terminado, definido... soy y soy tanto que ese ser me expulsa del marco de la naturaleza.

Jueves

Llegué más allá del torreón que protege del viento, ahí me senté. Luego fui a Playa Grande, ahí me acosté; casi nadie, gran conmoción del mar, estruendo, rugido, golpes sordos. Al regresar apenas podía moverme contra el viento que me ahogaba, penetraba y sacudía. Belleza de las ensenadas, fuerza de los acantilados contemplados desde la altura de muchos pisos, grupos de casitas de colores en las lomas, reflejo dorado de las playas soleadas.

Cuando por la noche regresé a Jocaral, los árboles aullaban como si los estuvieran desollando. Me puse a escribir este diario, no quiero que la soledad ronde en mí sin sentido, necesito a los hombres, a un lector... No para comunicarme con él. Sólo para emitir señales de vida. Ya hoy consiento en este diario las mentiras, los convencionalismos, las estilizaciones, con tal de poder pasar de contrabando, aunque sea como un eco lejano, un tenue sabor de mi yo aprisionado.

Dije que además de Dumas estoy leyendo *La pesanteur et la grâce* de Simone Weil. Es una lectura obligada. Tengo que escribir sobre el libro en una revista argentina. Pero esta mujer es demasiado fuerte para que pueda rechazarla, especialmente ahora, en esta lucha interior, estando tan enteramente a merced de los elementos. A través de su presencia creciente junto a mí, crece la presencia de su Dios. Digo "a través de su presencia creciente" porque el Dios abstracto es para mí una cosa incomprensible. El Dios elaborado por la razón de Aristóteles, Santo Tomás, Descartes o Kant ya no sirve para nosotros; para nosotros, es decir los nietos de Kierkegaard. Nuestras relaciones –las de mi generación– con la abstracción se han perdido por completo o, más bien, se vulgarizaron, porque frente a esas abstracciones mostramos una desconfianza completamente campesina; y toda esa dialéctica metafísica se me presenta a estas alturas de mi siglo XX de la misma manera que a los terratenientes de alma sencilla del siglo pasado, para quienes Kant era un estafador. ¡Cuánto tiene uno que penar para llegar a lo mismo, aunque sea en un nivel superior del desarrollo!

Pero hoy, cuando mi vida se ha convertido, como dije, en una prisión de hierro, la vida misma al transformarse en una monstruosidad me arroja hacia el campo de la metafísica. El viento, los árboles, el ruido, la casa, todo esto dejó de ser "natural" al ya no ser yo mismo naturaleza sino algo paulatinamente expulsado de su marco. No soy yo sino lo que está pasando conmigo; lo que exige a Dios, esta necesidad o exigencia, no está en mí sino en la situación. Observo a Simone Weil y mi pregunta no es: ¿Dios existe?, sino que la contemplo con estupor y digo: ¿de qué manera, por qué magia logró esta mujer tal ajuste interior que le permitiera enfrentarse con lo que a mí me destroza? Al Dios encerrado en esta vida lo siento como una fuerza puramente humana, independiente de cualquier centro extraterrestre, como a un Dios que ella creó en sí por su propio esfuerzo. Ficción. Pero si esto ayuda en la agonía...

Siempre me ha preocupado que puedan existir vidas basadas en principios que no sean los míos. No hay nada más ordinario que mi existencia, ni más común —y tal vez más repugnante o miserable (yo no siento repugnancia hacia mí ni hacia mi vida). No conozco ninguna, absolutamente ninguna grandeza. Soy un transeúnte pequeñoburgués extraviado en los Alpes o quizás en el Himalaya. Mi pluma toca frecuentemente cuestiones definitivas y poderosas, pero si llegué a ellas fue por juego... me metí entre ellas como un muchacho, me extravié imprudentemente. Una existencia heroica, como la de Simone Weil, me parece de otro planeta. Es un polo contrario al mío: mientras que en mí esquivar la vida es una constante, ella la asume con plenitud, *elle s'engage*, es la antítesis de mi deserción. Simone Weil y yo somos realmente los dos contrastes más violentos que uno pueda imaginarse, dos interpretaciones que mutuamente se excluyen, dos sistemas contrapuestos. ¡Y me encuentro con esta mujer en una casa vacía, en momentos en que me es tan difícil huir de mí mismo!

Sábado

Cuerpos, cuerpos, cuerpos... Infinidad de cuerpos hoy, en las playas protegidas del viento del Sur, donde el sol calienta y

quema. Gran sensualidad de la playa, pero como siempre soca-
vada, trunca... a derecha e izquierda muslos, pechos, espaldas,
caderas, pies de muchachas, mujeres sacadas de sus escondites y
flexible armonía de los muchachos. Pero el cuerpo mata al cuerpo, el cuerpo le resta fuerza al cuerpo. Estas desnudeces dejan de
ser un fenómeno, se disuelven en su exceso; el sol, la arena, el
aire, las aniquilan y las convierten en algo ordinario. La impotencia domina la playa; la belleza, la gracia, el encanto, no tienen
importancia, no conquistan, no hieren ni despiertan admiración. Una llama que no calienta. El cuerpo no-excitante, el cuerpo apagado. Esta impotencia me quitó a mí también las fuerzas; regresé a casa privado de cualquier chispa, impotente.

   ¡Ah, mi novela en la mesa! Deberé hacer un nuevo esfuerzo
para inyectarle un poco de "genialidad" a esa escena que es
como un cartucho mojado que se niega a disparar.

Domingo

   Miraba la pava y sabía que ésa y otras pavas me serían cada
vez más terribles a medida que el tiempo pasara, así como
todo lo que había a mi alrededor. Tengo bastante conciencia
para beber hasta la última gota de esa copa de veneno, pero no
el grado de sublimación necesario para elevarme por encima
de ella; me espera la agonía en un sótano aplastante, sin un
rayo de luz por ninguna parte.

   Arrancarme de mí mismo... pero –me pregunto– ¿cómo?

   No se trata, ni mucho menos, de empezar a creer en Dios,
sino de enamorarse de Dios. Weil no es una creyente sino una

enamorada. Yo en la vida jamás necesité de Dios, ni siquiera durante cinco minutos; desde la más tierna infancia fui siempre autosuficiente. Entonces, si me "enamorase" ahora (haciendo a un lado el hecho de que por lo general no puedo amar) sería bajo la presión de esta pesada lápida que va bajando sobre mí. Sería un grito arrancado por la tortura, no válido. Enamorarse de alguien porque ya no puede soportarse uno a sí mismo sería amor forzado.

Después, dando vueltas por la habitación, pensaba: aunque ese estado de amor en el que vivía Weil me es orgánicamente inaccesible, quizá se pueda encontrar una solución análoga, a mi medida, de acuerdo a mi naturaleza. ¿Es posible que el hombre no pueda extraer de sí la capacidad para sobrellevar lo que le espera? Encontrar por propio modo razones superiores de existencia y de muerte. Crear para uno una grandeza propia. La grandeza debe estar latente en mí, latente, pues soy lo suficientemente definitivo con todo lo mío... pero carezco de las llaves necesarias. Mientras que esa mujer supo liberar de su fuero interno corrientes y remolinos espirituales de una potencia superhumana.

¿Grandeza? ¿Grandeza? ¡Oh, grandeza!, bastante mal te pronuncio; la palabra se vuelve estúpida en mi boca. Antipatía hacia lo que es grande.

Gustave Thibon escribe sobre Weil: "Recuerdo a una joven obrera en quien ella descubrió –según su parecer– una vocación para la vida intelectual y a la que nutría incansablemente con cursos magníficos sobre los Upanisads. La pobre muchacha se aburría mortalmente, pero por buena educación y timidez, no protestaba".

¿Así que "la pobre muchacha se aburría mortalmente"? Así es precisamente cómo la vulgar humanidad se aburre frente a lo profundo y lo sublime. "¿Por buena educación y por timidez no protestaba?" Así también nosotros por buena educación y timidez soportamos a los sabios, los santos, los héroes, la religión y la filosofía. ¿Y Weil? ¿Cómo aparece ella sobre este fondo? Una loca casi encerrada en su esfera hermética, sin saber dónde vive, en qué vive, sin un coeficiente común con los demás; desvinculada. Esa grandeza se pierde al contacto con la vulgaridad, sufre inmediatamente una degradación ridícula, ¿y qué vemos? A una histérica, fastidiosa y aburrida, una egotista cuya personalidad hinchada y agresiva no logra percibir a los demás, ni es capaz de verse a sí misma con los ojos de los otros... un ovillo de tensiones, tormentos, alucinaciones y manías, algo que se agita en el mundo exterior como un pez sacado del agua, porque el elemento propio de ese espíritu es sólo su propia salsa; ¿debo entonces vivir como profunda experiencia esa carpa metafísica cocinada en su propio jugo?

Más tranquilidad. Me irrita que su grandeza no funcione debidamente frente a todos. Con Thibon es grande, pero ridícula con la muchacha. Y ese carácter fragmentario es un rasgo típico de todos los grandes hombres... grandes o destacados. Yo exigiría una grandeza capaz de soportar a todos los hombres, en todas las escalas, en todos los niveles, que abarcara todos los géneros de la existencia, irresistible tanto en las alturas como en la base. Solamente un espíritu así lograría conquistarme. Una necesidad que me fue inoculada por el universalismo de mi tiempo: querer atraer al juego a todas las conciencias, superiores e inferiores, y no quedar ya satisfecho con las aristocracias.

Martes

Desayuno en el Hermitage con A. y su mujer, a quienes encontré por casualidad. La comida tiene un ligero tufillo –disculpen– a retrete de gran lujo, realmente no sé por qué pero cuando me vi colocado frente a estas apetitosas viandas, ante la densa elegancia de los mozos, hubiese jurado que estaba ante un retrete. Además tenía sueño. Tal vez por eso.

En muchas ocasiones me han juzgado –a mí y a mis obras– y casi siempre sin sentido. Me han tratado de mezquino, de cobarde y desertor. Y en eso hay una verdad más hiriente de lo que se piensa. Nadie sospecha siquiera la inmensidad de mi deserción. No en balde *Ferdydurke* termina con la frase: "Huyo con mi facha en las manos".

¿No estaría, pues, a la altura de la época que desplegó la bandera del heroísmo, de la solemnidad, de la responsabilidad? Weil, en cambio, sería el exponente más perfecto de todas las morales de la Europa contemporánea: católica, marxista, existencialista.

Permítaseme sin embargo añadir: no hay actitud espiritual que, llevada hasta sus últimas consecuencias, no resulte digna de respeto. Puede haber fuerza en la debilidad, decisión en la vacilación, consecuencia en la inconsecuencia, y también grandeza en la pequeñez. Cobardía valiente, blanduras agudas como el acero, huida agresiva.

Miércoles

Infatigable el viento.

Sufro, en la medida en que me es accesible el sufrimiento no físico... algo que es más desesperanza que dolor. Quiero puntualizar: me enorgullece el hecho de que mis dolores no sean excesivos. Esto me acerca a la mediocridad o sea a la norma, a los sustratos más sólidos de la vida.

En cuanto a Dios, ni soñar con el Dios absoluto de las alturas, al estilo antiguo. Tal Dios realmente para mí está muerto, de ningún modo podré encontrar en mí un Dios semejante, no poseo el material para eso. Pero existe la posibilidad de un Dios como medio auxiliar, un camino-puente que pueda conducirme al hombre.

Semejante noción de Dios se debe justificar fácilmente. Basta con suponer que el hombre debe existir en el marco de su especie, que la naturaleza en general, la naturaleza del mundo, le es dada ante todo como naturaleza del género humano, es decir que la coexistencia con otros hombres precede a su coexistencia con el mundo. El hombre *para* el hombre. El hombre *frente* al hombre. El mito de un Dios absoluto pudo nacer porque le facilitaba al hombre el descubrimiento de otro hombre, el acercamiento a ese hombre, la unión.

Ejemplo: Weil. ¿Quiere unirse en Dios o por medio de Dios con otras existencias humanas? ¿Está enamorada en Dios o, por medio de Dios, del hombre? ¿Su resistencia a la muerte, el dolor, la desesperación, nacen de su relación con Dios o con los hombres? Lo que ella llama *gracia* acaso sea un estado de coexistencia con otra vida (¿pero humana?). Entonces ese "Tú" absoluto, eterno, inmóvil, sería solamente una máscara tras la que se oculta un rostro humano temporal. Triste, ingenuo, pero cuán conmovedor... ¿dar semejante salto a los cielos para cubrir la distancia de dos metros que hay entre su propio yo y el ajeno?

Si la fe es entonces tan sólo un estado del alma que conduce a la existencia ajena, temporal, humana, ese estado debería serme accesible incluso a mí después de haber rechazado el mito auxiliar de lo preeterno. Y realmente no sé por qué no habría de lograrlo. Me falta una llave. Dios es, quizás, una de las llaves... pero debe existir otra llave más adecuada a mi naturaleza. Si de mí se trata, toda la vida, todas las experiencias, todas las intuiciones me han conducido en esa dirección... no hacia Dios sino hacia los hombres. Podría obtener una facilidad, una normalización, diría, de la agonía, solamente al traspasar el peso de mi muerte individual sobre los demás y, en general, sometiéndome a los otros.

La humanidad constituye una fuerza terrible para un ser humano individual. Creo en la superioridad de la existencia colectiva.

J. me relataba el infierno que vivió en un campo de concentración alemán, en Mauthausen. El clima de ese campo, el clima humano (pues había sido creado para los hombres), era tal que la muerte llegó a serle algo fácil... y él, camino al gas (del que se salvó por pura casualidad), sentía no haber tenido tiempo para comerse el pedazo de pan de la mañana. Este debilitamiento de la muerte no era solamente consecuencia de la tortura física... No, era el espíritu el que se había convertido en algo distinto, degradante y despreciable.

Hasta el presente los medios con que contamos para comunicarnos con los hombres son ínfimos. Terrible la soledad de los animales que apenas si se comunican... ¿Pero el hombre? Todavía no nos hemos distanciado lo suficiente de los animales y no tenemos idea de lo que puede ser la irrupción de otro hombre en nuestra conciencia cerrada.

Presentirse a sí mismo en el futuro...¡qué sabiduría!

Jueves

Lefebvre sobre Kierkegaard:

"Perdió el amor, la amada. Implora a Dios le devuelva lo perdido, y espera...

"¿Qué reclama, pues, Kierkegaard? Reclama la repetición de la vida que no vivió, recobrar a la amada perdida.

"Reclama la repetición del pasado para que le sea devuelta Regina, tal como era en los tiempos de su noviazgo..."

¡Cuán parecido es esto a *El casamiento*! Sólo que Henryk no se dirige a Dios. Derriba a su padre-rey (único eslabón que lo une con Dios y con la moral absoluta) y, después, una vez que se ha proclamado rey, tratará de recobrar el pasado con la ayuda de los hombres, crear de ellos y con ellos una realidad.

Magia divina y magia humana.

Lefebvre, como todos los marxistas que escriben sobre el existencialismo, me resulta a veces lúcido y poco después (como si desde una ventana se hubiese desplomado a la calle) totalmente vulgar, intolerablemente pedestre.

¿Cuándo terminará este torbellino, esta violencia, esta demencia de hojas, esta desesperación de las ramas? Mientras unos árboles se tranquilizan, otros empiezan a aullar, el estruendo rueda de un lado a otro y yo, encerrado en esta casa, encerrado en mí mismo, temo realmente ahora, en la noche, temo que "algo" se me aparezca, algo anormal... porque mi monstruosidad crece, mis relaciones con la Naturaleza son malas, flojas, y ese aflojamiento me hace vulnerable a "todo". No es que piense en el diablo, pero sí en "cualquier cosa"... Me parece que esto no resulta claro. Si la mesa dejara de ser mesa para transformarse en... en algo no necesariamente diabólico... El diablo es apenas una de las posibilidades... fuera de la naturaleza está el infinito...

"Lo definitivo" me cerca por todos lados. Y es un acoso henchido de horror y fuerza. Pero –como ya lo he observado con satisfacción– apago en mí toda su potencia. Un romántico en mi situación se entregaría con deleite a estas furias. Un existencialista profundizaría en la angustia. Un creyente se postraría ante Dios. Un marxista alcanzaría el fondo del marxismo... No creo que ninguno de ellos, hombres serios, pudieran defenderse ante la seriedad de esa experiencia; yo en cambio hago lo que puedo para volver a la dimensión mediocre, a la vida corriente, no muy seria... No quiero abismos, ni cimas, quiero una llanura...

Alejarse de lo "definitivo"...

Estoy bastante familiarizado con el método de pensamiento que me puede hacer posible esta retirada. Me digo: tu agonía vive, e incluso con demasiada intensidad. Vives tu muerte para poder describirla de la manera más viva, quieres utilizarla durante el resto de tu existencia para tu carrera literaria. Te asomas al abismo para contar a los demás lo que has visto. Buscas la grandeza para ascender una pulgada sobre los hombres. Tienes ante ti el abismo, pero detrás de ti el hormigueante murmullo humano...

¿Acaso sólo yo? ¿Acaso todas las exploraciones emprendidas en lo Desconocido por "los más grandes espíritus de la humanidad" no fueron hechas para que uno llegara a ser en la simple cotidianidad un eminente filósofo, poeta o santo? ¿Cómo explicar que no hay aquí ironía, que más bien en esto fundamento todas mis esperanzas?

Una dialéctica que reduce la grandeza a favor de la pequeñez. Llegar a la mediocridad en su nivel más alto –comprendiendo todos los extremismos, pero después de agotarlos–, todo a mi escala.

Sábado

Hoy es Nochebuena. Saldré pasado mañana temprano. El viento amainó y pude vagar por la playa durante la tarde –comenzó el calor–, pero por la noche: tormenta, nubes redondeadas como inmensas bolas colgantes de cuyo vientre surgían, arrastrándose, rápidas nubecillas que se desgarraban en jirones. Y todo comenzó de pronto a encogerse, coagularse, densificarse, a cobrar peso, a aglomerarse, cuajarse, intensificarse, sin que siquiera un relámpago irrumpiese en la oscuridad de la noche, acrecentada por la oscuridad de la tormenta.

Después aullaron los árboles martirizados, atrapados en el torbellino de las embestidas locas del ventarrón que convulsivamente se debatía por todas partes, y por fin la tempestad se desparramó en un semicírculo que exhalaba rayos en zigzag, bramante. La casa crujía, las persianas chasqueaban. Quise encender la luz; nada, los cables estaban rotos. Un chubasco. Estoy sentado a oscuras en medio de fulgores.

"Oscureciose el cielo, mas brillaba como el espectro de una capital satánica"... fosforescencia incesante, algo semejante a fuegos fatuos en medio y después nubes y los truenos estallando también incesantemente. ¡Ja, ja! No me sentía nada seguro. ¡Vaya una noche! Era, como suele decirse, *une nuit à ne pas mettre un chien dehors*. Me levanté, di unos pasos por la habitación y de pronto extendí la mano, sin saber por qué, quizá porque al tener miedo jugaba a la vez con mi miedo. Era un gesto sin justificación y por ello en cierto modo peligroso... en semejante momento, en tales condiciones.

Cesó entonces la tormenta. Truenos, viento, lluvia, resplandor... todo terminó. Silencio.

Jamás había visto una noche como ésta.

Un alto en la tempestad en pleno curso, más extraño aún que un caballo inmovilizado en mitad del galope, tan brusco como si alguien en plena carrera le hubiese cortado los tendones. Entiéndase bien: la tempestad no se extinguió de modo natural, sino que fue interrumpida. Y una negrura malsana fue cuajándose, algo como una enfermedad, algo patológico en el espacio. En lo que a mí respecta no desvarié, por supuesto, al extremo de creer que el gesto de mi mano había detenido la tempestad. Sin embargo –por curiosidad–, extendí la mano una segunda vez en la habitación completamente a oscuras. ¿Y qué? Tempestad, lluvia, truenos. ¡Todo volvió a empezar!

No extendí la mano por tercera vez. Pido disculpas. No me atreví a extender la mano por tercera vez, y hasta hoy mi mano permanece "no-extendida", mancillada por el oprobio. Fuera de bromas, ¡qué escarnio! ¡No soy un histérico ni un bobalicón! ¿Cómo poder, después de tantos años marcados por el progreso y la ciencia, confesar que no se trató de un miedo ficticio ni mucho menos, sino de un miedo serio y sólido, que no me atrevía a extender la mano en la noche por sospechar que, después de todo, "a lo mejor" era ella la que gobernaba la tempestad? ¿Soy un hombre lúcido y moderno? Sí. ¿Soy un hombre consciente, culto, bien informado? Sí, sí. ¿Conozco todos los logros de la filosofía y todas las verdades contemporáneas? Sí, sí, sí. ¿Carezco de prejuicios? Sí, seguramente. Sin embargo, ¡qué diablos! ¿Cómo saberlo?, ¿dónde asegurarse?, ¿quién me garantiza que mi mano, por medio de un gesto mágico, no llegó a detener la tempestad y a desencadenarla?

Pero, en fin, todo lo que sé sobre mi naturaleza y sobre la del universo es incompleto: es como si no supiera nada.

V

LA CABAÑA

Martes

Ayer por la mañana salí en autobús rumbo a Necochea, hacia la estancia de Wladyslaw Jankowski, llamada "La Cabaña".

Si este diario que sigo desde hace ya varios años no está a la altura –la mía, la de mi arte o la de mi época–, nadie me lo puede reprochar; es una labor que me han impuesto las circunstancias del exilio y para la que quizá no sirvo.

Llegué a "La Cabaña" a las siete de la noche.

"Dus" Jankowski y sus hijas, Marisa y Andrea; el matrimonio Stanislaw Czapski (él es hermano de Jósef) con su hija Lena, y Andrzej Czapski con su esposa. Durante la cena me dediqué a hacerles muecas con la mitad de la cara a las señoritas, que estallaban de risa.

Amplia habitación en la silenciosa casita para huéspedes en el jardín, donde dispuse mis borradores, preparándome para librar con ellos la batalla final. ¿Quién decidió que se debe escribir sólo cuando se tiene algo que decir? El arte consiste precisamente en no escribir lo que se tiene que decir sino algo completamente imprevisto.

Sábado

Nada de océano, ni resplandores, ni sal, ni viento. Después de aquella conmoción en Jocaral, aquí la tranquilidad. Silencio y relajación. Lo más importante es que me abandonó la soledad. Durante la noche, junto a la lámpara, un ambiente familiar que no conocía desde hace diecisiete años. Paseo por la pampa que aparece aquí al pastel, inmensa como siempre, pero subyugada por senderos de eucaliptos, macizos de árboles. A lo lejos una cordillera.

Lo que siempre me asombra en el campo argentino es que no hay campesinos, no hay servidumbre feudal. En espacios que en Polonia requerirían de muchos brazos, aquí no hay nadie. Un hombre y un tractor. El mismo hombre cultiva, cosecha, trilla e incluso encostala el grano, viaja por el campo en una cosechadora de motor que a la vez es trilladora. El trabajo en estos campos con grandes cantidades de ganado vacuno y caballar se reduce en total a unos cuantos "peones" que jamás tienen prisa. ¡Qué alivio, después de la brutalidad de aquel campo donde uno debía ser un señor en medio de los siervos!

Existencialismo.

Quisiera llevar hasta su conclusión mis inquietudes de Mar del Plata. Tengo que escribir algunas cosas para volverlas más comprometedoras.

Lunes

Existencialismo.

No sé de qué manera el existencialismo pueda convertirse en mis manos en algo diferente a un juego... jugar a la seriedad, a la muerte, a la agonía. Si anoto aquí mis opiniones sobre el existencialismo no es por respeto a dichas opiniones propias –que son las de un aficionado– sino por respeto a mi propia vida. Al describir a mi modo mis aventuras espirituales (como si describiera mis aventuras carnales), no puedo dejar de mencionar dos quiebras que se han realizado en mí: la existencial y la marxista. Comprobé la quiebra de la filosofía existencialista en mí hace poco, cuando discurría sobre ella en mi cursillo de filosofía... *à contre coeur*, como si se tratara ya de algo muerto.

Escribí *Ferdydurke* entre 1936 y 1937, cuando todavía no se oía hablar de esa filosofía. A pesar de ello, *Ferdydurke* es existencialista hasta la médula. Debo ayudar a mis críticos a precisar por qué *Ferdydurke* es existencialista: porque allí se da un hombre creado por hombres, porque el hecho de que los hombres se formen mutuamente revela la existencia y no la esencia. *Ferdydurke* es la existencia en el vacío, es decir, tan sólo la existencia. Por ello en ese libro resuenan fortísimos casi todos los temas del existencialismo: el devenir, la creación del hombre para sí, la libertad, la angustia, el absurdo, la nada... La diferencia es que en mi libro añadí a las "esferas" de la vida humana típicas del existencialismo: la vida banal y la auténtica de Heidegger, la vida estética, ética y religiosa de Kierkegaard, o la "esfera" de Jaspers... una esfera más, la de la "inmadurez". Esta esfera o más bien "categoría" es el aporte de mi existencia personal al existencialismo. Digámoslo enseguida: es eso mismo lo que más me aleja del existencialismo clásico. Para Kierkegaard, Heidegger, Sartre, cuanto más profunda sea la conciencia, tanto más profunda será la existencia; su medida depende de la tensión de la conciencia, de la sinceridad y el valor de la vivencia. ¿Pero acaso nuestra humanidad está fundada en la conciencia? ¿No sería más bien la conciencia, esa conciencia tensa y extrema –que surge entre nosotros y no de nosotros–, el producto de un esfuerzo, de un mutuo perfeccionamiento en ella y afirmación en ella, algo a lo que un filósofo obliga a otro filósofo? ¿No es acaso el hombre en su realidad privada una cosa infantil, siempre inferior a la conciencia, una conciencia a la que siente al mismo tiempo como algo ajeno, impuesto y no esencial? Si fuera así, esta niñez oculta, esta degradación latente, tarde o temprano podría desbaratar sus sistemas.

No vale la pena abundar sobre *Ferdydurke,* que en realidad es circo y no filosofía. Pero es un hecho que ya antes de la guerra yo andaba como un gato por caminos personales en terrenos del existencialismo. ¿Por qué, entonces, cuando más tarde conocí la teoría, no me sirvió para nada? Y también ahora, cuando mi existencia se vuelve de año en año más monstruosa, se mezcla a la agonía y me constriñe a la seriedad, ¿por qué esa seriedad de los existencialistas no me sirve para nada?

Martes

Nos hemos relatado algunos de nuestros sueños. Nada en
el arte, ni siquiera los más inspirados misterios de la música
pueden igualarse al sueño. ¡La perfección artística del sueño!
Cuántas lecciones nos ofrece este maestro nocturno a los diur-
nos fabricantes de sueños, los artistas. En el sueño todo está
preñado de terribles e impenetrables significaciones, nada es
indiferente, todo nos toca más profundamente, más íntima-
mente que la más encendida de las pasiones diurnas... ahí la
lección por la que el artista no puede limitarse al día, tiene que
penetrar la vida nocturna de la humanidad y buscar sus mitos,
sus símbolos. También: el sueño destruye la realidad cotidiana
del día, extrae de ella ciertos trozos, extraños fragmentos, y los
dispone absurdamente en un dibujo arbitrario... pero para
nosotros ese sinsentido es precisamente el sentido más profundo, preguntamos en nombre de qué se nos destruyó el sentido normal; contemplamos el absurdo como si fuera un jero-
glífico e intentamos descifrar su razón, que sabemos existe...
El arte puede entonces también, y debe, destruir la realidad,
descomponerla en elementos, construir con ellos nuevos mundos absurdos... en esa arbitrariedad se oculta una ley, el asalto
a la razón tiene una razón; la locura, al destruirnos la razón
exterior, nos introduce en nuestra razón interior. Y el sueño
hace patente toda la estupidez de las exigencias que plantean al
arte algunos espíritus demasiado clasicistas, cuando le exigen
que sea "claro". ¿Claridad? Su claridad es la nocturna, no la del
día. Su claridad es precisamente igual a la de una linterna que

extrae de las tinieblas un objeto, sumergiendo el resto en la oscuridad más insondable. Debe ser –fuera de los límites de la luz– oscura como la sentencia de una pitonisa de rostro velado, no dicha sino hasta el final, tornasolada por multitud de significados y más amplia que la razón. ¿La claridad clásica? ¿La claridad de los griegos? Si esto les parece claro es porque son ciegos. Hay que ir en pleno mediodía a contemplar la Venus más clásica para encontrar en ella la noche más oscura.

Sábado

La ética del marxismo.

Estoy de acuerdo en que el comunismo nació muchísimo más de una ofensa al sentimiento moral que del deseo de mejorar la existencia material. ¡Justicia! Éste es su grito. Los marxistas no pueden soportar que alguien tenga un palacio y otros una pocilga. No pueden tolerar, sobre todo, que alguien tenga la posibilidad de desarrollarse y otros no. Que el primero la tenga a costa de los demás. No se trata de envidia, sino de afanes de justicia y legitimidad. No están tan seguros, ni mucho menos, de que la dictadura del proletariado proveerá a todos de casitas con jardincillos. Pero el caso es que prefieren incluso una pocilga colectiva y justa y una miseria universal a un bienestar que señorea sobre la injusticia. El verdadero comunismo es una tortura moral que tomó conciencia de la injusticia social y no puede olvidarla... tal injusticia le devora el hígado, como a Prometeo.

Entonces, ¿por qué yo, teniendo a mano derecha el capitalismo cuyo cinismo soslayado también conozco y a mano izquierda la revolución, la protesta y la rebeldía, surgidas del sentimiento más humano, no me uno a estas últimas? Me importa mi arte y él necesita sangre generosa, cálida... el arte y la rebelión son casi lo mismo. Soy revolucionario por ser artista y en la medida en que lo soy... Ese proceso milenario del que provengo está sembrado de nombres como los de Rabelais, Montaigne, Lautréamont, Cervantes, que son una permanente incitación a la rebeldía, algunas veces en suaves murmullos, otras en explosiones a voz en cuello. ¿Qué ha ocurrido para que yo, que ingresé también a la literatura bajo el signo de la rebeldía y la provocación, que comprendo totalmente que el escribir debe ser un acto de pasión, yo, precisamente, me coloque en el lado contrario de la barricada?

¿Qué consideraciones pudieron decidirme a traicionar de este modo mi vocación? Examinémoslas. ¿Puede ser que considere el programa de esa revolución como una utopía y que no crea en su posibilidad de cambiar la inmutabilidad, la perennidad de la injusticia? Pero si desde hace siglos el arte se dirige hacia esta reforma, casi a ciegas, por qué voy yo a resistirme, hoy, cuando estoy infinitamente más convencido que ellos de que la humanidad se mueve, de que se mueve con una celeridad cada vez mayor, que la carrera de la historia se acelera y que ya no vamos, sino volamos, hacia el futuro. Jamás el término "inmutabilidad" ha sido menos actual. ¿Pero en este caso sería que estoy oponiéndome al río del proletariado sublevado, apoyándome en razones absolutas como Dios o en algunas deducciones de la razón abstracta? No, estos peñascos no existen ya bajo mis pies, los absolutos se me mezclaron con la materia y en el movimiento dialéctico el pensamiento se volvió impuro, dependiente de la existencia. ¿Quizá sea entonces que me opongo en nombre de una simple misericordia al conocer la inmensidad de sufrimientos que han provocado y las montañas de cadáveres? No. ¡Nada de eso! Si soy un niño, en todo caso soy un niño que ha pasado por la escuela de Schopenhauer y de Nietzsche. Puedo reconocer fríamente que el dolor de diez millones de esclavos no es nada en relación con una morgue de cien millones. Si diésemos vida a todas las víctimas sacrificadas por la historia hasta el presente nos encontraríamos frente a un desfile sin fin. ¿Acaso no sé —incluso demasiado bien— que la esencia misma de la vida es trágica?

En el momento en que escribo estas líneas un pequeño pececito cerca de las islas Galápagos cruza el umbral del infierno porque otro pez le devoró la cola.

Entonces, si el sufrimiento es inevitable, que el hombre le otorgue por lo menos un sentido a ese sufrimiento. ¿Cómo resistirse a la revolución cuando ella nos entrega un sentido, nuestro propio sentido?

Sábado

Voy caminando por una vereda, bajo los eucaliptos. ¿Dónde queda el Norte? ¿Dónde está el Este? Allá se encuentra el Noroeste, ¿a cuántos kilómetros nos encontramos de *allá*? A más de diez mil...

¿Qué hago aquí, solo en medio de esta pampa, con una ligereza que se halla a punto de abandonarme... y otra vez el pregusto de la agonía en un sótano aplastante? Dios, según ya he dicho, no sería para mí un refugio en la vejez, menos aún la trascendencia de los existencialistas, a quienes no les resta sino embriagarse con su propia tragedia. Pero si renaciera en mí la menospreciada palabrita "nación" y pudiera –sencillamente– acercármele físicamente, subir a un barco, permitir que la revolución que han hecho me abrazara y arrebatara... ¿qué me pasaría? Este sentido temporal –es cierto– e inmediato, pero inmenso debido a la masa de existencias humanas que compromete, podría hacerme más resistente a mi agonía. Permitir que me penetre la energía de la historia. Unirme. ¿Por qué vacilas? ¿De qué tienes miedo? ¿Te resistes a esta vulgarización, a esta humillación? Pero si tú mismo lo sabes, tú mismo has dicho que la conciencia superior debe reconocer su dependencia de la inferior. Y el objetivo, el objetivo moral de la vida...

Me digo esto en voz alta para familiarizarme con la presencia de este pensamiento... y al mismo tiempo sé que me es totalmente imposible de aceptar. Las palabras vuelan en el silencio que es lo único que resta, siempre presente, inmutable.

No puedo aceptar. Intentaré explicar esta imposibilidad cuya naturaleza ya ni siquiera es intelectual sino espontánea. No puedo aceptar, porque quiero ser yo mismo, sí, aunque sé que nada hay más ilusorio que este "yo" inalcanzable, sé también que todo el honor y el valor de la vida consisten en una carrera incesante tras él, su incesante defensa. Un católico llamaría a eso la lucha por el alma propia; un existencialista, la voluntad de autenticidad. Sin duda el punto central de estas morales, al igual que la marxista, está allí, en la preocupación por la conservación del "yo", del alma propia. ¿Cómo ocurriría esto en la práctica? Heme aquí que subo al barco y comienzo a navegar. Pero ya en el trayecto tendría que realizar amputaciones sobre mí mismo, lanzando por la borda la mitad de lo que consideraba mis valores, cambiándome el gusto, modelándome (terrible operación) una nueva sensibilidad y una nueva insensibilidad, formándome a la manera de mi nueva religión. ¿En qué condiciones llegaría yo a puerto? ¿No sería como una muñeca de plastilina amasada con mis propios dedos?

Sin embargo, el marxismo hace uso de argumentos lúcidos y excelentes, que golpean en lo esencial, en este "yo" precisamente. Tu yo —dicen— ha sido moldeado por las condiciones de tu vida, por el proceso de tu historia; eres tal como te creó y determinó tu clase social, explotadora, cuya conciencia se enajenó al hecho de esa explotación, falseadas todas sus relaciones con el mundo por el hecho de no querer y no poder confesar que ha sido hecha sólo para extraer la sangre de los demás. Al afirmarte en ese yo, te afirmas sólo en tu propia deformación. ¿Qué intentas defender? ¿En qué empeñarte? ¿En conservar ese yo que te han hecho y que aniquila la libertad de tu verdadera conciencia?

Excelente argumento y conforme del todo con mi concepción del hombre... porque estoy seguro y mil veces he tratado de expresar artísticamente esta seguridad de que la conciencia, el alma, el yo, son una resultante de nuestra situación en el mundo y entre los hombres. Y es éste el meollo central del pensamiento comunista que, según yo, puede expresarse en dos puntos, ambos muy convincentes. *Primero*, que el hombre es un ser plantado entre los hombres. *Segundo*, que no podemos confiar en nosotros mismos, que lo único que puede lograr asegurarnos una personalidad es precisamente la más aguda conciencia de estas relaciones que la forman.

Pero ahora –¡atención!– vamos a ver de qué modo se juegan las cartas... Y así saldrá a flote la inaudita estafa por medio de la cual toda esa dialéctica se vuelve una trampa. Porque este pensamiento dialéctico y liberador se detiene precisamente a las puertas del comunismo: a mí se me permite poner en duda todas mis verdades personales mientras esté del lado del capitalismo, pero tengo que silenciar estos mismos autoanálisis al encontrarme dentro de las filas de la revolución. Ahí, de golpe, la dialéctica cede su sitio al dogma, y, a consecuencia de un viraje asombroso, este mundo mío, relativo, movedizo, confuso, se vuelve un mundo definido con precisión, sobre el cual en realidad ya todo se sabe, todo está precisado. Hace un momento planteaba yo problemas –ellos me incitaron a hacerlo sólo para que pudiera salir de mi piel con facilidad–, ahora, cuando estoy a su lado, tengo que volverme categórico. Me asombra esta increíble duplicidad de todo comunista, sin excepción, incluso de los más intelectualmente refinados: cuando se trata de destruir la verdad del pasado ese hombre despierta nuestra admiración por la libertad de su espíritu desmitificador, por el anhelo de sinceridad interior, pero cuando seducidos por ese canto dejamos que nos lleve hasta su doctrina, ¡paf!, la puerta se cierra... y ¿dónde nos encontramos? ¿En un monasterio? ¿En el ejército? ¿En la iglesia? ¿En qué organización? Sería en vano buscar ahora nuevas dependencias que deformen tu nueva conciencia. Tu conciencia fue ya liberada y desde ese momento conviene tener confianza. Tu "yo" se convirtió en un "yo" garantizado, digno de confianza.

No quiero hacer una crítica fácil. No estoy tomando como blanco el terror que es propio a su organización política, que asesina la misma libertad de pensamiento que despierta en el campo enemigo. No se trata de su doctrina, ni siquiera de sus paradójicas características, como por ejemplo que el proceso dialéctico de la historia se detiene en el momento en que la revolución encuentra su realización plena en el régimen ideal del futuro. No apunto ni a su sistema mental ni a su sistema político, sino solamente a la conciencia de aquellos comunistas que los enarbolan como un estandarte. Quiero desnudar este sutil cambio de tono, cuando uno se pasa al terreno de ellos, esta repentina aparición de la astucia, ese fatal sentimiento cuando se habla con ellos de que la luz se transforma de pronto en oscuridad, de que no se halla uno frente a un ilustrado sino frente a un ciego, semejante a la noche más oscura. ¿Librepensador? Sí, en tu terreno. En el suyo, fanático. ¿No creyente? En ti; en sí mismo cultiva la fe con el apasionamiento de un monje. Místico maquillado de escéptico, creyente que hace uso del laicismo como de un instrumento, ahí donde pueda servirle a su fe. Pensabas estar ante un espíritu humano, sediento de verdad, pero he aquí que brillaron los ojillos astutos del político. Creías que se trataba de la conciencia, es decir del espíritu, es decir de la ética, pero resulta que lo más importante es el triunfo de la revolución. Y vemos que una vez más nos encontramos en presencia de una de las grandes mistificaciones, al estilo de las desenmascaradas por Nietzsche, Marx o Freud, mostrando detrás de la fachada de nuestra moral

—la cristiana, burguesa, sublimada— el juego de otras fuerzas, anónimas, brutales. Pero aquí la mistificación es más perversa, porque consiste precisamente en un desenmascaramiento. Es una de las más grandes desilusiones que se puedan sufrir en el campo de la ética contemporánea, porque aquí se revela que incluso el desenmascaramiento de la fuerza se vuelve una máscara, detrás de la cual se esconde la misma eterna voluntad de fuerza.

Por eso encuentra uno entre ellos un vaho de insinceridad. No sólo entre los funcionarios subalternos. Sus mejores cerebros están enfermos de esa repugnante insinceridad: sinceros respecto del mundo ajeno, pero atados, dispuestos a castrar en ellos toda honestidad cuando se trata del edificio de su propia quimera. ¡Ofelia, retírate a un convento!

También podría comprender eso. Se trata de una filosofía de la acción, una doctrina creadora; no un pensamiento sobre la realidad sino un pensamiento que transforma la realidad, que determina la conciencia a través de la existencia. Tienen que concentrar energías, por eso limitan la conciencia. Pero en tal caso mi moral y la tuya y la universal, en general toda moral fundamental del hombre, exigen un reconocimiento. Tienen que decir: nosotros nos hemos cegado a propósito. Mientras no lo digan es imposible que podamos hablar con alguien que no es honrado consigo mismo. Unirse a alguien así es perder el último apoyo bajo los pies —y el propio yo y el ajeno—, caer en el abismo.

Jueves

¿Cómo explicar por qué el existencialismo no ha logrado seducirme?

Tal vez no me hallaba lejos de elegir la existencia que ellos denominan auténtica, al contrario de esa vida fútil, inmediata y temporal que llaman banal, pues la presión del espíritu de seriedad nos oprime con fuerza desde todas partes. Hoy, en este severo tiempo actual, no hay pensamiento ni arte que no nos griten con voz destemplada: ¡no te evadas, no juegues, asume la partida, responsabilízate, no sucumbas, no huyas! Bien. Claro que también yo preferiría, a pesar de todo, no mentirme sobre mi propia existencia. Intenté entonces conocer esta vida auténtica, ser absolutamente leal ante la existencia. Pero no me fue posible. No me fue posible por la razón de que tal autenticidad resultó más ficticia que todos mis jueguitos, vueltas y saltos juntos. Debido a mi temperamento artístico no entiendo demasiado de teorías, pero tengo bastante olfato en lo que a estilo se refiere. Cuando apliqué a la vida la máxima conciencia, tratando de fundar en ello mi existencia, advertí que algo raro pasaba. ¡Qué se iba a hacer! No era posible. Es imposible asumir todas las exigencias del *Dasein* y al mismo tiempo tomar café con masas durante la merienda. Sentirse angustiado ante la nada, pero aún más ante el dentista. Ser una conciencia en pantalones que conversa por teléfono. Ser una responsabilidad que anda de compras por la calle. Cargar con el peso de la existencia significativa, darle sentido al mundo y dar vuelto de un billete de diez pesos. ¿Qué quieren? Sé cómo concilian ellos estos contrastes en la teoría. Paulatinamente, gradualmente, a partir de Descartes, a través del idealismo alemán, me familiaricé con esta estructura, pero a su vista siento risa y vergüenza con igual potencia que en días lejanos, cuando era aún completamente ingenuo. Y aunque pudieran "convencerme" mil veces, siempre me resultará todo eso de una insoportable y elemental ridiculez.

Insoportable sobre todo en el existencialismo. Mientras la filosofía especuló desvinculada de la vida, mientras se conformó con ser razón pura e hilvanar sus abstracciones, no era en este grado una violación, una ofensa, una ridiculez. El pensamiento iba por un lado y la vida por el otro. Podía tolerar las especulaciones cartesianas o kantianas por ser sólo obra de la razón. Sentía que además de la conciencia estaba la existencia. En el fondo no he tratado nunca estos sistemas sino como un producto de cierto poder mío, poder de razonar, que sin embargo era tan sólo una de mis funciones; que era, en última instancia, la expansión de mi vitalidad, a la cual podía no ceder. ¿Pero ahora? ¿Con el existencialismo? El existencialismo quiere ya abarcarme por entero, ya no apela únicamente a mis facultades cognoscitivas, quiere penetrar en mi ser más profundo, quiere ser mi Ser. Aquí es donde mi vida se encabrita, empieza a dar coces. Me divierten mucho las polémicas intelectuales con los existencialistas. ¿Cómo polemizar con aquello que penetra tu existencia? No se trata ya sólo de una teoría sino de una actuación de su existencia que pretende anexarse la tuya, y a eso no se responde con argumentos, sino con una manera de vivir distinta de la que ellos pretenden. Y bastante categórica para que tu vida se vuelva impenetrable para ellos.

Si se analiza el asunto desde un punto de vista histórico, el hecho de que el espíritu humano se haya atascado en este escándalo existencial, en su indefensa agresividad y sabia estupidez, era –quizás– inevitable. La historia de la cultura demuestra que la estupidez es hermana gemela de la razón, crece con mayor exuberancia no en la tierra virgen de la ignorancia sino en el suelo cultivable, fecundado con el séptimo sudor de sabios y profesores. Los grandes absurdos jamás han sido ideados por aquellos cuya razón se preocupa sólo de los problemas cotidianos. Nada tiene de extraño, pues, que precisamente los pensadores más intensos sean, a veces, producto de las mayores estupideces. La razón es una máquina que dialécticamente se limpia sola, lo que significa que la suciedad no le es ajena. Nuestra defensa ante esa sucia imperfección de la razón ha sido que nadie nunca se ha preocupado demasiado por la razón, comenzando por los mismos filósofos. A mí me es imposible creer que Sócrates, Spinoza o Kant hayan sido hombres verdadera y totalmente serios. Sostengo que el exceso de seriedad está condicionado por un exceso de falta de seriedad. ¿De qué nacieron aquellas concepciones majestuosas? ¿De la curiosidad?, ¿de la casualidad?, ¿de la ambición? ¿Por espíritu de lucro?, ¿quizá por placer? Jamás conoceremos la suciedad de esa génesis, su inmadurez oculta e íntima, sus infantilismos, su vergüenza, pues eso no lo han sabido ni los propios creadores... No conoceremos los caminos que vieron a Kant-niño, a Kant-joven transformarse en Kant-filósofo... No obstante sería bueno recordar que la cultura, el saber, son algo mucho más ligero de lo que parece. Más ligero y más ambiguo. No obstante, el imperio de la razón es terrible. Apenas la razón advierte que alguna fracción de la realidad se le escapa, enseguida se abalanza a devorarla. De Aristóteles a Descartes la razón se comportaba en general tranquilamente, por considerar que todo podía ser comprendido. Pero ya la *Crítica de la razón pura* y luego Schopenhauer, Nietzsche, Kierkegaard y otros se pusieron a delimitar terrenos inaccesibles para el pensamiento y descubrieron que la vida se mofaba de la razón. Eso la razón no podía soportarlo y, desde ese momento, comienza su tormento que alcanza una tragicómica culminación con el existencialismo.

Porque aquí la razón se encuentra cara a cara con el más grande y más inaprehensible de los burladores... la vida. Ella misma descubrió a ese enemigo y lo hizo concreto; se puede decir que los filósofos han pensado durante tanto tiempo que al fin inventaron algo sobre lo que ya no es posible pensar. Por eso frente a los creadores de esa razón desnaturalizada a uno lo invade la vergüenza, pues ahí, en virtud de una malevolencia, de una horrible perversión, la grandeza se transforma –por una diabólica contorsión– en la mayor ridiculez, la profundidad conduce al fondo de la impotencia, el acierto da en el blanco de la tontería y del absurdo. ¡Y observamos amedrentados que eso, mientras más serio se vuelva, menos serio es! Jamás nos había ocurrido nada semejante con otros filósofos. Se acercaban al ridículo a medida que invadían los terrenos de la vida: así Nietzsche es más cómico que Kant, pero frente a ellos la risa todavía no se volvía una necesidad, porque su pensamiento era abstracto y en la medida en que siguiera siendo abstracto no nos comprometía. Es sólo cuando el problema teórico llegó a convertirse en el "misterio" de Gabriel Marcel, cuando el misterio se volvió ridículo hasta hacerlo a uno estallar de risa.

Intentemos definir la naturaleza de ese ridículo. Aquí no se trata únicamente de ese contraste desesperado entre la "realidad vulgar" y la realidad tajante de los filósofos, abismo tan definitivo y aplastante que ningún análisis podrá cubrir. Nuestra risa en este caso no se nutre en el hecho de tener los dos pies asentados en la "razón común", no; es más horrible porque es más crispada, es independiente de nosotros. Cuando me hablan, existencialistas, de la conciencia, la angustia y la nada, me echo a reír no porque no esté de acuerdo con ustedes, sino por tener que estar de acuerdo entre nosotros. Estoy de acuerdo, ¿y qué?... ¡nada pasa! Me puse de acuerdo pero en mí nada cambió, ni siquiera un ápice. La conciencia que han inyectado a mi vida se me introdujo en la sangre, se hizo vida inmediatamente y ahora me sacudo a carcajadas frente al antiquísimo triunfo del elemento. ¿Por qué debo reírme? Sencillamente porque aprovecho la conciencia para vivir. Me río porque me deleito con la angustia, me divierto con la nada y juego con la responsabilidad y no hay muerte.

Martes

A pesar de eso debo afirmar que no creo que ninguna cultura, ningún arte, ninguna literatura pueden permitirse prescindir hoy en día del existencialismo. Si el catolicismo o el marxismo polacos quieren negar esta doctrina y menospreciarla tontamente se encontrarán en un callejón sin salida, en un corral, en una provincia.

El domingo Dus y yo fuimos a visitar a unos vecinos.

La dueña de la casa, una inglesa (esposa de un acomodado agente de Bolsa de Buenos Aires que compró aquí un terreno y construyó un chalet), me trató desde el primer momento con extraña agresividad, realmente extraña porque en absoluto me conocía. "¡Usted debe ser un egocéntrico, sí, advierto en usted al egocéntrico!" Después, durante la velada, no dejó en ningún momento de darme a entender algo por el estilo de: "Te imaginas que eres alguien, ¡pero yo te conozco mejor! Eres un seudointelectual, un seudoartista (si valieras algo, serías famoso), ¡no eres sino un parásito, un zángano, un teórico, un lunático, un anarquista, un vagabundo y con toda seguridad un fanfarrón! ¡Hay que trabajar! ¡Vivir para la sociedad! ¡Yo trabajo, me sacrifico, vivo para los demás, en cambio tú eres un sibarita, un narcisista!".

A esos "yo" con los que combate mi egotismo, yo compongo por mi cuenta otros "yo": "¡yo soy inglesa!, ¡poseo distinción! ¡Observa mi sinceridad y mi soltura impertinente!, ¡tengo gracia!, ¡soy encantadora, divertida, estética y también moral! ¡Yo tengo razón! ¡A mí no se me impone un cualquiera!".

Alguien en cierta ocasión, no recuerdo si Sábato o Mastronardi, me contaba que en una recepción se acercó un estanciero (persona por otra parte bien educada) a cierto célebre escritor argentino y le dijo:

–Usted es un asno.

Cuando le preguntaron qué había en la obra de aquel escritor que pudiera despertarle semejante aversión, confesó no haber leído una sola línea de él; si lo había agredido era "por las dudas", por si acaso... "no fuera a creerse demasiado importante".

Este fenómeno tiene un nombre aquí. Se lo llama "defensa argentina". La defensa de aquella dama, simpática aunque quizás un tanto afectada, no era peligrosa porque se veía que deseaba agradar y que utilizaba este *genre* por considerarlo encantador y distinguido. Pero a veces un argentino a la defensiva puede ser verdaderamente descortés... cosa poco frecuente en este amable país.

GEOGRAFÍA

Jueves

¿Dónde estoy?

Iba por el sendero de eucaliptos por última vez antes de partir. Hice un alto frente a los árboles, contemplando la perspectiva de la vereda, en medio de un terreno polvoriento, entre cosas claramente visibles: árboles, una hojita, un terrón, una ramita, un pedazo de corteza.

Pero al mismo tiempo estaba en América del Sur... ¿Dónde quedan el Norte, el Oeste, el Sur? ¿Cuál es mi situación con respecto a China o a Alaska?, ¿en qué parte del Polo?

Anochece –la bóveda inmensa de la pampa expulsa de su seno, una tras otra, a las estrellas, enjambres de estrellas aparecen emanadas de la noche– y el mundo tangible de los árboles, la tierra, las hojas, este único mundo amistoso y fidedigno, se esfuma en una especie de no-visión, no-existencia... se borra. A pesar de eso camino, camino, avanzo con dificultades, pero ya no por el camino sino por el cosmos, suspendido en el espacio astronómico. ¿Acaso el globo terráqueo, también él suspendido, puede asegurarnos un suelo para los pies? Me encontré en un abismo sin fondo, en el seno del cosmos y, lo que es peor, no se trataba de una ilusión sino precisamente de la más verdadera de las verdades. Uno podría, pues, volverse loco de no estar acostumbrado...

Escribo en el tren que lleva de Buenos Aires al Norte. El Paraná es un enorme río por el cual bogaré.

Estoy tranquilo en mi asiento, miro por la ventanilla, contemplo a la mujer sentada frente a mí; tiene unas manos pequeñas y pecosas. Y al mismo tiempo continúo allá, en el seno del cosmos. Todas las contradicciones se dan *rendez-vous* en mí, calma y locura, sobriedad y ebriedad, verdad y mofa, grandeza y pequeñez... —pero siento que otra vez se posa en mi cuello una mano de hierro que lentamente, sí, muy imperceptiblemente, aprieta.

DIARIO DEL RÍO PARANÁ

Martes

El barco despegó del muelle a la una de la tarde, pero no lo advertí por estar mirando los buques anclados en un extremo del puerto... empezaron a deslizarse lentamente, y con ellos todo comenzó a deslizarse como si girara sobre un eje, hacia la izquierda, y Buenos Aires se deslizó... Navegamos.

6 de la tarde. Cortamos el Río de la Plata en toda su amplitud —alrededor de 70 kilómetros— y llegamos casi hasta el verde litoral uruguayo. Cambiamos después de curso hacia el Noroeste y ahora nos internamos en el Delta del Paraná. A mano derecha un sinfín azuloso y blanco: son las aguas del río Uruguay. Navegamos por el delta.

8 de la noche. Navegamos por el Delta del Paraná. Las aguas son metálicas, y el cielo malo, embravecido... Sobre el Uruguay las nubes se han soltado la cabellera y llegan hasta el suelo a través de la lluvia. Pesadumbre.

El agua crece, aumenta; delante de nosotros una nube cubre el horizonte; el río se amplía gracias a la oscuridad acumulada, la oscuridad sube como el vapor de las orillas distantes a varios kilómetros. Navegamos.

2 de la mañana. Desperté hace un momento, enseguida una ligera vibración, un meneo apenas perceptible, me hizo comprender dónde me encontraba: en el barco, en un camarote. ¿Pero dónde estaba el barco? Advertí que no sabía lo que pasaba en el barco y fue como si no supiera lo que sucedía conmigo. Las vibraciones anunciaban que navegábamos, pero ¿adónde navegamos, cómo navegamos?.. Me vestí rápidamente y salí a cubierta. La lluvia. El ruido de la lluvia que azotaba de repente. Las mejillas y tablas mojadas, techados, barandales y sogas chorreaban agua. Pero navegábamos. Ni una luz en el barco cuya oscuridad se hundía en la oscuridad, pero estas dos oscuridades no se unían, cada una de ellas marchaba por su lado y no se veía el agua, en general nada se veía en derredor, como si alguien lo hubiera confiscado todo... Solamente la lluvia que llenaba esa navegación en la doble oscuridad. Navegábamos rumbo al Noroeste y a consecuencia de la noche que todo lo abarcaba nuestra navegación se convirtió a la par que la lluvia en la única idea, la idea superior, el cenit de todas las cosas.

Regresé al camarote y me desvestí. Mientras me desvestía, acostaba y dormía, navegábamos.

Miércoles, 4 p.m.

Cielo florido y emplumado, arabescos de resplandores en el espacio líquido mientras que allá, a lo lejos, se vierte una blancura semejante a una puerta que condujera al ultramundo. Pero navegamos. Pasamos el convento de San Lorenzo y navegamos, a la derecha la tierra de Entre Ríos, a la izquierda Santa Fe; nosotros navegamos.

Un pasajero tiene unos gemelos del ejército con los que se puede ver una orilla desconocida y un arbusto –o árbol– o un tronco negro que aparece de repente flotando en el agua turbia. Hoy me acerqué a él nuevamente y otra vez me preguntó:

–¿Quiere usted mirar un poco?

Lo mismo me dijo ayer. Pero hoy me sonó distinto. Me pareció como si en realidad no me quisiera decir eso, o como si su frase no hubiese sido dicha hasta el final, la sentí cortada dolorosamente. Lo miré, pero tenía un rostro sereno, tranquilo. Navegamos. Con acompañamiento de un verdor (porque estamos cerca de la orilla) más oscuro, más claro; el estuario cargado de luz y henchido hasta reventar parece ascender hasta el cielo… y nosotros navegamos. Navegábamos cuando desayunaba y cuando después de un partido de ajedrez salí a cubierta. Vi: navegamos. Agua amarillenta, cielo blanquecino.

El mismo día por la noche

Detrás del cerco de una nube negra sale una enorme cara roja en erupción y lanza horizontalmente un torrente de resplandor, a consecuencia de lo cual el espejo de las aguas se torna oblicuo y los archipiélagos más lejanos, allá tras los estrechos, en el fondo de los golfos, tienen la gracia de la asunción. Y el sol golpea la ciudad de Paraná, se pavonea como un pavo real, se vuelve un bastión de colores, una fortaleza de matices y dispara todos sus fuegos, arrojándolos, bombardeándonos en este silencio y en esta calma solemne. Y un coro de centellas brota de las aguas. Salimos rápidamente de este paisaje y ahora navegamos por un cauce que se ensancha a veces hasta diez kilómetros. El agua es abundante, casi excesiva, y nosotros navegamos, navegamos.

En la proa encontré al sacerdote con quien jugué al ajedrez.

–Navegamos –le digo.

–Navegamos –responde.

Noche del miércoles al jueves

Me levanté otra vez en la noche por no poder soportar que él, el barco, navegase sin mí, cuando no estoy con él y no tengo conciencia de que navega como navega... Cielo estrellado. El barco remonta la corriente con esfuerzos, tenemos viento en contra; a una distancia de cien metros veo el muro blanco de la orilla que huye hacia atrás, siempre, sin cesar, hacia atrás.

Al día siguiente por la mañana

Espacio imponente, río perezoso, el aire inmóvil, la bandera cuelga, pero con un murmullo cortamos esa blancura inmóvil, siempre adelante, y entramos en la región tropical. Si bien no hay tanto sol hay más calor.

El industrial de San Nicolás comentó: "Tiempo malo"... y nuevamente me pareció que en realidad no fuera eso... como si hubiera querido decirme algo distinto, sí, algo distinto... y tuve la misma impresión cuando durante el desayuno un médico de Asunción, exiliado político, hablaba sobre las mujeres de su tierra. Hablaba. Pero hablaba precisamente (esta idea me persigue) para *no decir*, sí, para no decir realmente lo que tenía que decir. Lo miré... pero nada, un rostro sereno, satisfecho y benévolo, sin huella de misterio. Cuando después del desayuno salí a cubierta observé que durante la conversación así como durante el desayuno íbamos navegando... Navegamos ahora... el viento me golpeó de costado. Navegábamos por un estrecho que une dos océanos, el océano que se extendía frente a nosotros era de una blancura ilimitada, el océano que dejábamos atrás era una masa que apenas si se presentía detrás de unos bancos de arena —el mismo estrecho era toda una geografía de golfos, cabos, islas y cayos— así como de extrañas, secretas bifurcaciones que conducen a paraderos incógnitos. En cierto momento entramos en un sistema formado por siete lagos cristalinos que constituyen siete arcos de místicas exaltaciones, cada uno a una altura diferente y todos suspendidos en regiones celestiales. Pero des-

pués de media hora todo eso terminó y se fundió con el río
por el cual navegamos, navegamos...

El mismo día por la noche

¡Cotorras y monos! ¡Serpientes y manantiales! ¡Cotorras y
cabriolas de traviesos trovadores morados! ¡Fuentes y
cotorrescas y ardientes algazaras, ensartadas con cintas gallunas,
el agua se vuelve un piar, una zoología, una ornitología!.. Y sin
embargo navegamos, navegamos con el inevitable surco tras
de nosotros y con ruido.

Dos mujeres, la bibliotecaria con un collar de monedas y la
esposa del ingeniero, conversaban junto a la barandilla. No
podía oír; sin duda se trataba de una conversación femenina,
fútil, sí, ¿pero quién sabe? Quizá no demasiado "fútil". Digo
"demasiado" consciente de la idea inquietante que oculta esa
palabra... sin embargo no se observaba nada "en demasía", todo
estaba como debía estar... y mientras hablaban, navegaban y
yo también navegaba.

Al día siguiente por la mañana

El río pálido, moroso, inmóvil... navegamos. Algo ocurrió
durante la noche o –para decirlo con mayor precisión– algo
estalló, tal vez algo se rompió... en realidad no sé qué ocurrió,
y es más, a decir verdad, nada ocurrió... pero precisamente
eso, el que "no hubiera ocurrido nada" es más significativo y

más horrible que si algo hubiese ocurrido. He aquí los aconte-cimientos: trataba de dormir y comenzaba a entrar en un sue-ño profundo (porque últimamente había dormido poco), pero de repente desperté traspasado hasta el fondo por la terrible, aplastante obsesión de que algo pasaba, algo sobre lo que yo no tenía dominio... algo fuera de mí. Salté de la cama, salí corriendo y allá en cubierta: sogas y cables de alta tensión, vibraciones, esa tensión total avanzando en el silencio, en la noche, en la inmovilidad e invisibilidad del mundo; el movi-miento: la única cosa viva. Navegábamos. Y de pronto (como ya he dicho) algo estalló y rompió el sello del silencio. Un gri-to... un solo grito agudísimo resonó. Un grito inexistente. Sa-bía con toda seguridad que nadie había gritado y al mismo tiem-po sabía que había sido emitido ese grito. Pero como no había gritado consideré inexistente mi espanto y regresé al camarote e incluso dormí. Al despertarme a las nueve y media vi que nave-gábamos por un río plateado como el vientre de un pez.

¿Qué ocurrió? Todo el misterio consiste precisamente en que no ocurrió nada. Y sigue sin ocurrir nada; el más sagaz detective no habría encontrado el menor indicio, nada que pudiera dar motivo a sospechas. Comemos con apetito, abun-dantemente. Nuestras conversaciones son despreocupadas. Todo el mundo está contento. El médico paraguayo recoge un atado de "Particulares" que se le cayó al moreno de las cejas frondosas y el moreno gesticula con la mano para darle a en-tender que el atado está vacío. Al mismo tiempo un niño co-rre al lado tirando de una pequeña locomotora, y el estanciero llama a su mujer que se ha anudado al cuello una pañoleta y en la escalerilla la pareja en viaje de bodas se toma fotografías.

¿Qué hay de extraño en todo esto? ¿Qué barco podría ser más ordinario? ¿Qué cubierta más banal? Pero precisamente por eso, sí, por eso precisamente, nos encontramos del todo indefensos... frente a algo que nos amenaza... no podemos actuar porque ni siquiera hay razón para la más ligera inquietud; todo está en orden, un orden absoluto... sí, todo está en orden... hasta que bajo esta presión irresistible que se ha venido formando no reviente la cuerda, la cuerda, ¡¡¡la cuerda!!!

El mismo día, por la noche

Anónima inmensidad del agua. Navegamos.

El médico me hace bromas porque perdí una partida de ajedrez con un chapucero que me había presentado como Goldberg, el campeón de Santa Fe. Me dice:

—Perdió usted por miedo.

—Podría darle una torre de ventaja y ganarle— le respondo.

Pero nuestras palabras, las mías y las suyas, son como el silencio antes de un grito. Navegamos hacia... nos dirigimos a... ahora veo claramente que las caras, las conversaciones, los movimientos están cargados de... están fulminados, cuajados en un algo que implacablemente nos conduce hacia... Una tensión inaudita se trasluce en el más ligero movimiento. Navegamos. Pero esta locura, esta desesperación, este terror son inaccesibles, porque no existen, y al no existir existen, existen de una manera imposible de rechazar. Navegamos. Navegamos por un agua que parece de otro planeta, y la noche levanta el vapor en todas partes, se estrecha el círculo de visión... y nosotros en él. Pero navegamos y sin cesar crece en nosotros... ¿qué? ¿Qué?.. ¿Qué?.. Navegamos.

Al día siguiente

¡Navegamos durante toda la noche y ahora seguimos navegando!

Al día siguiente

Navegamos. Total impotencia frente al *pathos*, imposibilidad de aprehender esta potencia que ocurre en nosotros a la par del creciente ascenso de la tensión y la tirantez. Nuestra normalidad, lo más ordinario que hay en nosotros explota como una bomba, como un trueno, pero todo en el exterior. La explosión nos es inaccesible, por estar nosotros hechizados por lo vulgar. Hace un momento encontré al loro en la proa y le dije, sí, le dije:

—¡Buenos días!

Y contestó, contestó, sí, contestó, ¡oh, Dios misericordioso!, contestó (mientras navegábamos sin cesar):

—¡Bonito tiempo!

GOYA

Lunes

Después de mucho tiempo y con gran somnolencia navegué de vuelta, de Norte a Sur... y ayer a las ocho de la noche pasé del barco a una lancha que me condujo al puerto de Goya, pueblo pequeño, treinta mil habitantes, en la provincia de Corrientes.

Uno de esos nombres que a veces, al verlos en el mapa, excitan nuestra curiosidad. ¿Por qué? Por no ser interesantes, porque nadie viaja a ellos... ¿Goya? ¿Qué puede ser eso? El dedo cae en un nombre: una aldea en Islandia, un pueblito argentino... y nos tienta el deseo de ir a conocerlos.

Miércoles

Goya, pueblito llano.

Un perro, un bodeguero en el umbral de una tienda. Un camión rojo. Sin comentarios. Incapacidad de glosarlos. Las cosas aquí son como son.

Jueves

La casa donde vivo es amplia. Es una antigua y digna residencia de un estanciero de la región (porque estos estancieros tienen por lo general dos casas: una en la estancia, otra en Goya). Un jardín lleno de cactus mastodónticos.

Aquí me tienen. ¿Por qué aquí? ¡Si alguien me hubiese dicho hace años en Maloszyce que yo iba a estar en Goya!.. Por la misma razón que estoy en Goya podría estar en cualquier parte. Todos los lugares del mundo comienzan a pesarme, a hastiarme, reclamando mi estadía en ellos.

Paseo por la plaza Sarmiento en un anochecer azul. Extranjero exótico para ellos. Y al fin, a través de ellos, me vuelvo ajeno a mí mismo: me estoy haciendo a mí mismo visitar Goya, como si fuera una persona desconocida la detengo en la esquina, la siento en una silla en el café, la hago cambiar palabras sin importancia con un interlocutor casual y escucho mi voz.

Lunes

Fui al Club Social y tomé café.
Conversé con Genaro.
Fui en jeep con Moto al aeropuerto.
Trabajé en la novela.
Fui a la placita a orillas del río.
Una niña en bicicleta dejó caer un paquete que yo recogí.
Una mariposa.
Cuatro naranjas comidas en un banco.
Sergio fue al cine.
Un mono en el muro y un loro.
Todo eso sucedía como en el fondo de un profundo silencio, en el fondo de mi permanencia en Goya, en la periferia, en un lugar de la tierra que quién sabe por qué se ha vuelto

mío. Esta sordina… Goya, ¿por qué no apareciste en mis sueños? ¿Por qué entonces en otra época no presentí nunca que estabas en mi destino, en mi camino? No hay respuesta. Casas. Una callejuela estriada por violentas sombras. Un perro que duerme. Una bicicleta apoyada en la pared.

ROSARIO

Lunes

Rosario. Llegamos al puerto a las tres de la mañana con un retraso de siete horas porque el agua del río había descendido. No quise despertar a los Dzianott, así que anduve paseando por la ciudad hasta las siete. Comercio, balances, presupuestos, saldos, inversiones, crédito, inventarios, cuentas, neto, bruto, sólo eso, eso es lo único, toda la ciudad vive bajo el signo de la contabilidad. Lo pedestre de América, la América gorda.

Rena y su esposo con el pequeño Jacek Dzianott, rebosante de alegría, esa alegría que es nuestra única victoria sobre la existencia, la única gloria del hombre. ¿Pero por qué tal orgullo, tal gloria están depositados en un niño de doce años, de modo que uno debe inclinarse ante ellos? El desarrollo es el camino a la amargura degradante. Es una ironía el que nuestro blasón más alto, la bandera que enarbolamos con mayor orgullo, sea el pantaloncito de un niño.

BUENOS AIRES

Jueves

Después de cuatro meses de viaje y residencias lejanas, heme otra vez aquí. Encontré abundante correspondencia en el escritorio. Es la una de la mañana. Terminé de leer las cartas. Dentro de un momento, cuando ponga punto final a esta frase, me levantaré, me estiraré, sacaré mis cosas de la valija, iré al pasillo a recoger la libretita de direcciones que dejé junto al teléfono.

VI

Lunes

He aquí brevemente las características de mi hombre:

1) El hombre creado por la forma, en el sentido más profundo, más amplio.
2) El hombre creador de la forma, su infatigable productor.
3) El hombre degradado por la forma (siempre "incompleto"... (incompletamente culto, incompletamente maduro).
4) El hombre enamorado de la inmadurez.
5) El hombre creado por lo inferior y por la minoría de edad.
6) El hombre sometido a lo "interhumano" como fuerza superior, creadora, única divinidad que nos es accesible.
7) El hombre "para" el hombre, ignorando toda instancia superior.
8) El hombre dinamizado por los hombres, realzado, reforzado por ellos.

Por el momento esas son las características de mi hombre que me pasan por la mente.

Martes

El argentino medianamente culto sabe bien que en lo referente a la creación las cosas andan mal.

"No tenemos una gran literatura. ¿Por qué? ¿Por qué en nuestro país hay escasez de genio? Anemia en la música, la filosofía y la plástica, falta de ideas, de hombres. ¿Por qué? ¿Por qué? Hastío, morosidad, ¿por qué? Aridez y pasividad, ¿por qué? ¿Por qué?.." –y he ahí que las soluciones comienzan a multiplicarse–. "Vivimos con una luz prestada de Europa, ésa es la causa. Tenemos que romper con Europa, volver a encontrar al indio de hace cuatrocientos años que duerme en nuestro interior... ¡Ahí está nuestro origen!" Pero la mera idea del nacionalismo produce náusea a otra facción. "¿Qué, el indio? ¡Jamás! ¡Nuestra impotencia proviene de habernos alejado demasiado de la Madre Patria España y de la Madre Iglesia Católica!" Pero en este punto el ateísmo progresista-izquierdista sufre un ataque de fiebre: "¡España, claro, puf!, oscurantismo, oligarquía; estudia a Marx, ¡te volverás creador!.." Mientras tanto un joven "fino" del centro de Buenos Aires regresa de un té en casa de Victoria Ocampo y lleva bajo el brazo una *revue* y un poema chino ilustrado con bellos grabados.

Píldoras contra la impotencia: algo ridículo; asombra un poco el hecho de que esta discusión se desarrolle ceremoniosamente desde hace decenios e incluso se haya transformado en la controversia principal de la intelectualidad latinoamericana. Es el tema de innumerables conferencias y ensayos. Ten fe en el Ser Supremo y en Isabel la Católica: ¡serás creador! Introduce la dictadura del proletariado y el culto al indio: ¡sentirás la mejoría! Pero este gimoteo no es de ninguna manera serio, necesitan de genios como si fueran a formar un equipo de fútbol: para ganar el partido con el extranjero. Lo que los pierde es precisamente el deseo de mostrarse ante el mundo, de igualar. El problema principal para estos artistas no es expresar su pasión y construir un mundo, sino escribir una novela de "nivel europeo" para que Argentina, para que América del Sur, logre al fin su papel representativo. Tratan al arte como si fuera una competencia deportiva internacional y pasan horas cavilando en las causas por las que tan raras veces el equipo argentino logra meter un "goal".

¿Por qué ocurre tan raras veces el "goal"? ¿será acaso culpable de ello el "nosotros", la palabreja "nosotros"? (a la que le tengo tanta desconfianza que llegaría a prohibir su uso). Mientras el argentino habla en la primera persona del singular, es humano, flexible, real... y quizás en ciertos aspectos supera al europeo. Menos lastre, menos peso heredado: la historia, la tradición, las costumbres. Mayor libertad entonces de movimiento y mayores posibilidades de elección; mayor facilidad de mantenerse al paso con la historia. Y esa superioridad sería aplastante si la vida sudamericana no fuera tan fácil, si no desacostumbrara al esfuerzo y a la valentía, al riesgo y a la obcecación, a las decisiones categóricas, al drama y a la lucha, si no desacostumbrara al extremismo que es la zona *par excellence* "creadora". La vida fácil ablanda (¿para qué ser duro?)... todo se derrite... Pero a pesar de la falta de tensión, el argentino mientras se expresa en primera persona es un individuo nada tonto, abierto al mundo y consciente... yo aprendí poco a poco a quererlos y apreciarlos. Muchas veces no carecen de gracia, de elegancia, de estilo.

Sin embargo el problema es que este "yo" funciona ahí solamente en los niveles inferiores de la existencia. No saben introducirlo en el nivel superior: en el de la cultura, el arte, la religión, la moral, la filosofía. En ese nivel pasan siempre al "nosotros". ¡Y ese "nosotros" es un abuso! Si el individuo está por decir "yo", entonces ese "nosotros" turbio, abstracto y arbitrario le quita lo concreto o sea la sangre, destruye lo directo, por poco lo derriba y lo sitúa en una nebulosa. El argentino empieza a razonar, por ejemplo, que "nosotros" necesitamos tener una historia, porque "nosotros" sin historia no podemos competir con otras naciones, más cargadas de historia... y empezará a fabricarse esa historia a la fuerza, plantando en cada esquina monumentos de innumerables héroes nacionales, celebrando cada semana otro aniversario, pronunciando discursos, pomposos a veces, y convenciéndose a sí mismo de su gran pasado. La fabricación de la historia es en toda América del Sur una empresa que consume cantidades colosales de tiempo y esfuerzo. Si es escritor, ese argentino comenzará a meditar sobre qué es específicamente la Argentina, para deducir por ende cómo debe comportarse para ser buen argentino... y cómo tienen que ser sus obras para resultar suficientemente propias, nacionales, continentales, criollas. Esos análisis no lo llevan a producir por fuerza una novela relacionada con la literatura gauchesca, puede surgir igualmente una obra realmente refinada, pero también escrita bajo programa. En una palabra, este argentino educado creará una literatura correcta, una poesía, una música, una concepción del mundo correctas, principios morales correctos, una fe correcta... para que todo eso se ajuste, bien colocado, en su correcta Argentina.

Mientras tanto ¿cómo es esa Argentina?, ¿cuál es ese "nosotros"? Nadie lo sabe. Si un inglés o un francés dicen "nosotros", bueno, eso a veces puede significar algo, porque allí desde hace siglos se sabe más o menos qué es Francia o Inglaterra. ¿Pero en la Argentina? Mezcla de razas y de herencias, de breve historia, de carácter no formado, de instituciones, ideales, principios, reacciones no determinadas, maravilloso país, es verdad, rico en porvenir, pero todavía no hecho. ¿Es ante todo la Argentina lo autóctono, quienes se asentaron allí hace tiempo? ¿O es sobre todo la inmigración transformadora y constructora? ¿O quizás Argentina es precisamente una combinación, un cóctel, una mezcla y una fermentación? ¿Es Argentina lo indefinido? En estas condiciones el cuestionario entero del argentino: ¿quiénes somos?, ¿cuál es nuestra verdad?, ¿hacia dónde debemos marchar?, tiene que ir al fracaso. Porque no es en los análisis intelectuales sino en la acción —acción apoyada sólidamente en la primera persona del singular— donde se esconde la respuesta.

¿Quieres saber quién eres? No preguntes. Actúa. La acción te definirá y determinará. Por tus acciones lo sabrás. Pero tienes que actuar como "yo", como individuo, porque sólo puedes estar seguro de tus propias necesidades, aficiones, pasiones, exigencias. Sólo una acción directa es un verdadero escape del caos, es autocreación. El resto —¿acaso no es retórica, cumplimiento de esquemas, bagatela, mamarrachada?

No hay nada más fácil que permitirse aquí un puñado de paradojas animadas por el realismo más despojado. Por ejemplo: el argentino auténtico nacerá cuando se olvide de que es argentino y sobre todo de que *quiere ser* argentino; la literatura argentina nacerá cuando los escritores se olviden de Argentina... de América; se van a separar de Europa cuando Europa deje de serles problema, cuando la pierdan de vista; su esencia se les revelará cuando dejen de buscarla.

La idea de realizar la nacionalidad bajo un programa es absurda; tiene aquella, por el contrario, que ser imprevista. Así como la personalidad a escala individual. Ser alguien es estar continuamente informándose sobre quién se es y no saberlo ya de antemano. La creación no se deja deducir de lo que previamente existe, ella no es una consecuencia...

Miércoles

Sin embargo podría aplicarse también otro método, precisamente contrario, más próximo al que ahora practican. Consistiría en discutir abiertamente todos esos males (impotencia, falta de originalidad, dependencia de otras culturas), enfocarlos como tema, para de esa manera lograr una perspectiva, desvincularse de ellos. Así como un tímido puede liberarse de su timidez discutiéndola, pues de esa manera aquélla ya no es él, es sólo un problema. Conozco bien este método; más de una vez lo he recomendado.

Sí, pero esto también tendría que resolverse en primera persona y no en conjunto. "Yo". "Mi problema". "Mi solución". Sin embargo ningún argentino preguntará: "¿por qué no soy creador?". Su pregunta sería: "¿por qué nosotros no podemos crear?". En el "nosotros" todo se diluye.

Jueves

Terrible invasión de modelos, teorías abstractas, formas ya listas, elaboradas en otra parte, todo eso es el resultado del hecho de que su "yo" apenas se mantiene en pie. Invasión tanto más grotesca cuanto que la abstracción no corresponde a su naturaleza. Hay algo doloroso en su necesidad de teorizar y en su incapacidad para teorizar.

Los hombres más aguda y dolorosamente conscientes de su impotencia –como el cubano Piñera, por ejemplo– son a veces demasiado conscientes del fracaso como para poder luchar. Piñera, al sentirse impotente, le rinde homenaje al Gran Absurdo que lo aplasta. En su arte la veneración del absurdo es una protesta contra el sinsentido del mundo, incluso una venganza, una blasfemia del hombre cuya moral ha sido ofendida. "Si el sentido moral del mundo es inalcanzable, me dedicaré a hacer monerías", tal es, en rasgos generales, la venganza de Piñera, su rebeldía. ¿Pero por qué él, como tantos otros americanos, duda hasta ese grado de sus fuerzas? Bueno, porque otra vez se trata del Universo y no de su vida. Frente al Universo, a la Humanidad, a la Nación, se es impotente, aquello lo excede a uno, pero con la propia vida es posible, a pesar de todo, hacer algo, allí el hombre recupera su poder, aunque sea en dimensiones limitadas.

Algunos de ellos –los escritores– están dotados de un mecanismo cerebral activo y de agudeza de expresión, pero no pueden moverse de su lugar por la sola razón de que se sumergieron en una problemática heredada, ya caduca. Es lo que precisamente les ocurre a los espíritus aparentemente modernos. Siempre buscan la victoria en el marco de un mismo jueguito. Lo que habría que hacer sería darle una patada al tablero y destruir el juego. Plantear nuevos problemas... he ahí el mejor método para resolver los antiguos.

Vida demasiado fácil. Vida provinciana. Aquí cualquiera, basta con que obtenga algunos premios, se transforma sin dificultades en "maestro". Pero "maestro" significa tanto maestro como profesor. Como nadie quiere escribir para sí mismo sino para la Nación (o los lectores), el escritor sudamericano es a menudo enseñante, maestro de los humildes, guía, ilustrador (en general es inaudito el grado en que toda esta cultura posee un espíritu escolar... llega uno a tener la impresión de que las señoritas profesoras son las que han formado a la Nación). Con un mínimo de buena voluntad el "maestro" sufre la metamorfosis siguiente: en profeta, augur, a veces mártir o héroe de América. Es raro que en una nación tan simpáticamente modesta se produzca esa ampulosidad casi infantil en sus niveles superiores.

Lunes

Me gusta la Argentina, la aprecio... Sí, ¿pero qué Argentina? No me gusta la Argentina, la desprecio... Sí, ¿pero qué Argentina?

Soy amigo de la Argentina natural, sencilla, cotidiana, popular. Estoy en pie de guerra contra la Argentina superior, ya preparada... ¡mal preparada!

No hace mucho me dijo un argentino:

—Lo que pasa es que usted nos tiene alergia.

En cambio otro, Jorge Ábalos, me escribió hace poco desde Santiago: "usted busca en nuestro país lo legítimo porque lo quiere". (¿Querer a un país? ¿Yo?)

Miércoles

¡Duro con el gobierno! Todos viven en la oposición y el gobierno es el eterno culpable de todo. Después del derrocamiento de Perón se produjo un exilio callejero: alegría, emoción, y banderas. Pero no duró ni una semana. A los pocos días habían surgido unos veinte diarios de oposición con títulos inmensos: "GOBIERNO DE TRAICIÓN, NUEVA DICTADURA, DIGNIDAD O MUERTE, BASTA DE OPROBIO". Al cabo de tres meses el pobre general Aramburu*, el presidente, no contaba siquiera con el 10 por ciento de sus partidarios (sólo después de su renuncia se reconoció que a pesar de todo había sido un hombre honrado).

Cuando después Frondizi fue elegido por aplastante mayoría, otra vez la alegría... y al cabo de unos meses nuevamente: "traidor", "vendido", "tirano"... Aquéllos eran los piropos más delicados.

El griterío de la prensa opositora es digno de admiración.

El origen de estos tristes fenómenos debe buscarse quizás en la facilidad de la vida, en los inmensos espacios poco pobla-

---

* Gombrowicz confunde al general Lonardi con el general Aramburu. (Nota del editor).

dos, donde es posible permitirse una gran impunidad, porque de cualquier manera "las cosas se arreglan". Si la vida privada de un latinoamericano se caracteriza por tener cierta consecuencia (sabe por ejemplo que si no repara el techo le entrará agua a la casa), su vida social, política, más amplia, en un nivel más elevado, se le vuelve en cambio algo semejante a las Regiones Salvajes, donde se puede vociferar, parrandear, juguetear, porque no existe ninguna lógica, no hay tampoco responsabilidad, al país no le pasa nada, es tan grande... florecen ahí la demagogia, la fraseología, el delirio político, las ilusiones, las teorías, las fobias, las manías, la megalomanía, los caprichos y sobre todo la "viveza" ("¡a nosotros nadie nos toma el pelo!"). Por décadas la gente puede ser mantenida en el absurdo, basta con que se lo adornen con los lugares comunes más baratos y la vida no desenmascarará a quien lo haga, porque allí la realidad colectiva es *muelle* y cualquier charlatán puede llegar a la vejez coronado de gloria.

La vida fácil produce la benevolencia, el sentimentalismo, la ingenuidad, la falta de defensas, la delicadeza –blanduras en las que lentamente uno va ahogándose. Pero la sociedad amenazada por la blandura siente inconscientemente el peligro y trata de defenderse, de ahí proviene la famosa "viveza", esa astucia que debe habilitarlos para la vida, acercarles nuevamente la realidad, salvarlos de la vergüenza, de la credulidad y de la ingenuidad.

Se han escrito muchos volúmenes sobre la psicología del sudamericano, a veces metafísicos, casi siempre demasiado "profundos" –pero el saber sobre un hombre o una nación no siempre exige grandes profundidades–, a veces sazonados con un sabroso misticismo de producción casera (como, por ejemplo, cuando señalan que en el "silencio" del argentino se oculta una verdad aún no descubierta). Bueno, se puede ser profundo y abismal donde es necesario, pero ¿para qué buscar abismos cuando el camino es llano? El noventa por ciento de la Argentina y de América del Sur se deja explicar por el género de vida de sus pobladores, vida –a pesar de sus lamentos– fácil en comparación con la de otros continentes.

Sábado

He aquí cómo se extravían en la realidad colectiva, como ésta se les vuelve fantástica, inaprehensible.

En Tandil conversé con el propietario de una hermosa casa, director de una empresa de cierta importancia, hombre de experiencia. Le pregunté: –¿Qué piensa usted? ¿Cuántos muertos habrá habido en Córdoba durante la revolución del 16 de septiembre?

–Veinticinco mil –me respondió después de pensarlo un poco.

En la ciudad de Córdoba tuvo lugar la única batalla de esa revolución, en la que tomaron parte dos regimientos de infantería, la escuela de artillería y dos formaciones militares más. La batalla consistió en un cambio de disparos, casi todos de arma ligera, y duró dos días. No se publicó el número de muertos, pero si hubo trescientos fue mucho... Y aquél me dice: veinticinco mil. ¿Veinticinco mil? ¡Horrible incoherencia! ¿Habrá pensado por un momento lo que significan veinticinco mil cadáveres?

Cuando en Goya (provincia de Corrientes) dije que el 16 de junio de 1955, durante el bombardeo a la Casa Rosada en

Buenos Aires, habían muerto unas doscientas personas se me quedaron mirando como si estuviese loco. Según ellos no había habido menos de quince mil víctimas. ¡Quince mil! Me permití arriesgar la afirmación de que toda la revolución del año 55 no había costado, por fortuna, más que unos centenares de vidas y probablemente la mayoría a causa de accidentes automovilísticos (de gente que huía perseguida). Por lo que se ofendieron mucho.

En Santiago, un estudiante de derecho de la Universidad de Tucumán me aseguraba con la mayor seriedad que a los sudamericanos Freud no podía servirles de nada: "Pues es ciencia europea y esto es América".

En Tandil le pregunté a un estudiante comunista de Bahía Blanca si había tenido alguna vez un momento de duda. Me respondió:

–Sí, en una ocasión.

Agucé el oído, persuadido de que iba a citarme los campos de concentración, el aplastamiento de Hungría o las revelaciones sobre Stalin. Pero no, pensaba en Kandinsky que había sido excomulgado, o simplemente distanciado, por hacer pintura abstracta. Era lo único, juzgaba, en que no estaba del todo de acuerdo...

¿Estupidez? No, no son estúpidos. Lo que ocurre es que el mundo que excede la concreción de la familia, la casa, los amigos, el salario, es para ellos arbitrario. Ese mundo no les opone resistencias. No castiga por el error y así el error se vuelve inofensivo. En fin, trescientos o veinticinco mil es casi lo mismo. En estas conversaciones son sibaríticos, prefieren que algo se diga agradablemente a que sea verdadero.

Ha llegado sin embargo el momento en que la Realidad ha enseñado los dientes. Así, en la Argentina, al cabo de diez años de despilfarro, de aumentos de salarios, de ampliación francamente irresponsable del aparato burocrático, de fabricación de papel moneda, apareció el fondo del bolsillo y estalló una crisis como no creo que haya habido otra en toda la historia del país. ¡Cuán difícil les es comprender esto! Hasta hoy la mayor parte de la población está convencida de que el gobierno, con toda mala intención, *no quiere* asegurarle a la población su bienestar.

La inexperiencia política de este pueblo es para mí evidente y chocante, sufren de daltonismo, no saben distinguir lo que es primordial e importante en política y lo que es secundario y fútil.

Y sin embargo son magníficos realistas natos...

Lunes

Poco después de mi llegada a Argentina en 1939 un grupo de jóvenes escritores con quienes había hecho amistad me incitó a pronunciar una conferencia en el Teatro del Pueblo. Yo entonces no tenía aún ni idea remota de lo que era la Argentina. Pregunté algo sobre el teatro. ¡De primera categoría!, me respondieron. A las conferencias suele asistir la elite más refinada, ¡la crema y nata! Decidí, pues, confeccionar una disertación altamente intelectual y, después de escribirla en francés para que fuera traducida al español, la titulé: "Regresión cultural en la Europa menos conocida".

Intencionalmente no mencioné ni una palabra sobre Polonia, porque eran tiempos trágicos, inmediatamente después de los acontecimientos de septiembre... Recuerdo que en la conferencia planteaba la cuestión de buscar la manera de aprovechar la ola de barbarie que inundaba a la Europa central y a la oriental para revisar las bases de nuestra cultura.

Esos primeros tiempos míos en la Argentina me parecen hoy como una tiniebla en cuyo seno se ocultara un tragicómico *quid pro quo*. ¿Cómo fue? Aparezco en el teatro –repleto–, leo con acento terrible mi composición – aplausito–, vuelvo bastante satisfecho al palco que me habían reservado, allí me esperaba una muchacha que había conocido en los círculos de ballet, escotada y con collares de monedas en el cuello. Había ido a admirarme. Estoy ya por recoger mi abrigo para salir con ella cuando veo que un tipo sube al estrado y lanza un tremendo discurso. No puedo comprender nada, oigo a menudo la palabra "Polonia". Bravos, excitación. Luego otro tipo se encarama en el podio y lanza un nuevo discurso, agita los brazos, el público grita. No comprendo nada, pero estoy muy contento de que mi discurso que me molestaba mientras lo leía como una mosca en torno a la nariz haya provocado semejante agitación. De repente... ¿qué sucede? Nuestro ministro se levanta y junto con los otros miembros de la delegación abandona la sala. ¡Ay, algo andaba mal!..

Nuevos discursos, la atmósfera se caldea, gritos, alguien me dice: "¿Por qué no reacciona usted? ¡Están atacando a Polonia!". ¡Vaya lío! ¿Cómo podía reaccionar si me parecía estar oyendo hablar en chino?

Al día siguiente, escándalo. Mi conferencia había sido aprovechada por los comunistas para lanzar un ataque a Polonia. Resultó también que la "elite intelectual", un tanto comunizada, no era en realidad tan "flor y nata" como me habían dicho, y el ataque a la "Polonia fascista" no se distinguía por su buen gusto; se habían dicho algunas estupideces, como por ejemplo que en Polonia no existía literatura, que el único escritor polaco era Bruno Jasienski. Asustado, corrí a la Embajada, me recibieron gélidamente con la sospecha de sabotaje, casi de traición. En vano expliqué que el director del teatro, el señor Barletta, se había olvidado de informarme que, según era costumbre, después de la conferencia tenía lugar una discusión (no tenía razones para suponer que lo hubiese hecho adrede; además no creía que fuera comunista, pues pasaba –y sigue pasando aún hoy– por un ciudadano honrado, ilustrado y progresista, imparcial y justo, adversario de los imperialismos y amigo del pueblo; sólo cuando durante la revolución húngara la imparcialidad, la justicia y el noble antiimperialismo del señor Barletta lo decidieron a declararse categóricamente del lado de los tanques rusos, perdí toda mi confianza en él).

Lo peor fue la bailarina; su maquillaje, los polvos, el escote, el collar de monedas colmaron la medida de mis desgracias. ¡Qué cinismo!, decían. ¡En semejante momento! Si bien recuerdo, hasta la prensa polaca de los Estados Unidos me atacó... Pero yo hubiese soportado ese remolino de dementes sospechas, acusaciones y condenaciones de no haber sido por Pyzik. Pyzik, presidente de la Unión de Polacos en Argentina, escribió en su artículo algo con cuya lectura se me nublaron los ojos... A saber, me criticó porque en mi conferencia no había dicho ni una palabra sobre la enseñanza en Polonia... ¿¿¿Qué??? ¿¿¿La enseñanza??? ¿Qué enseñanza? ¿Por qué la enseñanza? ¡Ah, no faltaba sino eso... la enseñanza!

VII

Jueves

Necochea. Al borde del océano.

Camino por una playa inmensa, endurecida y parda a consecuencia de la marea que diariamente la inunda. Detrás de las rocas desaparecen las casas de Necochea.

Vacío y arena, oleaje... estruendo que se ahoga y adormece. Espacios, distancias sin fin. Frente a mí y hasta Australia sólo esta agua surcada, de melenas brillantes; al Sur las islas Falkland y las Orcadas y el Polo. Tras de mí, *el interior*: Río Negro, la pampa... El mar y el espacio resuenan en los oídos y ante los ojos, producen confusión. Camino y sin cesar me alejo de Necochea... hasta que finalmente su recuerdo llega a desaparecer y no queda sino el mero hecho de alejarse, incesante, eterno, como un secreto que llevara conmigo.

Me alojé en el hotel Shangri-La.

Domingo

Llegué hasta el hotel Quequén, al otro lado del puerto, pero ya nada quedaba ahí de la *high life* argentina... los

Anchorena, los Santamarina, etcétera, a quienes conocí a través de Dus y Henryk Sobanski.

Se fueron a fines de enero. Sus abuelos venían cada año a pasar el mes de enero en ese hotel (que entonces era de primera clase), por eso ellos aún siguen dándose *rendez-vous* en el Quequén (ahora tan sólo un tugurio anacrónico e incómodo). En enero este "boliche" está colmado de millones y resuenan ahí los grandes apellidos.

La aristocracia de aquí, la llamada oligarquía, está formada por unas diez o veinte familias cuyo árbol genealógico empieza con un bisabuelo repentinamente enriquecido. Pero los millones son fuertes. La influencia del dinero sobre la gente es tan poderosa que unas cuantas generaciones de riqueza bastan para que las diferencias entre ellos y los Radziwill, digamos, se tornen mínimas. Tienen buen aspecto, se visten bastante bien y poseen –en su círculo– maneras correctas, basadas en una tranquila aristocracia. Pero sólo en su círculo. Desgraciadamente yo soy alguien que –en el caso de que ocurriera una confrontación– los expulsa de su círculo. ¿Intelectual? ¿Artista? ¿Quizás ateo? ¿Anarquista? Eso les molesta, los avergüenza, llena de angustia su provinciana bondad... ¡Temen una falta de tacto!

Lunes

Lo encontré en la playa. ¡Estuvo magnífico! Me saludó magnánimamente. Me preguntó con benevolencia cómo me sentía. Con ademán majestuoso me indicó un quiosco donde se pueden comprar langostinos. Sonrió con la dignidad de un príncipe de la sangre. Con amabilidad real me invitó a pasar delante, hacia las casetas de baño.

Todo porque no llevaba puestos los pantalones. Iba solamente en pantalón de baño.

Martes

Me ocurrió ayer... Debo decir que nada puede igualarse, en ciertos aspectos, en cierto modo, con el horror del dilema que viví... Me encontré en la situación en que lo humano que hay en uno debe vomitar... Podría decirlo. Puedo atormentarme o no con esto, en realidad sólo depende de mí.

Estaba acostado bajo el sol, estratégicamente situado en la cordillera que forma la arena acumulada por el viento en el extremo de la playa. Son unas montañas de arena, dunas, ricas en colinas, vertientes, valles, un laberinto curvilíneo y polvoriento, en algunas partes coronado por un arbusto que vibra bajo el incesante empuje del viento. A mí me protegía una *Jungfrau* bastante alta, noblemente cúbica, altiva, pero a unos diez centímetros de mi nariz empezaba el ventarrón que azotaba sin tregua un Sahara quemado por el sol. Unos escarabajos —no sé cómo llamarlos— erraban penosamente por ese desierto, con fines ignorados. Y uno de ellos, al alcance de mi mano, yacía patas para arriba. Lo había volteado el viento. El sol le quemaba el vientre, lo que tenía que ser particularmente desagradable si se toma en consideración que ese vientre suele permanecer moviendo las patitas, y sabía que no le quedaba sino ese monótono y desesperado movimiento de las patas... ya desfallecía, quizás llevaba así muchas horas, ya agonizaba.

Yo, gigante inaccesible para él, con una inmensidad que me hacía ausente para él, miraba ese movimiento... alargué la mano y lo libré del suplicio. Se puso a caminar hacia delante. En un segundo había vuelto a la vida.

Apenas lo había hecho, cuando vi un poco más allá a otro escarabajo idéntico al anterior, en idéntica situación. Movía las patitas. Y el sol le quemaba el vientre. No tenía ninguna gana de levantarme... Pero, ¿por qué salvar a uno y al otro no? ¿Por qué a aquél, mientras que a éste..? Hiciste a uno feliz, ¿pero tiene que sufrir el otro? Tomé una ramita, alargué la mano... lo salvé.

Acababa de hacerlo cuando vi un poco más allá a otro escarabajo idéntico, en posición idéntica. Movía las patitas y el sol le quemaba el vientre.

¿Debía transformar mi siesta en un servicio de socorros de emergencia para escarabajos agonizantes? Pero ya me había familiarizado demasiado con ellos, con su ridículamente indefenso movimiento de las patitas... y comprenderán quizá que si ya había empezado a salvarlos no tenía derecho a detenerme precisamente en el umbral de su derrota... demasiado cruel y en cierta forma imposible, imposible de cometer... ¡Bah! Si entre aquél y los que había salvado existiera alguna frontera, algo que me autorizara a desistir... pero no había nada, solamente diez centímetros de arena más, siempre el mismo espacio arenoso, "un poco más lejos" es verdad, pero solamente "un poco". Y movía las patitas de la misma manera. Sin embargo, después de mirar a mi alrededor vi "un poco" más lejos a cuatro escarabajos moviendo las patitas, abrazados por el sol... no había remedio, me levanté y los salvé a todos. Se fueron.

Entonces apareció ante mis ojos la vertiente deslumbradora-calcinante-arenosa de la loma vecina y en ella cinco o seis puntitos que movían las patas: escarabajos. Me apresuré a salvarlos. Los salvé. Y ya me había quemado tanto con su tormento, integrado a ellos, que al ver cerca otros escarabajos, en las llanuras, en las colinas, en las barrancas, aquella islita de puntos torturados, empecé a moverme en la arena como un loco, ¡ayudando, ayudando! Pero sabía que eso no podía continuar eternamente, pues no sólo esta playa sino toda la costa hasta más allá de donde la vista se perdía estaba sembrada de ellos, entonces tenía que llegar el momento en que diría "basta" y tenía que llegar a un escarabajo que ya no salvaría. ¿Cuál? ¿Cuál? ¿Cuál? A cada rato me decía "éste", pero lo salvaba, no pudiendo decidirme a la terrible, casi ignominiosa arbitrariedad –¿por qué ése, por qué aquél? Hasta que al fin se realizó en mí la quiebra, de pronto, llanamente, suspendí en mí la compasión, me detuve, pensé con indiferencia "bueno, debo regresar", recogí mis cosas y me marché. Y el escarabajo, ese escarabajo *ante el que interrumpí* mi socorro quedó moviendo las patitas (lo que en realidad ya me era indiferente, como si hubiera perdido el interés por ese juego... pero sabía que tal indiferencia me era impuesta por las circunstancias y la llevaba en mí como algo ajeno).

Jueves

Café en la rambla donde a esta hora de la tarde hay baile. La regocijante zamba, discretamente elegante, brilla desde las ventanas junto con el resplandor de las luces en la inmovilidad de las aguas susurrantes... hasta el Polo, hasta Australia. Sumampa. Nombres exóticos como aquél acechan a mis espaldas, en el fondo de la tierra firme, en el interior poblado aún por el idioma de los indios hace tan poco tiempo exterminados.

Mozos. Jóvenes bailando. Refrescos y helados.

¿Si dijera que en aquello, en aquellos bichos, ha habido algo vergonzoso e "ignominioso"? Y, sobre todo, "miserablemente impotente". Puedo definirlo así. De mí depende. Puedo ahora, en el *dancing*, entregarme al oprobio, pero también puedo pedir otra porción de helado y descartar aquello como un incidente tonto con unos bichos.

¿Si yo mismo dirijo mis terrores y mis angustias, qué cosa entonces *debe ser* terrible para mí? Tengo que hacerle primero una señal al diablo... luego se me aparecerá. Quizá le haga la señal con demasiada frecuencia. Cultivo cierto tipo de miedo que pertenece al futuro... son miedos incipientes que sólo la generación que hoy madura sentirá verdaderamente.

¡La cantidad! ¡La cantidad! Tuve que abdicar de la justicia, de la moral, de la humanidad... porque no pude con la cantidad. Eran demasiados. ¡Perdón! Lo que es igual que afirmar que la moral es imposible. Ni más ni menos. Porque la moral tiene que ser la misma respecto de todo el mundo, si no se vuelve injusta, es decir inmoral. Pero esa cantidad, esa inmensidad de cantidad se concentró en un bicho, uno solo, al que ya no salvé, en el cual interrumpí el salvataje. ¿Por qué precisamente en ése y no en otro? ¿Por qué debía ése pagar por el hecho de que existan millones?

Mi piedad terminó precisamente en ese momento... no sé por qué precisamente en ese bicho, igual a todos los demás. Hay algo insoportable, algo imposible de digerir en esa infinidad concretada de pronto –¿por qué precisamente ése?–... ¿por qué ése? A medida que medito en el asunto empiezo a sentirme raro; tengo la impresión de disponer solamente de una moral limitada... y fragmentaria... y arbitraria... e injusta... una moral que (no sé si esto queda claro) por su naturaleza no es continua sino *granulada*.

Sábado

Pintura... ¡qué sé yo! A lo mejor exagero con esta fobia.

No voy a negarlo, a pesar de todo en un cuadro, incluso si es una copia fiel de la naturaleza, hay algo que subyuga y atrae. ¿Qué es? Qué duda cabe, un paisaje pintado nos dice algo distinto que ese mismo paisaje al natural, su acción sobre nuestro espíritu es diferente. Pero no porque la pintura sea más hermosa que la naturaleza, no; la pintura expresará una belleza torpe, una belleza echada a perder por la mano inhábil del hombre chapucero. Pero quizás en eso se oculte el secreto de la atracción. El cuadro nos transmite una belleza experimentada, ya vista por alguien, es decir por un pintor. El cuadro no solamente nos dice: "este paisaje es hermoso", sino también: "yo lo vi, lo admiré, por eso lo he pintado".

Si consideramos que la contemplación de un objeto, cualquiera que sea (un paisaje, una manzana, una casa, un hombre) nos inflama de desesperación y soledad –porque entonces te encuentras solo frente a la Cosa y la Cosa te aplasta–, quizás en ese miedo nuestro ante la Cosa en sí se encontraría la explicación del fenómeno paradójico de que un imperfecto tronco de árbol pintado nos es más próximo que un tronco natural en toda su perfección. El tronco pintado es el tronco pasado a través del hombre.

Domingo

Hoy discutían nuevamente sobre pintura en casa de Atilio a la hora del té. ¿Sobre qué más iban a discutir? Pero el problema consiste en que sobre pintura no es posible hablar. Esas conversaciones recuerdan diálogos de mudos: chasquean la lengua, agitan los brazos, enseñan los dientes... "¿Cómo que no entiendes esa mancha?"... "allí hay algo... algo... algo así, sabes, bueno..." "¡Oh, ah, sííí...! ¡Caramba!.. ¡Genial, palabra de honor!"

¿Para qué hablan si sólo sirven para pintar? Además, el lenguaje de las obras más célebres sobre pintura no es mucho más rico. Y esa charlatanería muda continúa circulando entre la humanidad... continúa...

No me gustan esos...

Un austríaco conocido en casa de Pocho Oddone. Arquitecto. Reclama ciudades planeadas, interiores racionalmente estéticos, funcionales, etcétera. Dije que la humanidad tiene preocupaciones mayores que la estética. Dije también que una sutilización excesiva del sentimiento de lo bello podría acarrearnos problemas bastante graves. Explicarle a un burgués mediocre que su armario con luna, su cómoda y sus cortinitas son unos adefesios sería acabar de asquearle la vida. Nos sería más útil en medio de nuestra pobreza una capacidad universal para descubrir belleza en todas las cosas, inclusive en un adefesio.

No comprendió. Suficiente. Europeo. Sentencioso. Educado. Moderno. Arquitecto.

Miércoles

El buen tiempo va cediendo al tiempo malo, las nubes, que todavía no saben si van a arrojar agua, salen torpes, directamente del cielo, el sol dispara a veces sus rayos, irradiando la playa, en la que bailan los dorados, los azules, los blancos. En la arena jueguitos, bromitas, chistecitos... ¡pero pagados amargamente, terriblemente, por el hecho de que las personas tuvieron que desvestirse! ¡Inaudito cinismo! Este juego de ellos es un acto de desesperada desvergüenza, sí, se atrevieron... se desvistieron... se quitaron los zapatos, las medias, los zoquetes, las bombachas, los calzoncillos, los pantalones, las corbatas, las camisas, las blusas, los sacos... y ¡helos aquí! Fraternizados con la naturaleza se divierten en cueros. ¡Pero no es una desnudez de desnudos sino de desvestidos! ¡Qué descaro! ¡Sí, sí, juguetea la esposa del farmacéutico, mírenla, piafa en la arena con su piececito, su talón desvestido rebosa... y juguetea el jefe del departamento de ventas, patea la pelota, jadea, lanza gritos! ¡Ah, a gozar! ¡En cueros! ¡Pero el desnudo es desvestido, destapado! ¡Y el jefe desvestido! ¡La señora del farmacéutico sin bombacha! ¡Y los dedos de los pies complementan salvajemente los dedos de las manos! Y toda la playa ruge con una rabiosa provocación del horror carnal. ¡Dios, permíteme vomitar la forma humana! Apareció un perro. Un perro que –inmaculado– pasó con canina elegancia, distinguido...

Miraba junto con Atilio el espectáculo desde una lomita. Atilio, culto conocedor del arte mexicano, dijo:

–Lindo cuadrito. Hay en él algo de Turner, ¿verdad?

Efectivamente: lindo cuadrito, pero hecho de monstruosidad.

Jueves

Dice Piñera que en La Habana cada *bel esprit* debe tener su "antigüedad": un reloj de la época de Luis XIV, un medallón, etc., de la que no se separa, dedicándole el entusiasmo que le despertarían las catedrales, los museos, toda antigüedad europea en general si el destino le permitiera realizar la peregrinación a Europa. Atilio, que es mexicano, tiene también su antigüedad. Ayer sacó de un magnífico saco de cuero una copa de plata y me la mostró con religiosa veneración.

–¡Es auténtica!

–Bueno, es posible... –Era de dimensiones bastante grandes y furiosamente renacentista, llena de escenas esculpidas, trabajada minuciosamente milímetro a milímetro, increíble maraña de figuras y ornamentos.

Para desenredarla, para penetrar el trabajo sin duda de muchos años del artista habría que dedicar a la copa buena cantidad de horas de análisis metódico. Dudo que lo haya hecho cualquiera de sus propietarios, la taza probablemente no había sido "examinada" hasta entonces por nadie. En cuanto a mí me limité a expresar, a vuelo de pájaro, que el trabajo me parecía bueno... y luego me acordé de las antiguas porcelanas de mi madre luciendo en las estanterías y llenas también de delicadezas jamás descubiertas por nadie. Bastaba con que la porcelana fuera auténtica.

Atilio, después de acariciar lujuriosamente la copa (con lo que en cierta forma poseía ese esfuerzo de siglos) y echarle una mirada sintética (idéntica a la que lanzábamos a nuestras porcelanas), la guardó en su estuche. Y sacó de la valija una serie de álbumes.

–Siempre los llevo conmigo –me dijo–. ¡No podría vivir sin ellos! –la catedral de Chartres, Picasso, Miguel Ángel, vasos etruscos, frescos de Giotto y templos griegos. –¡Ah! –exclamaba Atilio, al pasar de las páginas–, ¡ah! ¡Mire aquí, aquí! –¿Y qué? Yo miraba, él miraba, pero aquello era más bien como si estuviésemos bañándonos en un mar... invadidos por un tumulto de formas, como por el oleaje, ahogadas en eso, y perdidos. La catedral de Chartres me aplastó como una montaña de agua. Cuántos meses, cuántos años exigiría la orientación en una catedral que desde la base hasta la cima, hasta los arcos de las bóvedas, es piedra elaborada, torturada, impregnada de pasiones, humanizada... como si multitudes enteras de trabajadores se abalanzaran sobre la piedra, igual que las olas. ¿Cómo puede un espectador absorber la labor de tantos artistas? Pero Giotto y Picasso y Miguel Ángel nos acechaban mientras hojeábamos las páginas de la catedral. –¡Ah! –se agitaba Atilio–. –¡Ah! ¡Maravilloso! –nos ahogábamos. Nos hundíamos como en una tienda demasiado rica y, cual niños que cazan mariposas, atrapábamos de vez en cuando alguna línea, una mancha que construía el pálido testimonio de lo que se nos escapaba...

No vimos muchos... más bien estuvimos haciendo un inventario... como un avaro que pasa de una mano a la otra las piezas de oro nos hartábamos con esa riqueza sola, casi sin mirar... y confiados en que a pesar de todo tenía que existir alguien que lo hubiese *examinado*. He ahí un fresco de Giotto. No puedo dedicarle demasiada atención, pero confío, sí, confío, confío en que *alguien, algún otro* lo haya contemplado y examinado... Pero ahí me asaltó el pensamiento fatal de que quizá no existiera ese otro. ¿Y si *todos* se quitaran el peso de encima, confiando en que existía aquel otro? ¿Y si este deleite lo pasáramos de mano en mano, arrojándolo a la nada? Atilio se encogió de hombros:

–¡Puf! ¡Me lo dice a mí que he dedicado al arte la mitad de mi vida!

Mentía. No ha hecho posiblemente más que pasar así, con desenfado, las páginas del gran álbum de las artes plásticas. Hojeaba solamente... por aquí, por allá, echaba un vistazo... picoteaba como una gallina... ¿pero cómo probarle que miente?

Viernes

La señora Mercedes H. de A. llegó especialmente a Buenos Aires para ver la copa de Atilio (Atilio no regresa a Buenos Aires, viaja a Chile). Es una dama flaca, hermética, silenciosa, tomó la pieza en la mano, la miró, luego la puso donde antes estaba y susurró:

–¡Ah! ¡Nunca me hubiera perdonado si le hubiese permitido salir de la Argentina sin mostrarme esta copa! –Después continuó con un susurro: –¿Qué piensa usted de Pettoruti, de sus últimos colores?

Atilio hizo una mueca: –Prefiero al de hace cinco años.

–¡Estamos de acuerdo! –exclamó la dama con unción, feliz. Montó en el coche. Se fue.

Martes

La Falda.

Balneario en las montañas de Córdoba. En la avenida Edén señoras y señores toman refrescos sentados en las mesitas de los cafés, mientras los burros, atados a los árboles, mordisquean la corteza y el altoparlante transmite la obertura del tercer acto de *La Traviata*.

Nada extraordinario... Y sin embargo, este lugar es para mí como algunos rostros vistos en el sueño –entremezclados–, estas caras son el resultado de dos rostros diferentes que se yuxtaponen y se ocultan mutuamente. Por todos lados me asalta la siniestra Dualidad que encubre un secreto denso y complejo. Y todo ello por haber estado aquí hace diez años. Ahora veo.

En aquel entonces, perdido en la Argentina, sin trabajo, sin apoyo, suspendido en el vacío, sin saber lo que iba a hacer el mes siguiente, me preguntaba con una curiosidad que a veces se convertía en la tensión absolutamente enfermiza que suele despertarme el futuro, me preguntaba qué iría a ser de mí dentro de diez años.

El telón se levantó. Me veo en una mesa de café en la misma avenida, sí, soy yo. Soy yo dentro de diez años. Pongo la mano en la mesita. Miro la casa de enfrente. Llamo al mozo y le pido "un cortado". Tamborileo con los dedos sobre la mesa. Pero todo eso mantiene un carácter de información secreta transmitida al de hace diez años y me comporto como si aquél me estuviese viendo. Pero al mismo tiempo yo lo veo, a él, cuando estaba sentado allí, tal vez junto a la misma mesita. De ahí lo horrible de esta doble visión que experimento como un quiebre de la realidad, como algo insoportable –como si pudiera mirarme directamente a los ojos.

El altoparlante difunde la obertura del tercer acto de *La Traviata*.

Viernes

Al seguir el lecho seco del torrente que conduce hasta el pie de La Banderita recordé (porque La Falda es una mano que se desliza por mi teclado y extrae melodías olvidadas) a los mellizos con los que hacía excursiones por la región. ¡Nada más sublime! ¡Qué revelación! ¡Deliciosa e inspirada broma del creador! Dos muchachos de dieciséis años, tan semejantes que nunca logré distinguirlos, con grandes sombreros texanos, los ojos alegres; aparecían siempre de improviso, uno a cierta distancia del otro, y la identidad de su aspecto aumentaba el efecto al grado que, siendo unos jovenzuelos, unos mocosos, se revelaban con una fuerza que parecía llenar el espacio entero y repercutir juguetonamente en las montañas. Todo en cada uno de los mellizos se volvía genial y asombroso, ingenioso y magnífico, importante y revelador, sólo por el hecho de que en alguna otra parte acechaba el otro mellizo, absolutamente igual.

Meditaba en la importancia y en el carácter sagrado de la revelación que me fue dado alguna vez contemplar a mi regreso por la avenida Edén. De pronto alguien me toma por el brazo:—¡Witoldo! —Volteo. Es el mellizo. ¡El mellizo, pero con un pequeño bigote! Parece flacucho. ¡El mellizo, pero ya no mellizo! ¡El mellizo privado del mellizo antiguo!

Al lado, una joven con dos niñitos.

—Es mi mujer —me dice el mellizo.

Y enseguida contemplé, a cierta distancia, al otro mellizo, también con un pequeño bigote, con su mujer y un niño.

Domingo

Fui con Russo —Alejandro Rússovich— a la quinta de Cecilia cerca de Mercedes.

Russo es para mí la encarnación misma de la genial antigenialidad argentina. Lo admiro. Su mecanismo cerebral, infalible. La inteligencia, excelente. Una facultad notable para captar y absorber. Imaginación, brío, poesía, humor, cultura. Siente el mundo libremente, sin complejos...

Facilidad. Esta facilidad deriva del hecho de no querer, ¿o no saber?, aprovechar sus facultades. Un europeo las cultivaría como si se tratara de un fértil campo. Se inclinaría sobre sí mismo como sobre un instrumento. Él permite que sus virtudes florezcan en estado natural. Puede destacarse y no quiere –¿no sabe?– destacarse... No quiere luchar con la gente. Discreción. No quiere imponerse a los demás.

Bondad. La bondad lo desarma. Su actitud hacia los hombres no se ha agudizado bastante. No lucha con ellos, no los acomete. No es alguien "entre los hombres". El hombre no ha llegado a ser para él una barrera que vencer; es hijo del relajamiento argentino... porque aquí cada quien vive para sí, aquí los hombres no se aglomeran, aquí el hombre (en el terreno espiritual) no usa a otro hombre como bastón para escalar las alturas y el hombre no es para el hombre (espiritualmente) un objeto de explotación. Junto a él yo soy una fiera salvaje.

Argentina. No sólo es así. Es un país todavía "no poblado", no dramático.

Domingo

En casa de Stanislaw Odyniec en Mar del Plata. Ayer al caer la noche en la playa delante del casino: el consabido rumor y chapoteo del agua. El pecho de agua negra que sube y desciende. Los murmullos de un abanico de espuma que llega hasta mis pies. Allá, hacia el Sur, la silueta de las casas en la colina, allí frente a mí un mástil con una bandera; a la izquierda, emergiendo y sumergiéndose una viga rota... Truenos. Primavera. La temporada comenzará dentro de dos meses, ahora no hay aún nadie, todo está desierto y silencioso: las ventanas de los hoteles cerradas miran fijamente a la playa donde va errando un perro, el viento mueve los cordeles, hace rodar las latas de conserva del año pasado, le da vueltas a un pedazo de papel...

Inmenso vacío de la ciudad, abandonada por seiscientos mil hombres, la muerte de estas calles, plazas, casas, tiendas, establecimientos cerrados, bloqueados, amordazados por la ausencia del hombre en la orilla de un océano que recobró la inviolabilidad de su propia existencia y que existe únicamente para sí mismo. La arena invade silenciosamente las orillas... ¿Qué es eso? ¿Qué pasa allí? Algo está pasando, pero no sé qué es...

¿Qué cosa, pues? Camino por la playa a lo largo de la franja de espuma y busco en mí el sentimiento correspondiente, ¿qué cosa, pues, qué tienes que experimentar en la arena que está nuevamente bajo tus pies, en el olor a pescado y salitre, en este viento que siempre es el mismo? Pero no puedo... algo me estorba... esa cosa horrible... todo eso ya es conocido, más de una vez, miles de veces fue dicho... e incluso impreso.

Y yo debo ser original.

Sigo caminando por el mismo límite de la franja de espuma, con la cabeza inclinada, mirando la arena, todo oídos, escuchando el eterno proceso, pero con el corazón transido...

porque debo ser original, no tengo derecho a repetir a nadie, y los más auténticos sentimientos me están vedados sólo por la razón de que ya alguien los experimentó y los expresó. Espera, piensa un poco... nadie te ve aquí, tras estas ventanas no hay un alma, en las calles no hay sino el asfalto y la ciudad desprovista de población –¿por qué no puedes permitirte un sencillo pensamiento sobre la eternidad, la naturaleza, o Dios? ¿Por qué te esfuerzas en perseguir algo nuevo, nunca visto y asombroso... incluso aquí, en esta orilla donde sólo pasea un perro? He ahí que me detengo en la frescura salada y en el silencio, abarco con la mirada la totalidad de esta soledad y vacilo... ¿entregarme a una de estas verdades conocidas y ordinarias? Sonrío... sí, porque (lo recordé de pronto) el Club Polaco de Buenos Aires organizará la próxima semana una discusión sobre mis libros y me parece escuchar los acres lamentos: se desvive por ser original; perdió la sencillez e inventa sentimientos y todo eso sólo *pour épater*... Ahora voy llegando a la orilla rocosa donde surge el ruido, el agua golpea las rocas y los acantilados, salta y hay yodo en el aire. Y otra vez el mismo incesante llamado desde el oleaje: sé ordinario, sé como los demás, puedes hacerlo, no hay nadie, éste es el momento para sentir lo que aquí ha sido sentido desde hace siglos.

Pero yo tengo que ser original.

¡Por nada del mundo! ¡Por nada! ¿Qué importa que la ciudad esté vacía? Es una falsa ausencia, los hombres permanecen en mí, detrás de mí, son mi rabo y mi penacho, oigo su clamor. ¡Sé extraordinario, sé nuevo, imagina, siente algo que sea aún desconocido! Sonrío con cierta turbación y miro un poco a mi alrededor, meto la cabeza entre los hombros y después, en toda la gloria de mi pose de actor y ante la noche que se aproxima, vuelvo la cara al agua. Permanecí ahí con todo el orgullo de mi no-sencillez... como quien se sabe constreñido a la originalidad... Como instrumento del horrible e incomprensible espíritu colectivo que en lucha contra la eterna identidad del océano aspira a soluciones desconocidas... siempre hambriento de lo nuevo... hastiado, violentamente impaciente ante lo ya conocido... deseando todo lo que está fuera de él... Permanecí ahí, aniquilado en mí el sentimiento del presente a costa del mañana, asesinando la hora actual...

Después regresé a través de las calles vacías... pero con la sensación de que estaban observándome.

VIII

Miércoles, Tandil

Hace unos cuantos días llegué a Tandil y me alojé en el
Hotel Continental. Tandil, pequeña ciudad de setenta mil habitantes, entre montañas no muy altas, erizadas de riscos como
fortalezas... llegué porque es primavera y para eliminar del todo
los microbios de la gripe asiática.

Alquilé ayer por un precio no muy alto un departamentito
delicioso, un poco fuera de la ciudad, al pie de la montaña, allí
donde se levanta un gran arco de mampostería y el parque se une
al bosque de coníferas y eucaliptos en la montaña. Por la ventana
abierta de par en par al deslumbrante sol de la mañana veo a Tandil
como en un plato... la casita desaparece entre suaves cascadas de
palmeras, naranjos, pinos, eucaliptos, glicinas, la más variada
multitud de arbustos bien podados y de los más raros cactus, y
estas cascadas caen en ondulaciones hasta la ciudad, mientras que
atrás un alto muro de oscuros pinos asciende casi verticalmente
hasta la cima, en donde está el café-castillo. Nada más primaveral
y floreciente, pleno de flores y de luz. Y las montañas que rodean
la ciudad, secas como pimienta, desnudas, rocosas, erguidas por
inmensos peñascos que semejan zócalos, bastiones prehistóricos,
plataformas y ruinas. Un anfiteatro.

Delante de mí, Tandil, a una distancia de trescientos metros, como en la palma de la mano. No es, ni mucho menos, un balneario con hoteles y turistas, sino una ciudad provinciana común y corriente. Al lavarme los dientes a pleno sol y absorber el perfume de las flores, pensaba en los medios para penetrar en la ciudad, de la que me han prevenido, "En Tandil te aburrirás a morir".

Tomé un desayuno excelente en el pequeño café suspendido sobre los jardines –¡oh, nada en especial, café y dos huevos, pero todo bañado en florescencia!–, después entré en la ciudad: cuadros, rectángulos de casitas blancas, deslumbrantes, de azoteas planas, aristas violentas, ropa blanca secándose al pie de los muros... una motocicleta, y la plaza, en un estallido de verdes, grande y llana. Uno camina por el medio bajo el sol ardiente y el fresco aire de la primavera. Gente. Rostros. Era un solo rostro, siempre el mismo, caminando detrás de algo, arreglando algo, diligente, sin prisa, honestamente sereno... "En Tandil te aburrirás a morir."

En un edificio vi un anuncio pequeño: "*Nueva Era*, periódico diario". Entré. Me presenté al redactor, pero no tenía ganas de hablar, sentía sueño y por ello no me expresé muy felizmente. Dije que era "un escritor extranjero" y pregunté si en Tandil había alguien inteligente a quien valiera la pena conocer.

–¿Cómo?– protestó el redactor, ofendido–. Aquí no escasean los intelectuales. La vida cultural es rica; si sólo pintores hay cerca de setenta. ¿Y los hombres de letras? Tenemos a Cortés, que se ha hecho ya de nombre en la prensa de la Capital...

Lo llamamos por teléfono y concreté una cita para el día siguiente. Pasé el resto de la jornada vagando por Tandil. Una esquina. En la esquina está el propietario de algo, no sé qué, con sombrero; al lado dos soldados, un poco más allá una mujer en su séptimo mes y una carretilla con apetitosos manjares, cuyo vendedor duerme beatíficamente en un banco, cubierto con un periódico. Y el altoparlante canta: "Me aprisionaste con tus ojos negros"... Yo añado por mi cuenta: "En Tandil te aburrirás a morir". Un tipo de tez tostada, botas largas, gorra.

Jueves

Tandil parece desde aquí, desde lo alto, como sitiada por la prehistoria... desmoronadas montañas de piedra. Bajo el sol, entre árboles y flores, tomo un delicioso desayuno.

Pero me siento inseguro, ajeno, me molesta esta vida desconocida... Voy al "Centro Popular" donde tengo cita con Cortés. Es una biblioteca bastante grande, veinte mil volúmenes; en el fondo, una pequeña habitación donde se desarrolla, precisamente, una sesión cultural. A mi llegada las deliberaciones terminaban y Cortés me presenta con las personas reunidas. Después de cinco minutos de conversación estoy al corriente: Cortés, comunista-idealista, soñador, buena gente, lleno de buena voluntad, benévolo, humano; la muchachita de quince años no es una muchachita sino que tiene veintitantos años y es la mujer de aquel otro joven, también idealista sublimado por Marx; la secretaria, en cambio, es católica, también es católico militante el tercer señor, parecido a Rembrandt. Los une la fe.

Nunca han oído hablar de mí. ¡Pero qué..! Es la provincia. Esto me inclina a ser cuidadoso. Sé qué táctica emplear en tales circunstancias. No cometo el error de presentarme; por el contrario, me comporto como si me conocieran perfectamente y sólo con el tono, con la forma, les insinúo mi Europa. La manera de hablar debe ser picante, descuidada, desenvuelta, con cierto tono intelectual: París. Eso surte efecto. Dicen: "¡Ah, estuvo en París!" Yo, con desenfado: "Sí, una ciudad igual a Tandil, casas, calles, en la esquina un café, todas las ciudades son lo mismo..." Eso les agradó, el hecho de que no enalteciera a París, sino que la humillara, logró que vieran en mí a un parisiense. Advierto que Cortés está casi conquistado, las mujeres se interesan aunque todavía desconfían. Y sin embargo hay en ellos una especie de desatención –de distracción– como si los preocupara otra cosa; de repente comienzo a comprender que si aun Camus y Sartre hubiesen llegado aquí, a Tandil, no lograrían vencer ese obstinado pensar en otra cosa, en algo local, tandileño. ¿Qué ocurre? Súbitamente se animan. Empiezan a hablar todos a la vez. ¿Pero sobre qué? Sobre sus asuntos: que a la última conferencia no vino casi nadie, que hay que arrastrar a la gente a la fuerza, que Fulano sí viene pero se duerme enseguida, que la señora del doctor se ofendió... En apariencia hablan de todo esto para mí, pero en realidad, para ellos, se quejan, gimen, seguros por lo demás de mi aprobación de escritor, seguros de que yo, como escritor, compartiré plenamente las amarguras de su "trabajo en la localidad", su "trabajo en el campo de...", de toda esta *Zeromskina* tandileña ¡Brrr!.. "En Tandil te aburrirás a morir." De repente Tandil se me sube a la cabeza, ese insulso, rancio, burdo sustrato de una vida modesta, limitada –tras la que están como se está tras una vaca–, aburrida y eterna... concretados en ella por los siglos de los siglos.

—¡Dejen vivir en paz a la gente! —les digo.

—Pero...

—¿De dónde sacan que todos deben ser inteligentes e ilustrados?

—¡¿Cómo?!

—¡Dejen en paz a los brutos!

Dejé caer las palabras "brutos" y, peor aún, "vulgo", por las que de golpe me volví aristocrático. Era como si hubiera declarado la guerra. Me arranqué el antifaz de la transigencia.

Entonces ellos se volvieron cautelosos.

—¿Niega usted la necesidad de la ilustración universal?

—Por supuesto.

—Pero...

—¡Abajo todas esas enseñanzas!

Eso ya era demasiado. Cortés tomó una pluma en la mano, miró la punta levantada hacia la luz, sopló.

—No nos entendemos —dijo, como apenado. Y el joven murmuró desde la sombra, hostil, mordazmente:

—Usted debe ser fascista, ¿verdad?

Viernes

Dije realmente demasiado. Era inútil. Sin embargo, me siento mejor... Esa agresividad me fortaleció.

¿Y si proclaman que soy fascista?.. ¡Nada más que eso me faltaba! Hay que hablar con Cortés, suavizar.

Sábado

¿Qué ocurre?

El espíritu a veces se me enturbia, se me colma... de incidentes anodinos. Ese choque con ellos en la biblioteca, nada en especial, pero actuó como un catalizador. Ahora los papeles están más claramente repartidos. Soy un aristócrata. Me revelé como aristócrata. Soy un aristócrata en Tandil... el que, por lo mismo, se convirtió en el vulgar provincianismo en persona.

Hay que comprender, sin embargo, que esto es solamente un contorno... un contorno teatral sobre el fondo de un millón de otros acontecimientos que componen mi día, acontecimientos que por supuesto no puedo enumerar, acontecimientos en los que este esbozo de drama se diluye como el azúcar en el té, hasta el punto de que la forma se pierde y sólo queda el sabor...

Escribo esto después de otra conversación con Cortés, la que, en vez de suavizar, agudizó. Estaba irritado, me fastidiaba lo angélico de ese sacerdote comunista.

No voy a comentar la conversación entera. Dije que la idea de la igualdad contradice toda la estructura del género humano. Lo que hay de más maravilloso en la humanidad, lo que decide de su genialidad en relación con las otras especies, es precisamente el hecho de que un hombre jamás sea igual a otro hombre, en tanto que una hormiga es igual a otra hormiga. He aquí las dos grandes mentiras contemporáneas: la mentira de la Iglesia de que todos los hombres tienen un alma igual; la mentira de la democracia de que todos tienen el mismo derecho al desarrollo. ¿Piensa usted que estas ideas constituyen el triunfo del espíritu? Nada de eso, derivan del cuerpo; esas opiniones, en el fondo, se basan en el hecho de que todos tenemos un cuerpo igual.

No niego –añadí– que la sensación óptica es indudable: todos somos más o menos del mismo tamaño y tenemos los mismos órganos... Pero en la monotonía de esta imagen irrumpe el espíritu, esa propiedad específica de nuestra especie y que logra que nuestra especie se vuelva en su seno tan diferenciada, tan abismal y vertiginosa, que entre hombre y hombre surjan diferencias cien veces mayores que en todo el género animal. Entre Pascal y Napoleón y un pobre campesino hay un abismo mayor que entre un caballo y una oruga. ¡Bah!, menos difiere el campesino del caballo que de Valéry o San Anselmo. El analfabeto y el profesor sólo en apariencia son hombres iguales. El director es una cosa distinta del obrero. ¿Y acaso usted mismo no sabe bien, por intuición, al margen de las teorías, que nuestros mitos sobre la igualdad, la solidaridad, la fraternidad, están en desacuerdo con nuestra verdadera situación?

Confieso que en general dudo si se puede hablar en estas condiciones del "género humano". ¿No es ésta una noción demasiado física?

Cortés me miraba con ojos de intelectual herido. Yo sabía lo que pensaba: ¡Fascismo!, y yo enloquecía de gozo al proclamar esta Declaración de Desigualdad, ¡porque la inteligencia se me transformaba en agudeza, en sangre!

Martes

Tilos - pinos - plátanos - palmeras - glicinas - mimbres - álamos - cipreses... el desayuno en la terraza del café entre esta enramada y a lo lejos anfiteatros y bastiones ancestrales, inmensos campos de ruinas, circos brillantes al sol.

Vagabundeo por Tandil. El vaivén monótono y oficioso de Tandil... son tan literales estas mortíferas actividades: previsión de hormiga, paciencia de caballo, pesadez de vaca, mientras que yo... mientras que yo... No tengo por dónde atacarlos, a ninguno de ellos, pues están hundidos en lo suyo; además su soledad es inconmensurable, cada quien persigue lo suyo, es una soledad de animales, de caballos, de ranas, de peces. Los determinan sus acciones, nada más. Toda la ciudad es un solo y diligente vaivén. ¡¿Qué hacer?! *À la recherche du temps perdu...* lo hallé en la biblioteca, me llevé el Proust a casa y lo leo; leo para sumergirme en el elemento que más me corresponde, para estar con mi hermano Proust.

Miércoles

¿Es realmente uno de mi familia? Sí, ambos pertenecemos a la misma familia distinguida. Debería arrojarme en sus brazos. Una obra sutil y aguda como la hoja de una espada, vibrante como ella, fina y dura –qué espléndido contraste con la torpe, pesada, maciza existencia tandileña. Ambos somos aristócratas... ¡ambos exquisitos! Pero no. ¡Al diablo con él, me irrita, me fastidia, veo allí en demasía mi propia caricatura!

Siempre me ha irritado. Nunca he podido concordar con el panegírico que le han hecho. Ese monstruo... delicado al extremo a consecuencia de sus ahogos, metido siempre entre edredones, recalentado y viscoso, extenuado y arropado, asfixiado en mixturas, condenado a toda la suciedad del cuerpo, amurallado en su habitación revestida de corcho... mi ordinaria rusticidad polaca se asquea ante esa decadencia francesa. Se podría admirar incluso la energía inspirada desde lo alto, que hizo que esta vida envuelta en los pliegues de la falda materna, mimada, limitada al lecho, a libros y cuadros, conversaciones, salones, esnobismos, concibiera una obra dura y cruel capaz de penetrar hasta los nervios más ocultos de la realidad. Se podría ver en esta transmutación de la blandura en dureza, de la extrema delicadeza en agudeza, al salvador secreto de la aristocracia. E incluso se podría arriesgar la afirmación de que allí la enfermedad se transformaba en salud. Lo cual, por otra parte, está de acuerdo con la esencia del arte. En el arte no sucede que alguien saludable cree una obra saludable, y alguien fuerte, una obra fuerte, sino precisamente lo contrario: el enfermo, el débil capta mejor la esencia misma de la salud, la fuerza:

Noble salud,
nadie sabrá
cuál es tu sabor
hasta haberte perdido.

No hubiese sido, pues, nada extraño que él, enfermo, conociera mejor el sabor de la salud; que, aprisionado entre las cuatro paredes de su habitación, hubiera alcanzado los horizontes más lejanos, que el artificio lo hubiera conducido a una magnífica autenticidad.

Pero si esto es así... ¡qué lástima! La compensación no logró realizarse en él completamente. Es como un bife a medio cocer; en esas páginas descubro trozos enteros de su carne, de su semicruda, desdichada, enfermiza carne...

Los defectos de sus libros son inmensos e innumerables... una mina de defectos. Su principal confrontación con el Tiempo, basada en una fe exagerada, ingenua, en el poder del arte: he ahí el misticismo, demasiado profesional, de un espíritu bello y artístico. Sus análisis psicológicos podrían prolongarse hasta el infinito porque no son más que un enhebrar observaciones —nada revelan—, les falta una revelación fundamental del mundo, no tuvieron origen en una sola mirada capaz de penetrar, no nacieron de una visión, son sólo un minucioso trabajo de la inteligencia (inteligencia no inspirada). Sus frases, ricas, a cada paso rayan en el amaneramiento, resulta casi imposible determinar en qué lugar su vistosa belleza se vuelve un esfuerzo artificialmente complicado. El género de sus metáforas denota su debilidad: no es por lo general una metáfora, en la cual fenómenos secundarios quedan reducidos a una forma más elemental, sino al contrario, él siempre se inclinará a traducir el mundo enorme, fundamental, por medio de su realidad secundaria, en el lenguaje de su "esfera"; explicará la naturaleza a través de un cuadro y no un cuadro a través de la naturaleza. Hay en esto una perversión... una falta deliberada de lealtad hacia la vida. Y en cuanto al mundo que hizo existir en su novela, nada es más estrecho; sus hombres están compuestos bajo el mismo modelo, forman una sola familia, en la que aparecen en distintas combinaciones los mismos rasgos hereditarios... Charlus, Norpois, Madame de Guermantes están hechos de una sola materia, todos dicen en realidad lo mismo. La monotonía de la trama muestra, en esta obra, inventiva e imaginación no muy ricas, pero una laboriosidad imponente en el cultivo del detalle. Nada desenmascara más lo "semicrudo" de Proust que su inteligencia –por momentos excelente–, pero cuán a menudo cae, no se sabe cómo ni por qué, en la torpeza y la ingenuidad... Son los residuos de una ingenuidad no superada, de esa delicadeza que no se ha fundido en saber, sino que se quedó en delicadeza.

¿Por qué lo admiramos? Lo admiramos ante todo por haber osado ser delicado y no haber vacilado en mostrarse así, tal como era... un poco en frac y un poco en bata de casa, con un frasco de medicamentos, con una pizca de maquillaje homosexual-histérico, con fobias, neurosis, debilidades, esnobismos, con toda la miseria de un francés ultrasutil. Lo admiramos porque detrás de ese Proust contaminado, raro, descubrimos la desnudez de su humanidad, la verdad de sus sufrimientos y la fuerza de su sinceridad. Pero, ¡ay!, cuando examinamos mejor volvemos a descubrir detrás de la desnudez a Proust en bata, en frac o en camisón junto con todos los accesorios, la cama, las medicinas, los bibelots. Es un juego a la gallina ciega. No se sabe aquí qué es lo definitivo, si la desnudez o la vida, la enfermedad o la salud, la histeria o la fuerza. Por eso Proust es un poco de todo, profundidad y superficie, originalidad y banalidad, perspicacia y candor... cínico e ingenuo, exquisito y de mal gusto, hábil y torpe, entretenido y estudioso, ligero y pesado...

¡Pesado! Me aplasta. Soy de su familia... yo, ultrasutil, pertenezco al mismo medio. Sólo que... sin París. Me ha faltado París. ¡Y mi delicado cutis no protegido por los afeites de París siente la mordida del áspero Tandil!

Jueves

Cortés me recomendó a un joven poeta que se llama Juan Ángel Margarinios, hijo del propietario del hotel Residencial. Le pedí que llevara hoy al café a otros poetas.

Aparecieron, a las cinco, tres muchachitos que no tenían idea de quién era yo y me preguntaban cómo había llegado a la Argentina. El cuarto, menudo, dieciséis años, sonrió al oír mi apellido y dijo: –¡Ferdydurke!

Lo llaman Dipi. Así que tengo ya dos lectores en Tandil (dos, pues el otro es el hijo del director del museo, Ferreira, dieciocho años).

Todos ellos escriben. Tengo pues ya lo que quería: lectores y una peña de artistas en el café y colegas. Es una lástima que ninguno de mis colegas tenga más de veinte años.

Viernes

Soy también colega de Cox, un muchachote alto y flaco, diecisiete años, con algo de botones de gran ciudad... familiaridad y amplia experiencia de todo, la más perfecta falta de respeto que jamás haya yo encontrado, espantosos modales, como si hubiera llegado a Tandil directamente de Nueva York (pero jamás ha ido siquiera a Buenos Aires). Nada le impresiona... una incapacidad total de reconocer cualquier jerarquía y un cinismo que consiste en la capacidad de guardar una apariencia amable. Sabiduría originaria de una esfera inferior... sabiduría de granuja, de vendedor de periódicos, de ascensorista, de cadete, para quienes la "esfera superior" vale en la medida en que se le puede sacar algún provecho. Churchill, Picasso, Rockefeller, Stalin, Einstein, son para ellos peces gordos que desollarían hasta la última propina si llegaran a pescarlos en el hall del hotel... y semejante actitud hacia la Historia en este muchacho me calma e incluso me aporta un alivio: proporciona una igualdad más verdadera que la otra, la hecha de consignas y teorías. Descanso.

Sábado

Vida limitada. Vida local. Se vive lo que trae el día. Nadie mira alrededor, todos miran a sus pies, su sendero. Trabajo. Familia. Actividades. Sobrevivir de alguna manera... Existencia concreta.

Esto fatiga y atrae a la vez... ¡oh, esa limitación que tanto anhelo! Me cansó ya el cosmos. Compruebo en mí una crisis de "universalidad". Supongo que hoy muchos padecen de esa enfermedad. El diagnóstico es el siguiente: de siglo en siglo ampliamos nuestros horizontes, nuestra visión abarcó al fin todo nuestro planeta; reclamamos moral "para todos", derechos "para todos", todo "para todos"... y ahora resulta que esto excede nuestras fuerzas. ¡Catástrofe! ¡Decepción! ¡Bancarrota! Y yo que llegué a igualar los gusanitos a los hombres en un afán de justicia universal, la única posible. Pero la bofetada aplicada a mi espíritu por el primer gusano no salvado me derrumba a la impotencia... y he ahí que ahora van derrumbándose dentro de mí la igualdad universal, la justicia universal, el amor universal y en general todo universalismo –no porque no lo desee yo, sino por no poder con ello. ¡No soy un Atlas para cargar en los hombros el mundo entero!

Yo, hasta hace poco enfadado con los católicos y comunistas por su egoísmo aristocrático frente a los animales. ¡Y de pronto frente a Cortés niego incluso la igualdad entre los hombres! Cómo se contradice en mí lo uno con lo otro.

¿Será, pues, que me convierto en "reacción"? ¿Reacción a todo el proceso anterior encaminado hacia el universalismo? Soy tan dialéctico, tan preparado para la desactualización de las sustancias con las cuales me ha rellenado la época, para la bancarrota del socialismo, de la democracia, del cientificismo, que casi con impaciencia aguardo la inevitable reacción, casi soy ella misma.

¡Estrecharse! ¡Limitarse! ¡Vivir únicamente de lo que es mío! ¡Quiero ser concreto y privado! ¡Estoy harto de las ideas que me ordenan preocuparme por China; no he visto China, no la conozco, no he estado allá! ¡Basta ya de decretos que me manden ver a un hermano en un hombre que no es mi hermano! Quiero encerrarme en mi círculo y no tratar de alcanzar más allá de lo que me permite la mirada. ¡Destrozar esa maldita "universalidad" que me sujeta peor que la cárcel más estrecha y salir hacia la libertad de lo limitado!

Anoto este deseo, hoy, en Tandil.

Miércoles

¡En Tandil soy la persona más eminente! ¡Nadie puede compararse conmigo! Son setenta mil... setenta mil inferiores... Al pasear, mi cabeza es como una lámpara...

Jueves

Estoy creciendo en Polonia. Estoy creciendo también en otras partes. Allá, en mi país, nacen precisamente *El casamiento* y *Transatlántico* y un tomo que comprende todo mis cuentos, bajo el título de *Bacacaj* (en recuerdo de la calle Bacacay de Buenos Aires, donde viví). La traducción francesa de *Ferdydurke* está por terminarse. Negociaciones relativas a la edición francesa y española del *Diario*. En Cracovia y Varsovia van a estrenar *Iwona*. Correspondencia sobre la representación de *El casamiento*. Un alud de artículos y menciones en la prensa polaca. Bien, ya la cosa está en marcha, ya se irán aguijoneando unos a otros... ¡El proceso de agigantamiento de mi persona está asegurado por muchos años! ¡Magnífico! ¡M...! ¡M...!
¡Tandil!

Viernes

Tomé un deliciosísimo desayuno... "En Tandil te aburrirás a morir"... Con toda esa desesperación fui a la conferencia de

Filefotto sobre las sinfonías de Beethoven. Filefotto, una nariz como papa en una cara como bollo, con sonrisa de irónica indulgencia decía: –Hay quienes consideran que la sordera del maestro fue la causa de su talento. ¡Una insensatez, señoras y señores! ¡Un absurdo! ¡No fue la sordera la causa de su talento! ¡El talento nació en él a consecuencia de la Revolución Francesa, fue ella quien le abrió los ojos ante la desigualdad social!

Veo a Beethoven en las manos, iguales a panecillos, de Filefotto, veo como éste lo usa como una porra para golpear la Desigualdad. ¡Oh, Beethoven en manos de Filefotto!

Y al mismo tiempo en los yacimientos más profundos de mi ser, algo como una satisfacción, algo como un regocijo liberador, al pensar que el inferior puede servirse del superior.

Sábado

Ayer, mientras escribía, se abrió la puerta y entró Ada, pequeña, pequeñita, diminuta... encogida hasta las dimensiones más microscópicas debido al miedo pánico. Acaban de operarla. Apenas respira. En Buenos Aires la incité a que viniera a convalecer aquí tan pronto como pudiera moverse. Hela aquí. Enrique, su esposo, vendrá dentro de unos días y mientras tanto Ada se hunde en el terror. "¿Qué hice para estar aquí?" "¿Qué estoy haciendo aquí?" Fuimos a tomar un café a la dulcería. "¡Dios mío, qué dulcería es ésta!" "Ada, domínate..." "No puedo dominarme. ¿Por qué estoy aquí?" "Sería bueno que volvieras un poco en ti." "No puedo volver en mí, porque aún no estoy aquí. ¿Qué café es éste?" "Es un café igual a tantos otros..." "¡Qué igual ni qué igual...! ¿Qué caballo es ése?" "Un caballo de lo más normal, ya lo ves." "Ese caballo no es normal, *¡porque todavía no estoy viviendo aquí!*"

Miércoles

No sabía qué hacer, me acordé de que N. N. (propietario del mercado) me había invitado a comer en su casa, fui... para tentar a la suerte, a lo mejor algo salía... ¡Pero al verme proclamaron estado de alerta, duplicaron las guardias, pusieron cañones en posición de disparar!

Tuve la impresión de atacar una plaza fuerte. El señor de la casa pertrechado tras un parapeto de benevolencia. La señora y su tía Raquel, solterona, tras las murallas de los santos principios católicos con el arma cargada por si yo acaso soltaba una blasfemia (con los intelectuales nunca se sabe). La señorita acorazada tras sonrisas convencionales y brindando ensalada. El hijo, ingeniero, en camisa ligera, regordete, pulcro, con un pequeño bigote, sonrisita, reloj, confortable... una obra maestra de autosuficiencia.

Viernes

Sí... la burguesía es desconfiada. ¿Y el proletariado? ¡No comprendo! ¡No puedo comprender! Ah, por lo menos durante media hora me esforcé en "comprender" a un obrero parado en una esquina que miraba atentamente la esquina opuesta. ¿En qué y cómo piensa? ¿Qué tramas estará tejiendo? No sale. Hay una especie de maldita laguna... una especie de hueco en él, a través del cual no hay manera de colarse. ¿Por qué puedo entender tan bien, sin la menor dificultad, a los niños, a la juventud proletaria, mientras que un campesino u obrero adultos están bloqueados por un extraño vacío, un terrible vacío?

Domingo

Míralas, son las "familias" dando vueltas en la plaza durante su paseo dominical. ¡Sus vueltas! ¡Es increíble que puedan dar vueltas de esa manera! Esto me recuerda el movimiento elemental de los planetas y me hace retroceder millones de años, a la región de la preexistencia. Hasta el espacio mismo parece einsteinianamente curvado cuando ellos al avanzar regresan siempre. Inconsistencia de este desfile. Rostros buenotes, tranquilos, burgueses, iluminados por ojos italianos, españoles y dientes que brotan de bocas amistosas... y así va de paseo esa honesta pequeña burguesía con sus esposas e hijos...
¡Soldados!
Una columna vibrante de rítmico estrépito con los pies calzados en botas entra por la calle Rodríguez. Irrumpe en la plaza de golpe. Cataclismo. El paseo se interrumpe, todos corren para contemplar. La plaza parece animarse de repente... ¡pero qué oprobio! ¡Ja, ja, ja! –permítanme reír– ¡Ja, ja, ja, ja! Irrumpieron aquellos pies conducidos por las riendas, cuerpos metidos en uniformes, esclavos, unidos por movimientos que

fueron ordenados. ¡Ja, ja, ja, señores humanistas, demócratas socialistas! Todo el orden social se basa en estos esclavos, apenas salidos de la niñez, que han sido atados a riendas cortas, forzados a jurar ciega obediencia (¡oh, inapreciable hipocresía de ese juramento obligatorio-voluntario!) y preparados para matar o dejarse matar. El general imparte órdenes al comandante. El comandante manda al teniente. Después de lo cual las duras manos de los peones juramentados y amaestrados toman el fusil y comienzan los disparos.

¡Pero si todos los sistemas, socialistas o capitalistas, se fundan en la esclavitud –y para colmo de jóvenes–, señores racionalistas, humanistas, ja, ja, ja, señores demócratas!

Martes

Mucho de lo que me ocurre en Tandil es impreciso... oscuro... como lo que me pasó con Ricardón. Lo conocí en el café, un señor apacible de mediana edad. Dijo: –¿Gombrowicz? Ah, no conozco sus libros, pero leí algo sobre usted. Mallea lo mencionaba a usted en el *Leoplán*.

–Efectivamente, pero eso fue hace unos quince años.

–Precisamente, algo así.

–Pero fue solamente una frase, si bien recuerdo, sólo en una frase me aludió...

–Eso es. Una frase. Su apellido se me grabó en la memoria.

–Pero es imposible que después de quince años recuerde usted una mención así, sin importancia y, además, sobre un autor a quien no ha leído.

—Nooo... ¿Por qué? Así fue, se me grabó...

¿¿¿??? Oscuridad. Muros. No entiendo nada. No pregunto más porque sé que no me enteraré de nada más. Me invade una pereza...

Miércoles

Mucho de lo que me ocurre en Tandil es también... inexplicable, como si proviniera del hecho de no lograr encontrar a mi interlocutor. Un vaho de conversaciones sin terminar entre ellos y yo. Multiplícanse los enigmas. Soy aquí cien veces más extranjero y llevo en mí la ajenidad. Multiplícanse las equivocaciones. Mis contactos son cautelosos y convencionales. Perdí la agilidad —sé que soy torpe— y casi ando escondiéndome. Ellos también se esconden.

Crece, pues, la cortina, el humo... Crece la timidez... Se levanta una doble oscuridad, compuesta de su vergüenza y de la mía. Vergüenza... cuando se enteran de que soy escritor se encogen como el caracol, metiéndose en su caparazón. Vergüenza... tengo vergüenza porque estoy solo contra miles.

Penumbra, cortina, oscuridad, humo, vergüenza, como en la iglesia, como frente a un altar de creciente misterio.

Jueves

Nuestra mayor santidad está contenida en nuestra vulgaridad más ordinaria. ¿Santidad? No tengo vergüenza ante esta palabra, solamente cuando la sitúo en algo trivial que es precisamente su contrario.

Viernes

No soy el primero en desear encontrar una Divinidad en algo que no puedo soportar... Sólo por el hecho de no poder soportarla...

En una de las colinas por donde desemboca la avenida España, se levanta una inmensa cruz que domina la ciudad... La ciudad se vuelve por ello una especie de antimisa, revolcándose y regodeándose animalmente en una nulidad burlona y desvergonzada, contenta de sí misma y riéndose solapadamente... algo como una parodia y baratija... Misterio ruin, diluido en risitas, pero no menos santo (a su modo) que aquel otro, elevado.

Sábado

Los altos y esbeltos troncos del bosque de eucaliptos que se yerguen en una ladera bordeada de peñascos, son como de roca..., y la montaña, el bosque, las hojas, todo está petrificado, un silencio solemnemente pétreo desciende sobre esta inmovilidad esbelta y pura, seca y transparente, iluminada por manchas de sol. Cortés y yo caminamos por un sendero. Grupos esculpidos en mármol ilustran la historia del Gólgota, toda la colina está consagrada al Gólgota y se llama "Calvario". Cristo cayendo bajo el peso de la cruz, Cristo azotado, Cristo y Verónica... todo el pequeño bosque está lleno de aquel cuerpo flagelado. En la frente de uno de los cristos está escrito por la mano de algún adepto de Cortés: "¡Viva Marx!". Cortés por supuesto no se conmueve mucho ante las figuras de la Pasión de Nuestro Señor; él, materialista, me expone con fervor otra santidad, a saber, la lucha comunista del mundo por el mundo; el hombre no tiene otra alternativa que conquistar el mundo y "humanizarlo"... si no quiere permanecer para siempre como un cómico y repugnante payaso, una asquerosa excrecencia... Sí, dice, estoy de acuerdo con usted, el hombre es antinaturaleza, tiene su propia naturaleza peculiar, está, por su misma naturaleza, en la oposición; no podemos, pues, evitar la confrontación con el mundo; o instauramos nuestro orden humano, o nos convertimos eternamente en todo lo patológico y absurdo que hay en su ser. Aun si esta lucha tuviera que ser desesperada, sólo ella es capaz de realizar nuestra humanidad junto con su dignidad y su belleza, lo demás conduce a la humillación... Este camino sube y alcanza la cúspide donde reina un inmenso Cristo en la cruz; veo desde allí a través de la esbeltez de los eucaliptos los brazos y los pies clavados al madero; advierto que ese dios y este ateo en el fondo dicen lo mismo...

Ya casi llegamos a la cruz. Miro con el rabillo del ojo el cuerpo atormentado por el hígado como Prometeo (en eso sobre todo consiste la tortura de la crucifixión, en terribles dolores del hígado). Me doy cuenta de toda la *intransigencia* de la madera de la cruz que *no hace ninguna concesión* al cuerpo que se retuerce, ni siquiera un milímetro, y *no puede* asustarse ante el tormento, incluso si este excede ya los últimos límites, volviéndose algo *imposible*... este juego entre la indiferencia absoluta de la madera que tortura y la presión infinita del cuerpo, esta eterna desavenencia entre la madera y el cuerpo me muestra, como en un relámpago, el horror de nuestra situación –el mundo se me divide en dos, el cuerpo y la cruz. Mientras tanto allí, a mi lado, el apóstol ateo Cortés no cesa de pregonar la necesidad de otra lucha por la salvación. "¡El proletariado!" Miro de soslayo el cuerpo de Cortés, flaco, nervioso, con anteojos, contrahecho y de tez enfermiza, con el hígado sin duda adolorido, atormentado por la fealdad, tan desagradable, tan infamemente repulsivo, y veo que también él está crucificado.

Estoy, pues, como entre dos fuegos, entre estas dos torturas de las cuales una es divina y la otra atea. Pero ambas claman: luchar por el mundo, salvar al mundo... otra vez entonces el hombre se rebela contra *todo*, sin poder encontrar su lugar, y la Idea universal, cósmica, omnipotente, estalla con fuerza... Frente a mí, abajo, la ciudad, desde donde se oyen los ruidos de automóviles y el sonido de una vida inmediata, limitada y de vista corta. ¡Ah, escabullirme de este lugar elevado e ir hacia allá, hacia abajo! Me falta aire aquí arriba, entre Cortés y la cruz. ¡Es trágico que Cortés me haya traído aquí para recitar por otra boca, es decir atea, la misma religión absoluta, extrema, universal, esta matemática de la Omnijusticia, esta Omnipureza!

De pronto, veo escrito en el pie izquierdo de Cristo: "Delia y Quique, verano de 1957".

La irrupción de esta inscripción en... no, mejor digamos la irrupción de estos cuerpos frescos, comunes, no atormentados... un soplo, una ola de vida humana mediocremente feliz... un hálito de maravillosamente santa ingenuidad en la existencia... Oscuridad. Niebla. Cortina. Humo. ¿Qué religión es ésa?

Domingo

¿La religión cuyo incienso me impresionó tuvo por intermediarios a Delia y Quique cuando me encontré en el Gólgota entre Cristo y Cortés?

Le dije a Cortés: —¿Por qué vosotros, los ateos, adoráis las ideas? ¿Por qué no adoráis a los hombres?

Salta a los ojos la divinidad de un general. ¿No es su dedo exactamente igual al dedo del más miserable de sus soldados? Y sin embargo un gesto de ese dedo manda a la muerte a diez mil hombres... irán y morirán, sin interrogar siquiera sobre el sentido de su sacrificio. ¿Qué cosa más preciosa tiene el hombre para ofrecerle al Altísimo Dios? Si el hombre muere por órdenes de otro hombre, eso significa que un hombre puede ser Dios para otro hombre. Quien está dispuesto a dejar de vivir a las órdenes de su comandante... ¿por qué, pues, se resiste a caer de rodillas ante él?

¿Y la divinidad de un Presidente? ¿Y la divinidad de los Directores ante los Profesores? ¿Y la divinidad del Propietario de bienes o del Artista? El servicio... la esclavitud... el humilde sometimiento... el aniquilamiento dentro de otro hombre... la entrega total al Superior, esto penetra en la humanidad hasta las entrañas. Eh, vosotros, ateos-demócratas, quisiérais tener a los hombres colocados en hileras iguales como plantas en camellones, subordinados a la Idea. Pero sobre esta imagen horizontal de la humanidad se viene a sobreponer otra, vertical... y estas dos imágenes se destruyen recíprocamente, no están sometidas a una ley común, no hay para ambas una teoría única. ¿Pero es esto acaso un motivo para excluir de la conciencia la humanidad vertical, contentándose solamente con la horizontal? De veras que no os comprendo, ateos. No sóis razonables... ¿Por qué cerráis los ojos a esta adoración, si ella se realiza más perfectamente sin Dios, siendo incluso la falta de Dios su *conditio sine qua non*? Realmente no veo el motivo para que la inquietud metafísica contemporánea no pueda expresarse en la divinización del hombre cuando falta Dios.

Para que ocurra esto basta sólo con reparar en cierta condición del género humano, consistente en el hecho de tener que formarse incesantemente. Es como una ola compuesta de un millar de parcelas caóticas que a cada momento adopta una forma definida. Incluso en un grupo reducido de personas que discurren libremente notarán esta necesidad de acoplarse en tal o cual forma que se crea de un modo casual e independiente de su voluntad, por la mera fuerza de adaptación mutua... es como si el conjunto le designara a cada uno por separado su lugar, su "voz" en la orquesta. "La gente" es algo que tiene que organizarse a cada momento... pero esa organización, esa forma de conjunto se crea como resultado de mil impulsos, es pues imprevista y no se deja dominar por quienes la componen. Somos como los tonos de los que nace la melodía, como palabras que van componiendo frases, pero no dominamos lo que expresamos, esta expresión nuestra nos cae encima, como el rayo, como una fuerza creadora nacida de nosotros pero indómita. Y allí, donde surge la forma, tiene que haber Superioridad e Inferioridad... he ahí por qué ocurre en los hombres el fenómeno de enaltecimiento de alguno a costa de los demás... y tal impulso hacia arriba para proyectar a uno, aunque absurdo e injusto, es sin embargo una necesidad imprescindible de la forma, es también la creación en la humanidad de una esfera superior; divide a aquélla en pisos, desde el seno del vulgo se levantará un reino más majestuoso, que será para los inferiores a la vez un peso terrible y una exaltación maravillosa. ¿Por qué negáis veneración a esta formación casual de un mundo no de dioses pero sí de semidioses? ¿Quién os impide ver en esto una Divinidad que surge de los mismos hombres y no proviene del cielo? ¿No posee este fenómeno caracteres divinos al ser efecto de una fuerza interhumana, o sea de orden superior y creadora en relación con cada uno de nosotros individualmente considerado? ¿No véis que se está cerrando ahí la Superioridad de un modo que no se deja controlar? ¿Por qué vuestra inteligencia, ateos, se entregó con tanto ahínco a la abstracción, a la teoría, a la razón, y no ve que aquí, en sus mismas narices, concretamente, la humanidad como un fuego de artificio dispara a cada momento nuevos dioses y nuevas revelaciones? ¿Os parecería acaso esto injusto –inmoral–, quizá no justificable espiritualmente? Pero si olvidáis que eso ha estado en vuestro espíritu, no existiría entonces fuerza Superior ni fuerza Creadora.

¡Oh, si pudiera al fin, personalmente, escapar, escabullirme de la Idea, alojarme para siempre en esta otra iglesia, hecha de hombres! Si lograra forzarme a reconocer esta *divinidad*, no preocuparme más por los absolutos y sólo sentir por encima de mí, no muy alto, apenas a un metro de la cabeza, tal juego de fuerzas creadoras, engendradas por nosotros como un Olimpo alcanzable... y adorar eso. En *La boda* está contenida semejante veneración, y sin bromear escribí en el prefacio de la obra: aquí el espíritu humano vencerá al espíritu interhumano. Sin embargo nunca logré humillarme y entre el Dios interhumano y yo surgía siempre una mofa en lugar de plegaria... ¡Lástima!, lo digo sinceramente, ¡lástima! Porque sólo él, un semidiós así, nacido de hombres, "superior" a mí, pero sólo por una pulgada, algo como una primera iniciación, tan imperfecto, un dios, en una palabra, a la medida de mis limitaciones, podría sacarme del maldito universalismo con el que tropiezo y devolverme a lo concreto, salvador. ¡Ah, encontrar mis límites! ¡Limitarme! ¡Poseer un dios limitado!

Escribo esto con amargura... porque no creo en que alguna vez pudiera realizarse en mí este salto a la limitación. El cosmos seguirá tragándome. Escribo, pues, esto no enteramente en serio, sino más bien como retórica, y sin embargo siento a mi alrededor la presencia de naturalezas humanas distintas de la mía, siento esta otredad que me rodea, que contiene soluciones inaccesibles para mí... entonces me confío a ella para que haga lo que le venga en gana.

Martes

¡Volví a verlo otra vez! ¡A él! ¡Al bruto! Lo vi mientras estaba tomando yo un simpático desayuno en el cafecito suspendido sobre los jardines. ¡Santo proletariado! Él (un frutero llegó con su carretilla) era ante todo rechoncho y nalgón... pero también era dedón y mofletudo... y retacón, achaparrado, sanguíneo, revolcado entre colchones con su mujeruca... Alguien como de retrete. Digo "de retrete" porque en él las nalgas son más fuertes que la jeta; todo estaba como plantado en las nalgas. ¡Un pulgar increíblemente fuerte en la vulgaridad caracterizaba el conjunto, embelesado en eso, jugueteando, empedernido y también terriblemente laborioso y activo en eso, transformando en vulgaridad al mundo entero! ¡Y estaba enamorado de sí mismo!

¿Qué hacer con él? Seguí tomando café con Bianchotti, a quien no dije nada... ¿Qué hacer? ¡Si la inferioridad fuese siempre joven!, ¡siempre más joven! La juventud es su salvación, su elemento natural y santificador... no, para mí la inferioridad encantadora no es un problema... Pero encontrarme frente a frente con un hombrón y no con un muchacho –y tener que soportar su doble fealdad de bruto y de viejo.

¿Doble? Es cuádruple... porque yo, que estoy mirándolo, soy con todas mis delicadezas burguesas un complemento de todo aquel horror, le sirvo de negativo, somos dos monos, uno deduciéndose del otro... ¡Dos monos caducos! ¡Brrr..! ¿Saben cuál es el peor encuentro? ¿El encuentro con un león en el desierto? ¿Con un tigre en la selva? ¿Con un fantasma? ¿Con el diablo? ¡Pero si eso es idílico! Es peor, cien veces peor, cuando un pálido intelectual se topa con un bruto tosco –siempre que éste carezca de juventud–; que el encuentro se realice en el mutuo asco humano-adulto que nunca se experimenta ante el león que va a devorarnos; encuentro bañado en el marchitamiento físico; ¡y tener que soportar a ese hombre al lado, en este resabio, en la salsa de esta idiosincrasia, en la maldición de esta caricatura! Este bruto adulto me atormenta, me fastidia... ¡No puedo desprenderme! ¡Porquería ambulante la suya!

Jueves

Hitler, Hitler, Hitler... ¿De dónde habrá salido Hitler? En la confusión de mi vida, en este desorden de acontecimientos, noté desde hace tiempo cierta lógica en el desarrollo de las tramas. Cuando un pensamiento llega a ser dominante, empiezan a multiplicarse hechos que lo estimulan desde el exterior, tal parece que la realidad exterior comenzara a colaborar con la interior. Hace poco anoté aquí mismo que me han llamado –oh, por equivocación– fascista. Ahora, al adentrarme por casualidad en una parte para mí desconocida de Tandil, en el barrio Rivadavia, me saltaron a los ojos unos letreros garabateados con tiza en las paredes, en las piedras: "LOOR Y GLORIA A LOS MÁRTIRES DE NUREMBERG".

¿Un hitleriano en Tandil? ¿Y tan apasionado? ¿Después de tantos años? Este fanatismo, ¿dónde?... En Tandil... ¿Por qué aquí?... Será otra vez una de esas oscuridades tandileñas, esos nublamientos que seguramente son boberías... que no me esfuerzo por desentrañar... pero (teniendo en cuenta lo otro, ese "fascismo" que me han atribuido) parecería que esta inscripción me guiñara el ojo... ¿Alusión? Desde hace tiempo sé que más de una cosa me alude y más de uno me guiña el ojo...

Y además este Hitler me cae encima cuando me fastidia el bruto... cuando vomito al bruto y soy vomitado por el bruto.

Viernes

A Hitler lo deshicieron en polvo y escombros; además (por miedo a que resucitara) lo caracterizaron *post mortem* como mediocre satánico, como sargento-megalómano gritón de estirpe infernal. Echaron a perder la leyenda. Lo hicieron por miedo. Pero el miedo es también a veces un homenaje. Yo más bien votaría por no tenerle miedo *post mortem* a Hitler... él creció en el miedo ajeno, que no crezca también en el de ustedes.

Lo que asombra en este héroe (¿por qué no llamarlo héroe?) es su extraordinaria temeridad para alcanzar el límite extremo, el definitivo, el máximo. Pensó que ganaría el que tuviese menos miedo... que el secreto del poder consiste en avanzar un paso más adelante, ese paso único, ya imposible de dar para otros... que quien asusta con su temeridad es irresistible, por consiguiente aplastante; y aplicó este principio tanto a los hombres como a las naciones. Su táctica consistió en eso: avanzar un paso más allá en la crueldad, en el cinismo, la mentira, la astucia, la valentía, ese paso que aturde, que infringe la norma, fantástico, imposible, inadmisible... proseguir allí donde otros, atemorizados, gritan: "¡paso!". Por eso sumergió a la nación alemana en la crueldad, y sumergió en la crueldad a Europa... aspiraba a la vida más cruel como una prueba definitiva de la capacidad para vivir.

No hubiese sido héroe de no haber sido cobarde. La violencia más alta fue la que se infligió a sí mismo transformándose en Poder... imposibilitándose la debilidad... cortándose la retirada. Su mayor negación fue la negación de otras posibilidades de existencia. La pregunta interesante es: ¿cómo surgió hasta llegar a ser el Dios de la nación alemana? Hay que suponer que primero "se relacionó", es decir se insinuó a sí mismo como jefe, y eso hizo que descollara su persona, porque en esa escala, en el círculo de unos cuantos hombres, las ventajas personales pesan todavía. Y en esa primera parte del proceso, cuando la relación era aún débil, Hitler tenía que apelar sin cesar a argumentos, convencer, persuadir, esgrimir ideas, porque tenía que tratar con hombres que se le sometían por propia voluntad. Pero todo era aún muy ordinario, muy humano, existía también para Hitler y sus subordinados la posibilidad de retirarse; cada uno de ellos podía romper, escoger otra cosa, relacionarse con otros y hacerlo de manera distinta. Ahí, sin embargo, se hizo patente lentamente la acción de un factor casi imperceptible: el de la cantidad... la cantidad de hombres en paulatino aumento. A medida que esta cantidad iba aumentando, el grupo empezó a tomar otra dimensión, ya casi inaccesible para un individuo. Demasiado pesado, demasiado macizo, el grupo empezaba a vivir ya una vida propia. Es posible que cada uno de los miembros tuviera sólo un poco de confianza en el jefe, pero ese poco multiplicado por la cantidad se volvía una peligrosa carga de fe. Y he ahí que en un momento dado cada uno de ellos sintió, tal vez no sin angustia, que ya no sabía qué harían de él los demás, los otros (esos que son tantos, esos que él no conoce), si se le ocurriera decir "paso" y fugarse. Una vez que se dio cuenta de esto, la puerta se cerró...

Pero eso no podía bastarle a Hitler. Fortalecido por tal cantidad de hombres él creció... pero no estaba, ni mucho menos, seguro de sus hombres, ni tampoco de sí mismo. No había garantía para que su naturaleza íntima, su ordinaria humanidad, no dejara de pronto oír su voz... no había perdido del todo aún el control sobre su propio destino y todavía podía decirle "no" a su propia grandeza. Ahí pues surgió la necesidad de trasladar todo a una esfera superior, ya inaccesible para la conciencia individual. Para realizarlo, Hitler tenía que actuar no por su propia energía sino por la que provenía de la masa, es decir la fuerza que superaba a su propia fuerza. Y así lo hizo. Con la ayuda de sus subordinados y sus prosélitos, aprovechándose de las tensiones que surgían entre ellos, extrayendo de ellos la temeridad máxima, para hacerse él mismo todavía más temerario y capaz de una temeridad aún mayor, Hitler llevó a todo su grupo a un estado de ebullición, que hizo al conjunto más terrible, superior a la capacidad de cada uno de esos hombres. Todos, sin exceptuar al jefe, están aterrorizados. El grupo entra en una dimensión sobrenatural. Los hombres que lo componen pierden el control de sí mismos. Ahora ya nadie puede retroceder porque ya no están en lo "humano" sino en lo "interhumano" o sea lo "sobrehumano".

Debemos advertir que todo tiene un carácter teatral... parece una simulación... Hitler simulaba ser más valiente de lo que era para forzar a los demás a unirse a este juego. Pero el juego provocó una realidad y creó hechos. Las masas, claro está, no captaron la mistificación, juzgaron a Hitler de acuerdo con su actuación... y he ahí a una nación de muchos millones de habitantes estremecerse de miedo ante la aplastante voluntad del jefe. El jefe se vuelve grande. Es extraña esa grandeza. Es un crecimiento del poder hasta dimensiones inverosímiles, infinitamente asombrosas... una palabra, una sonrisa, un acto, un momento de cólera exceden el alcance normal del hombre, retumban como un trueno, pisotean otras existencias, en principio iguales y no menos importantes... Pero la característica más asombrosa de este crecimiento del poder es el hecho de que se va creando desde afuera... a Hitler todo le crece en las manos, pero él mismo sigue siendo igual a lo que antes era, ordinario, con todas sus debilidades: un enano que aparece como Goliat; un hombre común que *exteriormente* es Dios; una mano humana blanda que golpea como maza. Hitler está ya ahora en el puño de aquel gran Hitler... no porque no haya conservado sentimientos ordinarios, privados, o pensamientos y discernimientos propios, sino porque aquéllos son demasiado menudos y débiles y nada pueden contra el Gigante que lo penetra desde el exterior.

Debemos también notar que una vez que el proceso entró en la esfera sobrehumana, la idea ya no fue necesaria. Era imprescindible al principio, cuando había que convencer, ganar partidarios... después se vuelve casi superflua, porque el hombre como tal no tiene mucho que decir en esta nueva dimensión sobrehumana. Los hombres se han acumulado. Surgieron presiones. Surgió una forma que tiene su propia razón y su propia lógica. La idea ya sólo sirve de apariencia; es la fachada tras la que se realiza la posesión del hombre por el hombre, que se va creando primero y sólo después pregunta por el sentido...

Sábado

¡Adiós Tandil! Me voy. Ya está hecha la valija.

Descargo en el papel mi crisis del pensamiento democrático y del sentimiento universal, y no soy el único –lo sabrán si no hoy, sí dentro de unos diez años– en estar invadido por el afán de tener un mundo limitado y un Dios limitado. Una profecía: la democracia, la universalidad, la igualdad, no serán capaces de satisfacerlos. Cada vez será más fuerte en ustedes el deseo de dualidad –de un mundo doble–, doble pensamiento, doble mitología... profesaremos en el futuro dos sistemas distintos a la vez y el mundo mágico encontrará su lugar al lado del mundo racional.

IX

Domingo, Santiago del Estero

Ayer en la noche, muy tarde, llegué a Santiago después de muchas horas de traqueteo y alta velocidad... primero a través de los verdes llanos del Paraná, luego cruzando toda la provincia de Santa Fe, hasta que al fin (después de muchos, muchísimos kilómetros marcados en postes que huían rápidamente cuando el tren pasaba furtivamente por los lugares próximos a ese para mí tan misterioso lago de Mar Chiquita en la Córdoba del Norte) dio principio un territorio desértico donde crecen arbustos enanos... esa gran mancha blanca en el mapa que abarca decenas de miles de kilómetros cuadrados y significa que no se encuentra allí ni un alma entre los aislados poblados. Corre el tren. Por las ventanillas del vagón herméticamente cerradas para impedir que la arena penetre, no se ve nada fuera de esos pobres arbustos que crecen en la arena, y un pasto ralo. Va cayendo la noche; a veces, cuando con la mano evito el resplandor en el cristal de la ventana, veo confusamente los árboles, siempre los mismos, que huyen. ¿Cuántas horas todavía de este viaje, a través de qué regiones? No sé. Me duermo.

Por fin... Santiago.

Una de las ciudades más antiguas de la Argentina. Fundada, según parece, el 23 de diciembre de 1553, por Francisco Aguirre. Los inicios de la historia de la región son míticos, lejanos, fantásticos e incluso dementes, casi como un sueño. En las suaves tribus indígenas que habitaban estas tierras —se llamaban huríes, lules, vilelas, guaycurúes, sanavirones— irrumpió el conquistador español a comienzos del siglo XVI, con la cabeza hirviente de leyendas, cegado por el ansia del oro y las piedras preciosas. Maniáticos y violadores, malhechores y héroes, con increíble valor para hundirse en un espacio desconocido que no pone coto a la imaginación. Catorce soldados aturdidos por el cuento de las ciudades preciosas se separaron de la expedición de Sebastián Gaboto en el fuerte de Sancti Spiritus y por primera vez llegaron errando a las cercanías de Santiago, descubrieron la provincia vecina de Tucumán, llamada hoy "el jardín de la República". También Diego de Rojas en 1542 buscó el mítico tesoro, llamado "el tesoro de los emperadores"; y tras él, Francisco de Mendoza, en camino hacia las ciudades legendarias de "Trapalanda", "Yungulo", "Lefal"; más tarde, el capitán Nicolás de Heredia, el capitán Francisco de Villagra y otros diez más. Pero este pasado relativamente reciente es aquí prehistoria, actuaciones tenebrosas, diluidas en una geografía confusa, no determinada o desconocida, en medio de enjambres de tribus nómadas, en un territorio inmenso, absorbente e indefinido sobre el que galopaba la fantasía de aquellos conquistadores, oscura, obstinada, ensañada... y apartada de España, detrás de esta inmensidad de agua, como si fuera otro planeta, así, sueltos, solamente con el caballo, que aquí se volvía un animal desconocido y terrible.

El hotel Savoy, donde me han asignado una feísima habitación sin ventanas, con puerta al pasillo... durante el día hay que tener encendida la luz. Me lavé en el "baño privado" que de los instrumentos propios de un baño sólo posee una llave de agua y una ducha. La comida bastante buena, gallina en salsa y una botellita de vino rojo y espeso.

Lunes

Quiero añadir todavía que anteanoche antes de ir a acostarme me ocurrió algo... pero tan confuso... No sé bien cómo entenderlo, estoy profundamente perturbado...

Después de la cena que comí en el hotel, salí a la plaza. Me senté en un banco, metido entre árboles y arbustos, con grandes abanicos de palmeras encima de la cabeza... un poco aturdido por la ligereza de estos vestidos en la caliente noche estrellada, su risa, sus hombros desnudos, ¡mientras yo estaba todavía en el invierno húmedo de Buenos Aires, mientras me abrigaba en mi gruesa chaqueta de invierno! Era tan violento el cambio; allá, severo y frío... aquí, sensual y, al parecer, frívolo... como si de golpe me hubiera sumergido en el Sur (aquí se trata de "el Norte", pero estamos en el Hemisferio Sur).

La plaza daba vueltas como una calesita; muchedumbre sabatina, risueña, de la que se disparaban hacia mí ojos inmensos y negros, cabellos como alas de cuervo... risa brillante... ligereza bailarina de los miembros... voces alegres, francas, buenas... ¿Qué es? ¿Qué es? La plaza resplandece de dientes, de jóvenes lejanos... mientras que yo no estoy aquí, sino en otra parte... mi alejamiento (porque veo todavía las multitudes de la calle Corrientes y oigo la bocina de los automóviles) los hacía lejanos aunque estaban muy cerca de mí. Pero yo *todavía* no estaba allí. Miraba como si no tuviera derecho a hacerlo, como si estuviera espiándolos...

El silencio retumba en los oídos. Silencio insólito de un luchar alejado... y todos los sonidos están mudos, como en un film antiguo: no se oye nada. El sonido cuajó en el umbral de su realización...

En este silencio, la exhibición en la plaza se intensifica mudamente hasta llegar a ser una revelación del fausto carnal, hasta un aturdidor juego de ojos y bocas, y manos y piernas... y esa serpiente que pasa irisa hermosuras que hasta ahora yo no había visto en Argentina; asombrado, me interrogo: ¿por qué ha sucedido eso, ahí, en Santiago?

Y al mismo tiempo descubro que *eso no existe*; el sabor de la ausencia es aplastante, estoy como degollado por un no-existir y desesperadamente perdido en un no-cumplirse...

Domingo

¡Oh, belleza! ¡Crecerás donde te siembren! ¡Y serás tal como te sembrarán!..

(No crean en las bellezas de Santiago. No son verdad. Han sido invención mía.)

Lunes

Un sol deslumbrante y multicolor, como pasado por un vitral; parece que fuera él quien satura de color los objetos. Resplandor y sombra. Azul pertinaz del cielo. Árboles cargados de "pomelos" dorados e inmensos, florecer rojo... amarillo... La gente pasea sin saco.

Fui a casa de la señorita Canal Feijóo por una calle de un lado oscura por la sombra y del otro blanca por el resplandor. Es la hermana de un escritor que vive en Buenos Aires. Una persona de edad, impregnada –lo veo a primera vista– de esa desconfianza que las amas de casa profesan hacia las comidas de restaurante, pues "no se sabe cómo están hechas", y hacia los "trotamundos", de quienes tampoco se sabe "cómo están hechos". Pero recibió muy amablemente mi petición de facilitarme contactos con los literatos de allá. *¡Cómo no!* –dijo rápida y pulcramente–. Hay varios, incluso editan una revista, enseguida los llamaré... Mi hermano los ve cada vez que viene.

De regreso trataba de controlar mis impresiones de la noche anterior. ¡Eran exageradas! Debí sufrir una ilusión... Sí, se ve ahí esa "lindura" que es tan fácil encontrar en la Argentina, hay mucha, tal vez incluso más que en otras partes... y hay también una especie de peculiaridad india, un colorido que no había conocido hasta ahora... pero de ahí a que eso fuese revelador... no, no ha habido ninguna revelación. Además, el eterno problema de *relacionarse* con una nueva ciudad y asegurarse una compañía me absorbe totalmente y me saca del éxtasis.

Martes

Por la tarde *rendez-vous* con Santucho (uno de los hombres de letras y redactor de la revista *Dimensión*) en el café Ideal.

Huele a Oriente. A cada momento unos pillos atrevidos me meten en las narices billetes de la lotería. Luego un anciano con setenta mil arrugas hace lo mismo; me mete los billetes en las narices como si fuese un niño. Una ancianita, extrañamente disecada al estilo indio, entra y me pone unos billetes bajo las narices. Un niño me toma el pie y quiere limpiar mis zapatos; otro, con una espléndida cabellera india, erizada, le ofrece a uno el diario. Una maravilla-de-muchacha-odalisca-hurí, tierna, cálida, elástica, lleva del brazo a un ciego entre las mesitas y alguien lo golpea a uno suavemente por atrás: un mendigo con una cara triangular y menuda. Si en este café hubiera entrado una chiva, una mula, un perro, no me asombraría.

No hay mozos. Uno debe servirse a sí mismo.

Se creó una situación un poco humillante, pero que me es difícil, sin embargo, pasar en silencio.

Estaba sentado con Santucho, que es fornido, con una cara terca y olivácea, apasionada, con una tensión hacia atrás, enraizada en el pasado. Me hablaba infatigablemente sobre las esencias indias de esas regiones. "¿Quiénes somos? No lo sabemos. No nos conocemos. No somos europeos. El pensamiento europeo, el espíritu europeo, es lo ajeno que nos invade tal como antaño lo hicieron los españoles; nuestra desgracia es poseer la cultura de ése, su 'mundo occidental', con la que nos han saturado como si fuera una capa de pintura, y hoy tenemos que servirnos del pensamiento de Europa, del lenguaje de Europa, por falta de nuestras esencias, perdidas, indoamericanas. ¡Somos estériles porque incluso sobre nosotros mismos tenemos que pensar a la europea!.." Escuchaba aquellos razonamientos, tal vez un tanto sospechosos, pero estaba contemplando a un "chango" sentado dos mesitas más allá con su muchacha; tomaban: él, vermut; ella, limonada. Estaban sentados de espaldas a mí y podía adivinar su aspecto basándome solamente en ciertos indicios tales como la disposición, la inmovilidad de sus miembros, esa libertad interior difícil de describir de los cuerpos ágiles. Y no sé por qué (quizá fue algún reflejo lejano de mi *La seducción*, novela terminada hacía poco, o el efecto de mi excitación en esta ciudad), el hecho es que me pareció que esos rostros invisibles debían ser bellos, es más, muy hermosos, y quizá cinematográficamente elegantes, artísticos... de pronto ocurrió, no sé cómo, algo como que entre ellos estaba contemplada la tensión más alta de la belleza de aquí, de Santiago... y tanto más probable me parecía ya que realmente el mero contorno de la pareja, tal como desde mi asiento la veía, era tan feliz cuanto lujoso.

Al fin no resistí más. Pedí permiso a Santucho (que abundaba sobre el imperialismo europeo) y fui a pedir un vaso de agua... pero en realidad lo que quería era verle los ojos al secreto que me atormentaba, para verles las caras... ¡Estaba seguro de que aquel secreto se me revelaría como una aparición del Olimpo, en su archiexcelsitud, y divinamente ligero como un potrillo! ¡Decepción! El "chango" se hurgaba los dientes con un palillo y le decía algo a la chica, quien mientras tanto se comía los maníes servidos con el vermut, pero nada más... nada... nada... a tal punto que casi me caí, como si le hubiesen cortado la base a mi adoración.

Miércoles

¡Innumerables niños y perros!

Nunca he visto semejante cantidad de perros... y tan tranquilos. Aquí si ladra un perro lo hace por broma.

Los niños morenamente despeinados dan saltitos... nunca he visto niños más "parecidos a una imagen"... ¡deliciosos! Frente a mí dos muchachitos; van abrazados por el cuello y se cuentan secretos. ¡Pero *cómo*! Un chiquillo enseña algo con el dedo a un grupito infantil de grandes ojos abiertos. Otro le canta algo solamente a un palito, sobre el que ha colocado un papel de caramelo.

Lo que vi ayer en el parque: un chiquillo de cuatro años desafió a boxear a una muchachita que no tenía idea de lo que era el box, pero que por ser más gordita y más alta le daba muy duro. Y un grupito de pequeñuelos de dos y tres años, en camisones largos, tomándose de las manos, saltaban y gritaban en su honor: –¡No-na! ¡No-na! ¡No-na!

Jueves

Extraña repetición anteayer de la escena con Santucho en el café, aunque en otra variante.

Restaurante del hotel Plaza. Estoy en la mesita del doctor P. M., abogado, quien representa en Santiago la majestad de la sabiduría, contenida en su biblioteca; con nosotros, su "barra", o sea el grupo de compañeros de café, un médico, varios comerciantes... Yo, lleno de las mejores intenciones, me entrego a una conversación sobre política, cuando... ¡Oh!... ¡ya estoy capturado!... allá, no lejos, se sienta una pareja fabulosa... y se anegan el uno en el otro, como si un lago se ahogara en otro lago. ¡Otra vez "la belleza"! Pero tengo que sostener la discusión en mi mesita, en cuya sopa nadan perogrulladas de los nacionalismos sudamericanos, sazonadas de odio hacia los Estados Unidos y terror pánico ante los "aviesos propósitos del imperialismo"; sí, desgraciadamente tengo que responderle algo a este tipo, aunque me encuentre contemplando y escuchando con todos mis oídos a la belleza que acontece cerca de mí... yo, esclavo enamorado a muerte y apasionado, yo, artista... Y vuelvo a preguntarme cómo es posible que semejantes maravillas se sienten en estos restaurantes a un paso de... pues, de esa Argentina parlanchina... "Siempre hemos exigido moral en las relaciones internacionales"... "El imperialismo yanqui en connivencia con el británico pretende..." "Ya no somos una colonia..." Todo eso lo declara (no desde hoy) mi interlocutor, y yo no puedo comprender, no puedo comprender... "¿Por qué los Estados Unidos conceden préstamos a Europa y no a nosotros?"... "¡La historia de Argentina demuestra que por encima de todo hemos apreciado la dignidad!.."

¡Ah, si alguien pudiera sacarle del vientre la fraseología a este simpático pueblito! ¡Esa burguesía, que por la noche toma vino y durante el día "mate", es tan plañidera! Si les dijera que en comparación con otras naciones están viviendo como en las manos de Papá Dios, en esta maravillosa estancia suya, tan grande como la mitad de Europa, y si hubiera añadido que no sólo se les hace justicia, sino que Argentina es un "estanciero" entre las naciones, un "oligarca" orgullosamente sentado sobre sus espléndidos territorios... ¡se ofenderían mortalmente! Mejor no... ¡Y qué, ya se los digo en su cara! ¿Pero qué me importa eso?

Allá, en aquella mesita, está la Argentina que me fascina silenciosa y sin embargo con una resonancia de gran arte, no ésta, parlanchina, holgazana, politiquera. ¿Por qué no estoy allá, con ellos? ¡Aquél es mi lugar! ¡Junto a aquella muchacha como un ramo de temblores blanquinegros, junto a aquel joven semejante a Rodolfo Valentino!.. ¡Belleza!

Pero... ¿qué ocurre? Nada. Nada a tal punto que hasta este momento no sé cómo y qué llegó hasta mí desde ellos... tal vez un fragmento de frase... un acento... un brillo de ojos... Bastó para que de repente me sintiera informado.

¡Toda esa "belleza" era precisamente igual que todo! Igual que la mesa, el mozo, el plato, el mantel, igual que nuestra discusión, no se diferenciaba en nada... igual... del mismo mundo... de la misma materia.

Jueves

¿Belleza? ¿En Santiago? ¡¿Pero caramba, dónde?!

Jueves

¿Qué puede sucederte cuando el tren te conduce a un pueblo-ciudad alejado... marginal... desconocido... colorado?

¿Qué puede ocurrirte en un pueblo que no opone resistencias... demasiado benévolo... o demasiado tímido... demasiado ingenuo?

¿Qué puede ocurrirte allí, donde nada se te opone y nada puede llegar a ser tu límite?

Sábado

Primero anotaré los hechos.

Me hallaba sentado en el banco del parque y a mi lado un "chango", probablemente de la Escuela Industrial, con un compañero mayor que él...

"Si fueras a ver las p... —le explicaba el "chango" a su acompañante— tendrías que soltar por lo menos un billetazo de cincuenta. ¡Entonces a mí me corresponde lo mismo!"

¿Cómo debo entender eso? Me he dado cuenta de que en Santiago todo puede entenderse de dos maneras... como inocencia extrema o como extrema impudicia... Nada me extrañaría saber que las palabras escuchadas eran inocentes, una sencilla broma en una conversación de colegiales. Pero no se excluye algo más perverso. E incluso tampoco excluyo la archiperversidad de que, teniendo el sentido que yo les atribuía, eran, a pesar de todo, inocentes. Y en tal caso el escándalo más profundo constituiría la más perfecta inocencia. Ese "chango" de quince años era visiblemente de "buena familia", sus ojos respiraban salud, bondad y alegría, no hablaba impúdicamente, sino con la convicción de una persona que defiende una causa justa. Además se reía... ¡esa risa de aquí, no excesiva ni mucho menos, pero envolvente!

Un rostro delgado, tornasolado, colorado, risueño...

¿No será acaso que me dejo engañar por apariencias de una corrupción inexistente? Es difícil decidir cualquier cosa... Todo aquí se vuelve una maraña, en la cual voy errando.

¿Esa muchachita apenas crecida, que va con un soldado del 18º regimiento de infantería?..

Otro *changuito*, que trabó amistad conmigo en cinco minutos, y me contó cómo, hacía poco, había muerto su padre... Si lo contaba (como parecía) para distraerme y divertirme con un relato tan interesante, eso significaría también que es un monstruo...

¿Un monstruo?

La luz del sol, transparente, colorada y deslumbrante, en todas partes, en las manchas entre los árboles, en los arroyos, y las cascadas luminosas entre los muros y las copas de los árboles. La benignidad de este Santiago. Su benevolencia. Tranquilamente sonriente. Ocho niños y tres perros alrededor de una palmera. Unas buenas señoras de compras. Árboles cubiertos de flores moradas o rojas sacan sus cabezas detrás de las paredes y a mitad de la calle corre una "motoneta". Esas buenas miradas de ojos indios. Enjambres de bicicletas. Puestas de sol. Las calles se cierran en un lejano paisaje de oscuro verdor.

En un banco está sentada una niña, como una figurita, el talle, los tobillos, la onda lisa y brillante del pelo... pero además de eso es bella y extrañamente larguirucha... ¿de dónde le vendrá eso?, ¿de qué combinación de razas?... mientras que su amante, recostado en el banco con la cabeza en las rodillas de ella, mira el cielo; lleva un saco blanco y un rostro hecho de triángulos, joven bello. Sin pecado. Y si incluso se entregaran al crimen en este banco lo harían como en otra dimensión. ¿Un tono demasiado alto, demasiado tenso para que lo pudiera oír? Silencio.

Domingo

Esta demencia inaudible, este pecado inocente, estos ojos negros sumisos... ¡Quiero abrazar la demencia, le salgo al paso... yo, a mi edad! ¡Catástrofe! ¡Pero qué, sino la edad, es la causa de que le tienda los brazos a la demencia... esperando que me resucite, tal como era, en toda mi sensualidad creadora!

¡Recibiría con los brazos abiertos el pecado que fuera para mí inspiración, el que será inspiración... porque el arte está hecho de pecado!

Sólo que ... aquí no hay pecado... ¡Cuánto daría por poder pescar a este pueblo *in fraganti*! Nada. Sol. Perros.

¡Maldito sea el cuerpo de ellos!

¡Maldito sea su cuerpo fácil!

¿Será una herencia de la desnudez de las tribus que tan fácilmente sometían la espalda al azote? Cuando en una conversación con Santucho me lamentaba de que el cuerpo aquí "no canta" y de que en general nada aspira a subir, a volver, él me respondió:

—Es la venganza del indio.

—¿Qué venganza?

—Pues sí. Ya usted ve cuánto de indio hay en todos nosotros. Las tribus de huríes y lules que poblaban estas tierras fueron degradadas por los españoles al papel de esclavos, de sirvientes... el indio tenía que defenderse ante la superioridad del amo... vivía únicamente con la idea de no dejarse vencer por esa superioridad. ¿Cómo se defendía? Ridiculizando la superioridad, burlándose del señorío, formó en sí una capacidad para mofarse de todo lo que pretendiera sobresalir y dominar... exigía igualdad, mediocridad. En cada arranque hacia lo alto, en cada chispa vislumbraba el deseo de dominación... Y aquí tiene el resultado. Ahora todo aquí es tan NORMAL.

Sin embargo el fornido, terco cacique santiagueño se equivoca. Aquí todo ocurre sin pecado pero también sin escarnio, sin burla, malignidad, ironía. Las bromas son benignas y en la mera tonalidad del lenguaje se siente la bondad. Sólo que... ¡Y será un secreto de América del Sur el que la bondad, la honradez, la normalidad, lleguen a ser agresivas e incluso peligrosas! Yo llegué a la conclusión de que cuando por casualidad desde algún lado me toca esta benignidad con su risa, o se me atraviesan en el camino estos infinitos, dulces ojos de esclavo, empiezo a sentirme confundido, como si hubiese descubierto una amenaza enmascarada.

Martes

Burros... cabras... a menudo le viene a uno a la memoria Italia o los Pirineos meridionales, en general el Mediodía.

De ahí la idea de que en mi confrontación con América del Sur hay tal vez más temores de nórdico que otra cosa. Este choque, choque del Norte con el Sur, que ya muchas veces experimenté en Europa. Cuando la metafísica del Norte se despeña irrevocablemente en lo concreto carnal del Sur.

Mentira, mentira... y ya es hora de poner en claro la tremenda sensualidad del Norte. Yo, por ejemplo... ¿soy acaso metafísico? ¿Acaso no acepto el cuerpo?

¡Oh! ¡Vivo mortalmente enamorado del cuerpo! Para mí un hombre físicamente no atractivo pertenecerá siempre a la raza de los monstruos, ¡aunque se tratara del mismo Sócrates!... ¡Ah, cómo necesito esta consagración por el cuerpo! La humanidad se me divide en la parte corpóreamente atractiva y la parte repulsiva; la frontera es tan clara que aún sigue asombrándome esto. Y aunque puedo incluso querer a alguien feo (Sócrates), nunca sería capaz de *estar enamorado*, es decir, de atraerme a mí mismo al círculo del embeleso, sin un par de brazos divinamente carnales para atraerme... abrazarme...

¿Queréis de mí, de un nórdico, otra confesión? Toda mi metafísica existe para rodar en el cuerpo... siempre... casi sin descanso..., es como un alud de natural propensión hacia abajo... ¿El espíritu? Diré que mi orgullo más grande como artista no estriba en residir en el reino del Espíritu sino precisamente en el hecho de que a pesar de todo no he roto con el cuerpo; y me precio más de ser sensual que de conocer los problemas del Espíritu. Y mi pasión, mi pecar, mi oscuridad, son para mí más preciosos que la luz. ¿Más? ¿Confesarles todavía alguna otra cosa? Bien, diré que el mayor éxito artístico de mi vida no lo constituyen los varios libros que he escrito, sino única y sencillamente el hecho de no haber roto con el "amor sin matrimonio".

¡Ah! Porque ser artista significa estar mortalmente enamorado, incurable, apasionada, pero también salvajemente, y sin casamiento...

"Y el verbo se hizo carne..." ¿Quién agotará toda la drasticidad contenida en esta frase?

Martes

¿Es el cuerpo del indio más cuerpo? ¿Es más cuerpo su cuerpo esclavo? ¿Está la esclavitud más cerca del amor no conyugal?

Preguntas que tú, Santiago, ahogas en el canto de las aves.

Jueves

¿Por qué vine a Santiago?

¿Para evitar el húmedo invierno de Buenos Aires y a causa del mal estado de mis bronquios?

Sin embargo, tal vez...

Witold Gombrowicz decidió ir a Santiago del Estero para evitar el invierno húmedo de Buenos Aires. No obstante pronto se hizo evidente que la salud era más bien un pretexto, y que el propósito oculto del viaje era otro. Gombrowicz, puesto en jaque por la inminente vejez, buscaba violentamente una salvación... sabía que si en los próximos años no lograba relacionarse con la juventud nada sería capaz de salvarlo. Así que era urgente, cuestión de vida o muerte, encontrar una nueva relación hasta ahora desconocida con esa frescura de la vida en ascenso... idea de loco, dictada por una situación sumamente complicada, la que no permitía elegir ninguna otra salida. En el primer momento le pareció a nuestro viajero que tal vez el sueño más fantástico podría ser realizable, hasta tal punto Santiago le resultó sumiso y amable... fácil... Pero pronto esta facilidad iba a enseñar los dientes... ¡Por lo demás blancos!

X

Viernes, Santiago

(Tan pronto como Witold Gombrowicz llegó a Santiago *cedió a una ola de erotismo tardío, tal vez la misma que se le presentó hace años... pero ahora acrecentado por las exhalaciones de esa ciudad de sangre india, belleza fácil y cálido sol. ¡Y esa ola, tanto más escandalosa cuanto más tardía, lo lanzó nuevamente a abismos de ridiculez y de vergüenza! Pero su maestría en situaciones de tal género (las que han llegado a ser su especialidad, porque el artista siempre tiene que actuar en la frontera misma entre la vergüenza y la ridiculez) brilló una vez más... a saber, cuando en vez de entregarse pasivamente a la locura como cualquier ebrio, la tomó en sus manos y se puso a darle forma... y transformó la ebriedad en drama. Esto fue logrado por medio de la declaración de que él, Gombrowicz, él, Doctor Fausto, llegó a Santiago con el propósito de realizar un gran descubrimiento, que decidió encontrar al fin un medio para que la edad madura pudiera relacionarse con la juventud, para que la generación que acaba pudiera en su ocaso tomar de la juventud las sustancias que nacen, experimentar una vez más el comienzo... y quién sabe, amigos, si no está en nuestro poder encontrar esa llave misteriosa, que permitiría a nuestra agonía sentir en el último momento el sabor de la vida nueva, unirse con el nacimiento. Piénselo por lo menos...*

206

ya a primera vista se advierte que si alguna posibilidad de salvación existe sólo en eso podría radicar.

Declaración quizás algo mentirosa, porque, sea dicho entre nosotros, ni él llegó con ese propósito a Santiago, ni tampoco esta fanfarronada fáustica podía siquiera por cinco minutos parecer algo real a su cordura mortalmente despojada de ilusiones. Sin embargo, sin vacilaciones levantó esta mentira hasta lo alto y la desplegó sobre su cabeza como un estandarte, basándose en el siguiente cálculo: ante todo esta mentira deja de ser mentira a consecuencia de su ingenua y desarmante evidencia, que además, aunque mentira, contiene en sí algo tan verdadero y acorde con la naturaleza que será más difícil resistirle a esa mistificación que a muchas verdades indudables. Por eso con un grito de: "¡Hacia la juventud! ¡En la juventud! ¡A agarrarla, experimentarla, destruir esta barrera de la edad!", se lanzó una vez más en un ataque loco y envejecedor.)

Sábado

... Espaldas desnudas bajo el azote, cabeza rizada, negra, sumida entre los hombros, ojos hacia los lados, oídos que captan el silbido de la correa... Es el veneno que me intoxica en Santiago. ¡Lo llevan en la sangre! En la mirada, en la sonrisa.

Lanzas, espadas, espuelas, corazas de hierro, penachos blancos de los barbados conquistadores irrumpiendo hace trescientos o cuatrocientos años en la desnudez indefensa de aquellas huríes, lules, vilelas... ¿Y hace cien años? El general Paz describe en sus memorias cómo en los años cuarenta del siglo pasado el gobernador mandó que degollaran diariamente con un cuchillo a dos indios... los cuales eran elegidos entre el montón de presos que se pudrían en los calabozos... veía a menudo sus ojos, escribe el general, cuando eran conducidos a la decapitación... El sadismo y el masoquismo todavía hoy se mueven en el aire, bailan en las calles... ese aire me envenena. ¡He ahí la perversidad de Santiago!

Añadan algo de esclavo a la más ordinaria de las ciudades y... Pero tal vez estoy equivocado.

Domingo

¡Tandil! ¡Ah... Tandil! ¡Esa obsesión! Santiago es como Tandil, la misma plaza cuadrangular, calles parecidas... el mismo café, la misma iglesia, el mismo Banco, sólo que situados de manera diferente. Donde en Tandil estaba el Banco de la Provincia, aquí se encuentra el Hotel Palace. Voy casi sin mirar al Banco y me rompo la nariz en el hotel... como si estuviera en un Tandil que no fuese Tandil, sino algo mordazmente enrevesado, una trampa...

¡Oh, Tandil, con tu fresco viento oceánico, con tus anfiteatros de piedra!

(Tandil se vuelve obsesión para el autor de La seducción... *y un escape ante los horrores atacantes y atractivos de Santiago.)*

¡Mis jóvenes amigos de Tandil! Ayer recibí una carta de Dipi y es difícil expresar cómo la respiro... ¡En Santiago!.. La presento aquí para mostraros cierto tono de mi convivencia con ellos... uno de los tonos... cuando escribe que Guille (alias

"Quilombo") "te adora" se vuelve para mí algo precioso. Ese Dipi (alias "Asno") tiene dieciséis años, es autor de una novela no editada y de una obra (que estrena un teatro de La Plata), así como de algunos cuentos:

"¡Cadáver!

"Estuve en La Plata, hablé con el director de mi obra. No te conté nada de ella, es una farsa, según dicen, bien construida desde el punto de vista teatral. Como literatura es, a mi juicio, demasiado simple, demasiado fácil. Como teatro resulte tal vez agradable, pero actualmente siento que es *dudosa*, me halaga su estreno, pero la obra no me alegra.

"Tu cara epiléptico-elíptica nos ha puesto a todos los cuellos en tirabuzón. Quilombo juró venganza.

"Guille escribe, enloquecido con *Ferdydurke*. Si le sale algo genial tanto mejor. Pero temo que lo vayas a transformar en Gombrowicz. Sabes que Quilombo se apasiona febrilmente y que te adora. Se entregó del todo a tu –¡ja, ja!– genio; pero ya conoces mi cinismo, mi capacidad para dudar, negar, mofarme... También de ti me río (y me imagino tus risitas sobre mí); es como si me riera de mí mismo. Recuerdas cómo nos entendimos inesperadamente por esto, en un momento en que tuviste un rato de debilidad, cuando ibas dolido por el arresto de Guille. ¡No hagas rodeos ahora y no te retractes de ello! En cuanto a Guille, se mueve en polaco, piensa en polaco, casi habla en polaco. Es realmente muy "artista", tal vez incluso más de lo que dices. Quiere dividir aquí el tiempo en una era "antewitoldiana" y una "postwitoldiana"; es una exageración, aunque confieso haber aprovechado mucho de esa época witoldiana. Tu crítica lúcida, arrebatada, violenta y un poco falsa (¡no te encolerices!) me ha enseñado mucho.

"Escribe, quiero saber cómo estás, tengo una curiosidad brutal. Pero también me vuelvo más razonable –es mi infancia, de la que prefiero no abdicar aún– por eso quiero saber qué pasa en tu vida, qué anda reventando. Así, por razonable, te pregunto, aunque parezca raro... Se trata de que la razón me somete a los convencionalismos y me incita a preguntarte cómo estás... aunque la verdad es, comprendes, que eso no me interesa demasiado, pues si bien te respeto no te adoro; estoy muy lejos de sentir una adoración a lo Guille. Veo que este párrafo me salió muy complicado; es por fatiga. ¿Te siguen amando tantas mujeres? Podrías pasarme alguna, sufro por falta de mujer, a pesar de Fuchi, Puchi y Tuchi.

"Es lamentable que un GRAN ESCRITOR escriba holla en vez de 'olla'. Es una vergüenza, un deshonor y después de eso deberías CALLARTE LA BOCA: nos caíamos de la risa, nosotros y las decenas de personas que leyeron tu carta.

"¡Ciao! Tu
Asno."

Este asno se llama Jorge Di Paola. Fui yo quien lo bautizó como asno en un acceso de sarcasmo y desde entonces se volvió "asno" para sus amigos, sinceramente regocijados por ello.

No sé si hice bien citando esa carta.

¿Por qué la citó? ¿Acaso solamente para jactarse de que tuvo éxito en Tandil? Pero hay aquí una intención más refinada de enaltecerse, de distinguirse, que se podría definir así: "¡Lo veis!

Veis ahora, vosotros, los mayores, cómo son más familiares mis relaciones con la juventud que con vosotros. Y cómo una carta como ésta, en la que sin embargo nada hay de extraordinario, es para mí más importante que vuestras más rebuscadas epístolas..."

Otra vez, entonces, Gombrowicz se nos presenta como quien por ningún concepto quiere ocupar su lugar en la sociedad y anda siempre conspirando con otros elementos, ambientes y fases de desarrollo.

Miércoles

Leí varias veces esa carta. Y dudo que se comprenda cómo, junto con varias otras llegadas de Tandil, fue para mí un escape y una protección contra Santiago. "Sabes que Quilombo te adora." Estas palabras me sonaron a preludio de esperanza; era la aparición de la juventud en un papel distinto, menos cruel... e incluso amistoso... Entonces –me decía– "la adoración" no es imposible entre la juventud y yo.

Quilombo, alias Guille, llamado también Colimba (esto en la jerga popular designa tanto al servicio militar como al recluta). El acercamiento entre este Colimba y yo fue producto de circunstancias ínfimas y, sin embargo, profunda e impresionantemente artísticas. Primero, la debilidad. Cuando lo conocí en Tandil, en el Café Rex, estaba yo un poco debilitado por una angina incipiente y mi sensibilidad era temblorosa, dolorosamente tensa. Segundo, el tartamudeo. Sí, él tartamudeaba... en un principio no sabía qué era lo que lo hacía simpático, sólo al día siguiente me di cuenta de que por causa de su tartamudez tenía que esforzarse por lograr un especial esmero en el habla y eso, junto con el rostro español, animado como un film de mis aventuras, le otorgaba una sociabilidad peculiar.

La inoculación de la angina con una fiebre que llegaba a los cuarenta grados, me metió en la cama. Vivía solo en una pequeña casa cerca del Calvario, en las afueras de la ciudad, y no recuerdo días más desesperados que los que acompañaron mi convalecencia. No había socorro. Sabía que no había socorro. Eran días de lluvia y de viento; por la ventana se veía la cima de la montaña desgarrada por las nubes o las nubes desgarradas por la cima. Un día fue especialmente terrible... llegó después de una lluvia intensa que había durado la noche entera, casi no se parecía a un día, transformado en agua, frío, niebla, vientos y una oscuridad blanca, húmeda... veía todo el tiempo por la ventana un árbol que chorreaba, nebuloso, borroso, confuso y siempre chorreando, igual y aburrido... Ese día mi neurasténica desesperación alcanzó tal tensión que si hubiera tenido a mano algún medio para darme una muerte fácil quién sabe si no me habría liquidado. Sabía que la enfermedad quedaba atrás... pero sabía que mi salud era más horrible que la enfermedad. Alcancé un estado en el cual la salud es no menos repugnante –más repugnante todavía– porque reafirma una existencia especial ya contagiada con la muerte y condenada.

De repente, golpes con el puño en la puerta... y en la cocina ingresa Colimba... ¡chorreando! Había pasado a través de las aguas que se arrojaban del cielo y las peores, las que corrían por las calles, cruzado los lodos borboteantes y pegadizos, para llegar, al fin, contra el viento, la lluvia y el frío... ¡sociable!

Witoldo, che, ¿cómo estás? —su rostro rico en aventuras como un film, saltando acrobáticamente del drama a la broma, del gemido a la alegría, de la poesía al escándalo, de la tierna emoción a la cólera, llenó enseguida todo el interior y nunca quizá tuve más fuerte la impresión de que *el potencial de la alegría ajena no es inaccesible, de que es posible llegar a la alegría ajena, ¡si ésta es joven!* Que la juventud es algo que se deja poseer. (¡Ah, no hagan sobre esto bromas estúpidas!) Como si una Mecánica Ondulatoria hubiera completado y ampliado mi sentimiento de mí mismo, me sentí no solamente un individuo concreto, condenado a la perdición, sino una onda, una corriente tendida entre la generación ascendente y la descendente. A veces visita mi desesperanza una chispa de convicción, la seguridad totalmente tangible de que *la salvación no es imposible.* Eso fue lo que sentí cuando Guille preparaba la comida y abría la botella que llevó.

Aunque no dijo ni una palabra al respecto... ni yo tampoco... sabía que su llegada era el resultado de una fervorosa conmoción conmigo e incluso de la admiración... ¡del encantamiento! ¡Del embeleso! ¿Qué más? Sabía que al dedicarme su escasa cantidad de tiempo libre se la quitaba a una muchacha que todavía no lo aburría... Entonces qué ridículo: ¡yo, un señor de cierta edad, era para este muchacho un imán más fuerte que una bella muchacha y mi encanto superaba al amor! ¿Qué podía igualar en mí a los atractivos de una muchacha?

La comicidad horrible y burlona de esta comparación fue la causa por la que preferí pensar sobre eso solamente con el rabillo del cerebro... pero eso bastó también para que me diese cuenta de que ese horror era precisamente el origen de mi más profunda alegría. Porque cuando el mayor mira al más joven, en general le es difícil comprender que aquél pueda tener un gusto y necesidades propios... totalmente independientes de lo que en él, en el mayor, son lo más importante y lo más característico. A esa persona de edad avanzada le parece, por ejemplo, que al joven pueda sólo convenirle otro joven, al hermoso una hermosa... y he ahí que de pronto resulta que a la juventud le gusta precisamente la vejez... o algún género especial de fealdad... que, en pocas palabras, le gusta algo completamente inesperado e incluso opuesto a su esencia (tal como la advierte el mayor). Eso en el primer momento nos choca y ofende, como si fuera una traición y, aún más, una contaminación y deformación del ideal... pero pronto nos invade una alegría salvaje y empezamos a comprender que entonces no todo está perdido. Así que al mismo tiempo rechazamos eso con asco y lo aceptamos con alegría como un milagro y una gracia.

Para medir bien cierto aspecto asquerosamente puerco de esta alegría hay que percatarse de que respecto de Guille yo era un poco como una mujer vieja, feliz de que el ansia del jovencito hubiese podido más que su repugnancia... porque, en fin, respecto de mí jugaban en él fuerzas atractivas y repulsivas... Y, por otro lado, para pesar toda la espléndida magnificencia de semejante disposición en la naturaleza, hay que comprender que nadie decide sobre su propio atractivo, que esto es exclusivamente una cuestión del paladar ajeno. Entonces si yo era para él atractivo, pues lo era y basta... lo era, porque había poseído una técnica, un estilo, unos horizontes, un género con los cuales él no podía ni siquiera soñar a sus años, porque escribí obras que lo deslumbraron, porque con cada acento, mueca, broma, jueguito, lo introducía en una hasta entonces inaudita y no vislumbrada superioridad. ¿Y qué si yo conocía mi miseria? ¡A él le fascinaba! Un ejemplo más del campo de lo físico, para hacer más plástico lo infernalmente resbaladizo de este raciocinio: imagínense que tienen algún defecto, por ejemplo, orejas de burro. Pues bien, ¿si tales orejas le encantasen a la princesa y ella se enamorara de ustedes por causa de las orejas? ¿Entonces qué? Si se cortaran las orejas que no les gustan, dejarían de gustarle a alguien que les gusta a ustedes. ¿Qué elegir? ¿No es más importante que gusten al que les gusta, y no a ustedes mismos?

Y si de verdad había en él –para mí– una posibilidad de salvación... ¿no consistía en eso?

Comprendí: a él le fascinaba mi "existencia", mientras que a mí me encantaba su vida *in crudo*. Y yo adoraba en él la frescura y la naturalidad; él en mí lo que yo había hecho de mí, lo que llegué a ser en mi desarrollo; y tanto más cerca de la muerte estaba yo, más me adoraba él, porque más le revelaba de esta existencia mía que ya llega a su término. Entonces nuestro entendimiento sería posible bajo la condición de que ese ardiente, impaciente deseo de existencia, propio de la juventud, fuese cambiado por el hambre de vida propio de la vejez. ¿Cambiar la existencia por la vida?.. Detente, hay algo en eso, tal vez por ese lado logres algo, reflexiona, no permitas que se te escape esta idea...

Jueves

(Así, pues, finalmente tuvo la idea salvadora del trueque de la existencia —la vida elaborada tal como la ha creado el hombre— por esa vida pasivamente natural, en estado incipiente, joven.

Esta idea lo conmovió de manera radical. ¿Sería una exageración estudiar toda su obra como una búsqueda del elixir de la juventud? En Ferdydurke *—cuando todavía no pasaba de los treinta años— ya se deleitaba con el goce prohibido... el hombre podía ser creado por un hombre más joven, ¿no es verdad? He ahí ya un medio de rejuvenecimiento. En* La boda *aprovecha hasta el fondo esa específica prodigalidad que incita al más joven a entregarse... a matar por el mayor. En* La seducción *se excita con el hecho de que la juventud es para los mayores, y a la inversa.*

*Porque ninguno de los mundos necesita tanto de la juventud como el de Gombrowicz... y se podría decir que es un mundo construido "tomando en cuenta a la juventud". Y si hasta ahora buscaba la salvación en la violencia ejercida por el mayor (*La boda*) o, al fin, en la igualdad de esas dos violencias (*La seducción*), en cambio ahora lo vemos en Santiago entregado al pensamiento, de origen tandileño, sobre la posibilidad de organizar un intercambio vida-existencia, lo que sencillamente significa que existen dos géneros distintos de la existencia humana y que ambos mutuamente se desean...)*

Jueves

Sí, pero nuestra aproximación fue, como ya se ha dicho, en primer lugar el efecto de un juego de circunstancias... menudas... De no haber sido por la tartamudez y el dramático paso bajo la lluvia... si no me hubiera sorprendido durante la enfermedad...

A eso se unió la magia de los nombres. "Guille"... el diminutivo me gustaba, servía a propósito para el apóstrofe patético, me gustaba gritarle dramáticamente: ¡Guille!

Eso le confería a nuestras conversaciones distinción y brillo. En una ocasión se me trabó la lengua y de "Colimba" hice "Quilombo". Lo que en español significa "burdel". Pero no suena tan vulgar, se deja usar en broma, tiene también un sentido metafórico: desorden, desbarajuste, casa de locos. Empleado como nombre propio se vuelve sumamente cómico y traviesamente poético:

Che, Quilombo, *¿cómo estás?* —le decía yo con amabilidad refinada, y esto marcaba entre nosotros una distancia... que facilitaba el acercamiento.

No hubiera podido aproximarme a él sin Forma, sin el marco de la Forma. Y él, como también era artista (tenía una pasión por el dibujo, aunque a su edad no se sabía si era un talento o un talentito), también exigía de mí una Forma.

Cuán conmovedor me resulta este fragmento de su carta desde Tandil: "Créeme... Cada vez que recuerdo el verano... esa casita, las muchachas... tu melancólica angina, cuando cierto "Quilombo" angelical te cuidaba... me producen tristeza esos recuerdos.

"Y luego tu mudanza para el Cerro del Parque y mi angina 'imaginada' como tú decías... y la convalecencia... tus conversaciones... paseos bajo el sol... mis dibujos... Fue un verano que jamás olvidaré. ¡Jamás!"

Le contesté: "¡Ah, inolvidable Quilombo! Supiste elevar esos hechos menudos a las alturas del mito y la leyenda...".

Martes

Ayer tuvo lugar mi conferencia sobre "la problemática contemporánea". La di por aburrimiento y para entrar en contacto con la intelectualidad de Santiago. No había previsto que aquello podía terminar de un modo demoníaco.

Intentaba caracterizar el pensamiento actual diciendo, por ejemplo, que es "reducido", que se familiariza lentamente con la "doble interpretación", que lo sentimos como algo que "actúa, no solamente hacia el exterior, sino también hacia adentro, creando al que piensa", invoqué la ciencia, los cuantos, a Heisenberg y la mecánica ondulatoria, a Husserl y Marcel... ¡Dios mío! Hablaba como siempre se habla, como lo hacen incluso los más ilustres, es decir, simulando sentirme como en mi casa, como si para mí eso fuera igual que pan con manteca, cuando la verdad es que cualquier cuestionario indiscreto me hubiera derrumbado. ¡Pero me he acostumbrado tanto a la mistificación! ¡Sé a tal punto que los más ilustres no desdeñan semejante mistificación! Cumplía mi papel, pues, con desenfado, e incluso no me salía nada mal. De repente vi algo en el fondo, detrás de la última fila; en una rodilla reposaba una mano...

Otra mano, cerca de allí, perteneciente a otra persona, se apoyaba o aferraba con los dedos al respaldo de la silla... de pronto sentí como si esas dos manos me agarraran, hasta que me asusté, me atraganté... y otra vez habló en mí el cuerpo. Pero miré mejor: las manos pertenecían a unos estudiantes llegados de Tucumán y eso me tranquilizó enseguida, vislumbré Tandil, sabía que no existía ningún motivo para sentir miedo; favorables, amistosas manos... volví a mirar la sala, todas las manos eran amistosas... y puedo decir que, siendo carnales, estaban sin embargo al servicio del Espíritu. Eran manos que pertenecían a la inteligencia... Esa maraña de manos espiritualizadas provocó en mí un milagro. Quizá por primera vez en la vida perdí sin saber dónde esa porción de actuación, de embuste, efecto, que se me había adherido al espíritu. De repente la seriedad y la importancia de mi actuación como maestro pesaron más que todas mis deshonestidades. Comprendí el sentido de mi tarea: era algo mucho más importante que una cátedra de profesor, que el "trabajo cultural", que una exhibición de habilidad artística, literaria; yo luchaba allí por mí mismo, esforzándome por sacarlos del cuerpo y transformarlos en existencias; mi destino dependía del grado en que pudiese conquistarlos y forzarlos hacia el espíritu, ¡pues sólo eso podía salvarme! Y empecé a hablar con una pasión que escuchaba con incredulidad, así era de verdadera...

Después, la discusión... pero sus voces tímidas y conmovidas eran solamente un trampolín para la mía, metafísica. Me sentía tan fuerte que por primera vez en la vida comprendí la fuerza que hubiese tenido de haber llegado a creer en mí, como creían los santos y los profetas. Al fin se levantó un joven y expresó en voz alta su gratitud, y también otros se me acercaron. Estaba claro que este agradecimiento no se debía al intelecto, sino a algo más importante, por haber combatido al cuerpo, la carnalidad, la fisicalidad... Pedí un vaso de agua. Inmediatamente se precipitaron a cumplir mi deseo. Al cabo de un rato entró un chango con una botella en una bandeja. Yo, asustado, callé. Ese chango...

Pero si ese cuerpo de analfabeto era tan honrado... si era la honradez misma... pero si ese cuerpo simple, tranquilo, viviendo libremente, moviéndose con facilidad, silencioso, era la honestidad, la moralidad... y tanto, tan perfectamente, que en comparación con eso aquella reunión "espiritual" subía demasiado alto, como un chillido esforzado... No sé... La santa sencillez del tórax, o tal vez la conmovedora sinceridad del cuello, las manos que apenas saben trazar letras, toscas pero verdaderas por el trabajo físico... Mi espíritu expiró. Bancarrota total. Sentí un sabor a lápiz de labios en la boca.

Mientras tanto el indio (pues tenía mucho de esta sangre) me servía el agua con el gesto esmerado del esclavo, con sus manos llamadas a servir y desprovistas de orgullo, desprovistas también de importancia. La explosión de esas manos silenciosas era tanto más terrible cuanto más silenciosas eran... porque ese chango, como todo sirviente, era *quantité négligeable*, era "aire", pero precisamente por eso mismo, por su insignificancia, ¡se volvía un fenómeno de otro registro, aplastante en su marginalidad! Su no-importancia, lanzada fuera del paréntesis, allá, fuera del paréntesis, ¡se volvía importante! Me despedí y salí. No quería prolongar este aparte con el chango. En la calle había ya oscurecido. La roja puesta de sol de Santiago se había extinguido y el frío violento del invierno, que aparece inmediatamente después de la desaparición del sol, me obligó a ponerme el abrigo. Todavía estaba cambiando los últimos cumplidos cuando el chango... pasó a unos cuantos metros de mí.

¿Era aquél el mismo chango? ¿Era él? Todos se parecían... al punto de que cada uno podía ser sustituido por otro, casi idéntico... entonces me incliné a creer que éste era otro, un hermano, un amigo, un compañero... ¿Pero no era el mismo? Caminaba lentamente hacia el río, el Río Dulce. Lo seguí. Fui tras él porque era absurdo e impensable que yo, Gombrowicz, caminara tras un chango cualquiera solamente porque se parecía al que me sirvió el agua. Pero otra vez su perfecta no-importancia estalló como un trueno, al margen de todo lo que se considera importante. ¡Y lo seguí como si fuese aquel mi más sagrado deber!

Iba yo inquieto... porque desde hacía ya bastantes años había abandonado este tipo de paseos por Retiro y Leandro Alem (sobre los que escribí alguna vez), y ahora, en Santiago, de nuevo, inesperadamente, volvía a esa situación, la más profunda, la más esencial y la más dolorosa de todas las mías: yo, caminando tras un muchacho de la calle. Pero esta vez surgió cierto rasgo nuevo en la situación, a saber, que no estaba en juego la belleza ni la juventud sino la moral... Yo iba seducido por esa *otra* honestidad, honradez, sencillez, limpieza, que socavó y destruyó mi labor de espiritualización. ¡Caminaba tras su espalda derecha, su nuca manifiesta, sus manos tranquilas! ¡Y mi triunfo de hacía poco se volatilizó! ¡Puf, ya no existía! Pero mientras saludaba con desesperación esta nueva marcha mía hacia el desastre, decidí, apretando los dientes, dirigirme a una solución, cualquiera que fuese... No podía seguir así. Había que terminar con eso. Y creí, no sé bien por qué, tal vez por la intensidad con que se me imponía el cuerpo, que si lograba solucionar la forma física del hecho, si lograba encontrar la solución física de la situación, ella me conduciría también a mí a una solución espiritual. Mientras tanto seguía a aquel chango en la oscuridad, consciente de que mi caminar tras él era, sobre todo, un formular la situación: yo y él, yo siguiéndolo, yo con él como problema por resolver...

El problema crecía enormemente... con esa potencia particular con que se hinchan a veces las cosas sin importancia. ¡Ya me retumbaba en los oídos, me martillaba en las sienes, mi marcha inesperada! Teóricamente sabía por qué el cuerpo que iba delante de mí era tan honrado, al contrario de la torcedura que a nosotros, los intelectuales, nos caracteriza. ¡Transparencia del cuerpo! ¡Honradez del cuerpo! Porque el cuerpo creaba un juego de necesidades y valores sencillos, claro; para este chango constituía un valor que satisfacía sus necesidades corporales, necesidades ordinarias de cuerpo sano, entonces él era en realidad el terreno pasivo del juego de fuerzas naturales, no era nada más que la naturaleza... y por eso resplandecía ante mí en las tinieblas, puro, sencillo y transparente. ¡Moral como un perro, como un caballo! Moral como la simple salud. ¿Y yo? ¿Y quienes se parecen a mí? Oh, nosotros habíamos roto con la lógica del cuerpo y éramos el producto de factores complicados que derivan no ya de la naturaleza en general, sino de la específica naturaleza humana; nosotros, producto de la humanidad, producto de esta "segunda naturaleza" que es la naturaleza de la humanidad. Éramos la perversión, el refinamiento, las complicaciones, éramos espíritu, ¡oh, infelices!... pero no me era posible aceptar la situación: yo, marchando tras él, yo, adorándolo... eso significaría la bancarrota... entonces, desprendiéndome por la fuerza, doblé en la primera esquina y me metí en una callejuela a la derecha. Rompí el contacto y ahora iba solo... Y me decía, agitado: –¡Al diablo! ¡No olvides quién eres! ¡Él es sólo cuerpo, no significa nada, uno entre muchos, polvo! ¡Tú... irrepetible, único, original, irreemplazable!

Y sin embargo el hecho de que corpóreamente no fuese yo tan honrado ni tan transparente como él tenía una importancia a tal grado decisiva que en vano cantaba himnos en mi honor. Exhalaba amargura y un olor a podredumbre flotaba a mi alrededor. En esa calle desierta sentí que no había remedio, que tendría que matar algo, iba ya decidido al asesinato. Tenía que derribarlo al rango de los animales y quedarme solo en mi humanidad, no era admisible seguir tolerando una humanidad doble, la suya y la mía; o yo tenía que volverme monstruo, o él, animal; no quedaba otra salida... Esta evidencia iba acompañada de otra... la de que no debí haberme alejado y permitir que estuviese solo, en secreto. Decidí pues alcanzarlo y arreglar cuentas con él. ¿No se habría alejado ya demasiado? No, era casi seguro que al llegar al parque habría doblado a la derecha, así que caminaba por una calle paralela a la mía... Pero pensé que si lo alcanzaba lo seguiría otra vez. ¡No, por nada! Y abordarlo de lado, de un salto, desde una esquina, resultaría también insatisfactorio... así que decidí acelerar el paso, adelantarme a él y salirle al frente en la próxima calle lateral, cara a cara... ¡Esto me deslumbró! ¡Ni por atrás, ni de lado, sino de frente y cara a cara!

No detrás de él.

No de lado. ¡Sino de frente y cara a cara!

Ésa era la fórmula física de la victoria. Eso permitía un ataque. Y a mí me era necesaria la guerra con él para convertirlo así en mi enemigo, para expulsarlo. Me movía casi a la carrera y ya esa carrera, sin más, teniéndolo a él como objetivo, cambiaba la situación a mi favor. Doblé bruscamente. Moderé el paso. Ahora caminaba por una calle con extraños faroles; una de las paredes estaba formada por los inmensos, negros y silenciosos árboles del parque... él se acercaba, a una distancia bastante considerable, diluido entre los resplandores de las luces vacilantes. Se acercaba y mi hostilidad lo expulsaba de mí como una erupción de la piel; allí estaba, delante de mí. Matar. Sinceramente quería matarlo. Y lo mataba en mí al querer matarlo. Con la seguridad de que sin ese homicidio *nunca podría ser moral*. Mi moral se volvió agresiva y asesina. Rápidamente disminuía la distancia entre nosotros, yo naturalmente no me proponía matarlo "externamente", sólo en mí quería realizar el asesinato de su persona y estaba seguro de que si lo mataba llegaría incluso a creer en Dios..., en todo caso estaría del lado de Dios... Era uno de esos momentos en mi vida en que comprendí con toda claridad que la moral es salvaje... salvaje... De pronto... cuando estábamos a un paso de distancia me saludó con una sonrisa:

–¿Qué tal?

¡Lo conocía! Era uno de los lustrabotas de la plaza... más de una vez me había lustrado los zapatos. ¡Conocido! ¡Para eso no estaba preparado! El choque mortal se derrumbó... le hice una señal con la cabeza, grité ¿adónde vas?, nos cruzamos y de toda esa pasión no quedó nada, sólo lo normal –lo normal– como el tono más alto, como el rey de todo el acontecimiento.

(Así que otra vez le ocurrió la catástrofe. Otra vez irrumpió la maldita regularidad, cuando ya tenía un drama organizado... y una vez más todo se le deshizo en las manos, como si la "otra parte" sencillamente no quisiera actuar en ningún drama... nuestro Fausto encalló en la cotidianidad. ¡Le tomaron el pelo! Le escamotearon el drama, el drama que le servía como único adorno en esa lucha con los más jóvenes...

Pero de ese choque no realizado le quedará, probablemente hasta el final, la creciente convicción de que la virtud tiene garfios y sabe asesinar, que el mundo moral y espiritual está sometido a la ley universal de la crueldad. En contra de todos sus esfuerzos, la distancia entre el espíritu y el cuerpo disminuye cada vez más, estos mundos se interpenetran, se concatenan...

He ahí lo que obtuvo del soleado Santiago.)

XI

Viernes

Llegó Roby. Es el más joven de los diez hermanos S. de Santiago. En ese Santiago del Estero (mil kilómetros al norte de Buenos Aires) pasé varios meses hace dos años –dedicado a contemplar todas las chifladuras, susceptibilidades y represiones de aquella provincia perdida, que se cuece en su propia salsa. La librería del llamado "Cacique", otro de los miembros de la numerosa familia S., era el sitio de encuentro de las inquietudes espirituales del pueblo, tranquilo como una vaca, dulce como una ciruela, con ambiciones de destruir y crear el mundo (se trataba de las quince personas que se dan cita en el café Águila). ¡Santiago desprecia a la capital, Buenos Aires! Santiago considera que sólo ella mantiene la Argentina, la América auténtica (legítima) y lo demás, el Sur, es un conjunto de intrusos, *gringos*, inmigrantes, europeos: mezcla, mugre, basura.

La familia S. es típica de la vegetación santiagueña, que se transforma por medio de una incomprensible voltereta en arranque y pasión. Aquellos hermanos son de una santa benignidad y no les falta esa dulzura ciruelina, son un poco como un fruto que madura al sol. Y al mismo tiempo los sacuden pasiones violentas que vienen de algún lado del subsuelo, de carácter telúrico. Su modorra, entonces, galopa inflamada por la urgencia de reformar, de crear. Cada uno de ellos es prosélito jurado de alguna tendencia política, gracias a lo cual la familia no tiene que temer a las revoluciones, frecuentes aquí, pues sean cuales fueren siempre darán el triunfo a alguno de los hermanos, al comunista o al nacionalista, al liberal, al cura o al peronista... (todo esto me lo refirió Beduino en una ocasión). Durante mi estadía en Santiago dos de los hermanos tenían sus propios órganos de prensa, editados por propia cuenta con un tiraje de unas decenas de ejemplares.

Uno publicaba la revista cultural mensual *Dimensión* y el otro un periódico cuya misión era combatir al gobernador de la provincia.

Roby me sorprendió poco antes de su visita a Buenos Aires —nunca nos habíamos escrito— con una carta enviada de Tucumán en la que me pedía le enviara *Ferdydurke* en la edición castellana:

"Witoldo: algo de lo que dices en la introducción a *El Matrimonio* me ha interesado... esas ideas sobre la inmadurez y la forma que parecen constituir la trama de tu obra y tienen relación con el problema de la creación.

"Claro está que no tuve paciencia para leer más de veinte páginas de *El Matrimonio*..."

Luego me pide *Ferdydurke* y escribe: "Hablé con Negro —es su hermano, el librero— y veo que sigues atado a tu chauvinismo europeo: lo peor es que esa limitación no te permitirá lograr una profundización de este problema de la creación. No puedes comprender que lo más importante 'actualmente' es la situación de los países subdesarrollados. De saberlo podrías extraer elementos fundamentales para cualquier empresa".

Con esta muchachada me hablo de "tú" y consiento en que me digan lo que les viene en gana. Comprendo también que prefieran, por si acaso, ser los primeros en atacar —nuestras relaciones distan mucho de ser un tierno idilio. A pesar de eso la carta me pareció ya demasiado presuntuosa... ¿qué se estaba imaginando? Contesté telegráficamente:

ROBY S. TUCUMÁN – SUBDESARROLLADO NO HABLES TONTERÍAS FERDYDURKE NO LO PUEDO ENVIAR PROHIBICIÓN DE WASHINGTON LO VEDA A TRIBUS DE NATIVOS PARA IMPOSIBILITAR DESARROLLO CONDENADOS A PERPETUA INFERIORIDAD – TOLDOGOM.

Puse el telegrama en un sobre y lo envié como carta (en realidad son telegramas-cartas). Pronto me respondió en tono indulgente:

"Querido Witoldito, recibí tu cartita, veo que progresas, pero vanamente te esfuerzas en ser original", etcétera, etcétera. Quizá no valga la pena anotar todas esas estupideces... pero la vida, la vida auténtica, no tiene nada de extraordinariamente brillante, y a mí me importa recrearla, no en sus culminaciones, sino precisamente en esa medianía que es la cotidianidad. Y no olvidemos que entre las frivolidades puede a veces haber también un león, un tigre o una víbora escondidos.

Roby llegó a Buenos Aires y se presentó en el barcito donde paso un rato casi todas las noches: es un muchacho de "color subido", cabellera negra ala de cuervo, piel aceite-ladrillo, boca color tomate, dentadura deslumbrante. Un poco oblicuo, a lo indio, robusto, sano, con ojos de astuto soñador, dulce y terco... ¿qué porcentaje tendrá de indio? Y algo más todavía, algo importante, es un soldado nato. Sirve para el fusil, las trincheras, el caballo. Me interesaba saber si en los dos años que habíamos dejado de vernos había cambiado algo en aquel estudiante... ¿algo cambió?

Porque en Santiago nada cambia. Cada noche se expresan allá en el café Águila las mismas atrevidas ideas "continentales": Europa está acabada, llegó la hora de América latina, tenemos que ser nosotros mismos y no imitar a los europeos, nos encontraremos de verdad si regresamos a nuestra tradición indígena, tenemos que ser creadores, etcétera. Así, así, Santiago, el café Águila, la Coca-Cola y estas ideas audaces repetidas día tras día con la monotonía de un borracho que adelanta un pie y no sabe qué hacer con el otro, Santiago es una vaca que rumia diariamente su vuelo, es una pesadilla en la que uno corre una carrera vertiginosa pero sin moverse de un lugar.

Sin embargo me parecía imposible que Roby, a su edad, pudiera evitar una mutación aunque fuese parcial, y a la una de la madrugada fui con él y con Goma a otro bar para discutir en un círculo más íntimo. Consintió con muchas ganas, estaba dispuesto a pasar la noche hablando, se veía que ese "hablar genial, loco, estudiantil", como dice Zeromski en su diario, le había entrado en la sangre. En general, ellos me recuerdan mucho a Zeromski y a sus compañeros de los años 1890: entusiasmo, fe en el progreso, idealismo, fe en el pueblo, romanticismo, socialismo y patria.

¿Las impresiones de nuestra conversación? Salí desalentado e inquieto, aburrido y divertido, irritado y resignado, y como apagado... como si me hubieran dicho: ¡basta ya de eso!

El tonto no ha asimilado nada desde que lo dejé en Santiago hace dos años. Volvió a la misma discusión de entonces, como si sólo hubiera sido el día anterior. Igual como dos gotas de agua... sólo que está mejor afianzado en su tontería y por consiguiente más presuntuoso y omnisapiente. Otra vez tuve que escuchar: ¡Europa se acabó! ¡Ha llegado la hora de América! Tenemos que crear nuestra propia cultura americana. Para crearla debemos ser creadores, ¿pero cómo lograrlo? Seremos creadores si contamos con un programa que desate en nosotros las fuerzas creadoras, etcétera, etcétera. La pintura abstracta es una traición, es europea. El pintor, el escritor deberían cultivar temas americanos. El arte tiene que vincularse con el pueblo, con el folclore... Tenemos que descubrir nuestra problemática exclusivamente americana, etc.

Me lo sé de memoria. Su "creación" empieza y termina con esas declaraciones.

Miércoles, Montevideo

Paseo por una ciudad pulcra, de extraños balcones y gente serena. Montevideo. Aquí reina todavía una antigua decencia, expulsada de muchos otros territorios de América del Sur.

Caras simpáticas, ropa nueva, playa a veinte minutos de ómnibus. ¡Qué vida! ¿Y si me trasladara acá definitivamente?

Avenidas que desembocan en el océano-río.

El mundo fue compuesto para ser cantado a dúo. La juventud completa con lo Completo Incompleto: ésa es su genial tarea. De eso precisamente trato en *La seducción*.

Considero una de mis tareas estéticas y espirituales de mayor importancia encontrar un acercamiento más agudo y dramático con la juventud que el hasta ahora acostumbrado. ¡Empujarla a la madurez! (es decir, demostrar sus relaciones con la madurez).

Viernes

Agua y viento por todas partes. Dipa y yo nos encontramos en el Tip Top; tomamos café y miramos las sucias olas bajo la lluvia. Veo el periódico: ¡ah, por la noche en la Unión de Escritores, Dickman, recién llegado de Argentina, dará una conferencia! La sesión va ser presentada por una conocida mía, la poetisa uruguaya Paulina Medeiros. Iremos, no tanto por Dickman como por ver a Paulina.

La cosa terminó de manera dramática (todos mis contactos con los escritores de este continente terminan de modo dramático).

Aparecemos a mitad de la conferencia. Dickman habla de sus veinticinco años de trabajo creador. Literatos uruguayos —ni un rostro más interesante que otro—, afabilidad general, convencionalismo y tedio suspendidos en el aire. Siento que la vista del gremio de escritores comienza —como siempre— a irritarme. Sufro de alergia hacia los escritores en grupo, en su aspecto gremial; cuando los "colegas" están uno al lado del otro me producen náuseas. Pero, no sé si quedó claro, la palabra *escritor* en América del Sur suena más estúpidamente que en otras partes, esta profesión nada aquí en una salsa especial, pomposamente ficticia, enfáticamente cordial, rancia y dulzona. Y esa ridiculez que sube como un vaho de los *escritores* me hace reír. Aplausos. Fin.

Paulina Medeiros se levanta y anuncia que por feliz casualidad la Unión tiene en esa ocasión por huésped a otro escritor extranjero, a Gombrowicz, a quien saludamos, etcétera. Ahora, ¿quizás el señor Gombrowicz quiera decirnos algo?.. Silencio. Espera. Reconozco que no me porté correctamente. En vez de pronunciar algunas palabras amables como saludo, le pregunté a Paulina: "¿Pero a todo esto, Paulina, y últimamente, qué he escrito yo? Cítame algún título".

La pregunta era asesina porque en América nadie sabe nada de mí. Consternación. Rubor y balbuceo de Paulina, totalmente despistada. Dickman acude en su ayuda:

—Yo sé, Gombrowicz editó en Argentina una novela, traducida del rumano, no, del polaco, *Fitmurca*... no... *Fidafurka*... —yo con frío sadismo permanecí sin decir nada; la gente, molesta, comenzó a moverse, a levantarse; al fin el presidente, o el secretario, llevó un gran libro donde Dickman escribió un aforismo y yo puse mi firma.

XII

Berlín, 18 de mayo, 1963

Escribo estas líneas en Berlín.

¿Qué ocurrió? Durante enero y febrero, los meses más cálidos del verano argentino, estuve en Uruguay, escondido entre los bosques de la costa oceánica con mi *Cosmos*, ya próximo al fin, pero aún irritante porque el final se negaba a revelarse; me parecía que en la última parte había que darle un empujón hacia otra nueva dimensión –¿pero cuál? Ninguna de las soluciones que se me ofrecían me resultaba satisfactoria.

El bosque, la monotonía de las olas y la arena, la despreocupación uruguaya sonriente y liviana me resultaban en esa ocasión propicias para mi trabajo; regresaba de la costa tembloroso de impaciencia para seguir esforzándome con el texto, lleno de esperanzas en que la forma, al crecer, venciera por sí misma las dificultades. Llegó el día de mi regreso a Buenos Aires. Media hora antes de mi salida... el cartero. Una carta de París en la que me preguntaban confidencialmente si aceptaría una invitación de la Fundación Ford para la estancia anual en Berlín.

A veces había experimentado esa niebla que invade, cegándonos, los momentos decisivos de la vida. Los partos prefieren la noche, y si los movimientos profundos del destino, los que anuncian el Gran Cambio, no acontecen en la noche, entonces, como intencionalmente, se forma a su alrededor un caos extraño, borroso, dispersador... Esa invitación a Berlín me resolvía el viejo problema, amargamente rumiado, de terminar con la Argentina y regresar a Europa. Por momentos sentía que no había otra salida. Pero he ahí ya la primera complicación embrolladora y borrosa; la carta tenía fecha de un mes atrás, se había extraviado en la oficina de correos, y exigía una respuesta inmediata (pues tal invitación era una fortuna que muchos codiciaban con "los dientes bien afilados"). ¿Por qué se había extraviado la carta? ¿Por qué no enviaron otra? ¿Es que entonces, ¡Dios mío!, todo se había desvanecido y debía quedarme en Buenos Aires?

Cuando llegué a Buenos Aires encontré sobre el escritorio un telegrama que reclamaba contestación urgente. Pero el telegrama tenía ya dos semanas de haber llegado. Por una mezcla extraordinaria de descuido y mala suerte había sido aquel telegrama —de entre toda la correspondencia recibida— el único que no me había sido reexpedido. Telegrafié que aceptaba... pero ya entonces no me cabía la menor duda de que todo sería en balde, que todo se lo había llevado el diablo, y que yo, ¡Dios mío!, no podría moverme de la Argentina.

Sin embargo ya algo comenzaba a acontecer a mi alrededor... en esos días de incertidumbre algunos aspectos particulares de la realidad argentina cobraron un súbito impulso, parecía como si aquella realidad al presentir un final próximo se hubiese comenzado a acelerar e intensificar en todo lo que de específico contenía... esto se demostraba evidentemente en lo que se refiere a la juventud, la parte quizá más característica de mi situación... Ellos, como si justamente hubieran percibido en esos días que algo como yo no les sucedería todos los días: un escritor ya "formado", con un nombre ya conocido, que no trataba con personas mayores de veintiocho años, un artista con una rara estética personal, con un orgullo especial, que con desdén y hastío rechazaba a la gente "lograda" en la cultura para acercarse a los jóvenes, a aquellos *à l'heure de promesse*, los de la etapa inicial, los de la antesala literaria... vaya, ¡pero qué caso excepcional, sin precedentes! ¡Qué excelente oportunidad para atacar con este "joven-viejo" a manera de ariete al *beau monde* literario de la Argentina, derribar las puertas, provocar la explosión de las jerarquías, causar escándalos! —y he aquí que esos *blousons noirs* del arte, esos iracundos (una de sus agrupaciones se llamaba "Mufados", otra "Elefantes") me asaltaron, llenos de afán bélico, empezaron a elaborar apresuradamente las formas de introducirme en la prensa más importante. Miguel Grinberg, dirigente de los "Mufados", preparaba febrilmente un número de su revista combativa dedicado a mí —¡movilización, movimiento, electricidad! Yo miraba todo aquello con asombro... porque de verdad parecía como si presintieran ya mi fin cercano... y sin embargo, aún no lo sabían... Con asombro, y no sin placer, porque aquello halagaba mi terquedad innata, verían que a pesar de todo mi *grand guignol* (que me restaba seriedad entre los hombres de letras respetables) era yo, ¡ja, ja!, alguien muy serio y constituía un valor. Y el *grand guignol* propio de mi situación se inflamaba en esos días finales de una manera realmente insólita, a cada momento estallaba alguna excentricidad, en la prensa aparecían cada vez con mayor frecuencia noticias sobre mi "genialidad" reconocida, triunfante victoriosamente en Europa, y Zdzislaw Bau, que redactaba la crónica social en el *Clarín*, me hacía publicidad insertando alusiones graciosas sobre bailarinas seducidas por "Gombro" en los balnearios de moda. ¿Si este rumor llegaba a los salones europeos de Madame Ocampo, qué podían pensar sus respetables escritores? ¿Llegaba algo a penetrar en su Olimpo? ¿No se sentían acaso como Macbeth al mirar desde el castillo de Dunsinane el bosque verde que iba aproximándose?.. En aquel verdor acechaba la farsa, lo salvaje, la anarquía, la mofa, pero todo insuficientemente sazonado ("frito" y "cocido"), a un nivel inferior, "casi de sótano". Me olvidé del asunto de Berlín. Todo anunciaba una diversión formidable, tal como a mí me gustan, desconcertante, desequilibradora, a medio hacer.

De pronto, la invitación oficial de la Fundación Ford.

Mis pies tocaron tierra argentina el 22 de agosto de 1939. Desde entonces muchas veces me había preguntado: ¿cuántos años aún?, ¿cuánto tiempo? He aquí que el 19 de marzo de 1963 supe que llegaba el fin. Apuñalado por la daga de esta aparición, me sentí morir por un instante. Sí, es verdad, toda la sangre me abandonó durante un minuto. Ya ausente. Ya acabado. Ya listo para el viaje. Roto quedaba el misterio entre yo y aquel lugar mío.

Aquel final exigía una comprensión, una toma de conciencia, pero ya me había arrebatado el torbellino exterminante y dispersador: documentos, dinero, valijas, compras, liquidación de todo; tenía frente a mí dos semanas escasas para despachar todos mis asuntos; me dedicaba desde el amanecer hasta bien entrada la noche a arreglar, despachar, rematar a los amigos mediante una ternura ya ausente, terminar con mis sentimientos y mis agravios lo más rápidamente posible: desayuno con Fulano, cena con Zutano, de prisa, debo recoger aún algunos paquetes...

Debo decir que en los momentos finales comenzaron a madurar flores y frutos inesperados, florecían las amistades, que por años enteros se habían mantenido en un estado de semisomnolencia, vi lágrimas... pero ya no tenía tiempo de nada y fue como si aquellos sentimientos al demorar su realización hasta el último momento se volvieran irreales. Todo para el último momento, todo en realidad *ex post*. Relataré una anécdota cómica: salgo un día a las siete y media de la mañana para arreglar once asuntos urgentes y me topo en la escalera con una joven, una beldad de dieciocho años, novia de uno de mis amigos estudiantes, a quien él llamaba "La valija" porque, según lo que afirmaba, se andaba con ella igual que con una valija. "La valija" solloza, derrama lágrimas, me declara su amor, ¡no solamente ella —decía—, sino todas sus amigas estaban también enamoradas de mí, Witoldo; ninguna se había salvado! Y así una semana antes de mi partida me enteré de aquellos amores virginales... ¡Sí, era gracioso, pero no tan gracioso! Aquel risible triunfo de la despedida me causaba escalofríos. ¿Así que aquellas jóvenes estaban también dispuestas a colaborar en mi drama? Muchas veces me sorprendió y horrorizó hasta lo inaudito la reacción violenta de la juventud hacia mis sufrimientos relacionados con ella. Y ahora sentía una especie de generosidad lamentable y desamparada, una mano amistosamente tendida, que ya no podía alcanzar... Aún otras flores y frutos se dieron en esos momentos de agonía en el jardín cultivado por mi drama desde hacía muchos años; sí, fue una maduración rápida e impetuosa, mientras yo, asceta, corría de un lado a otro haciendo compras. Todo estaba en movimiento; la presión tremenda del tiempo, acelerada por mi partida, era justamente como la que se presenta cinco minutos antes de la llegada del Año Nuevo: movimiento, presión, ya nada se podía captar, todo se me caía de las manos y desaparecía como si lo hubiera contemplado a través de la ventanilla de un tren. Nunca me había encontrado tan solo y distraído.

A pesar de todo intentaba –a veces febrilmente– darle forma a mi éxodo. Hasta cierta analogía entre estos últimos días y los primeros, los de 1939, analogía formal únicamente, pero me aferré a ella, en mi caos, y pude hasta llegar a encontrar el tiempo necesario para emprender la peregrinación a los lugares que habían sido míos; llegué por ejemplo a un gran edificio situado en la calle Corrientes número 1258, llamado "El Palomar", donde se cobijaba el más diverso pobrerío, donde sobreviví quizás al período más difícil, aquel de fines de 1940, enfermo, sin un centavo. Subí al cuarto piso, vi la puerta de mi cuartito, los goznes conocidos, las raspaduras en la pared, toqué el picaporte, la barandilla de la escalera, sonó en mi oído la vieja e inoportuna melodía del *dancing* de abajo, reconocí el viejo olor... y por un momento, asido a algo invisible, esperaba que ese regreso fuera capaz de darle forma y sentido al presente. No. Nada. Oquedad. Vacío. Fui aún a otra casa, en la calle Tacuarí número 242, donde viví en diciembre de 1939, pero esa visita resultó peor. Entro, abordo el ascensor para trasladarme al tercer piso, donde existió mi pasado; aparece el portero:

—¿A quién desea ver?

—¿Yo?.. Al señor López. ¿No vive aquí el señor López?

—Aquí no vive ningún López. ¿Por qué se mete en el ascensor en vez de preguntar en la portería?

—Pensé que... en el tercer piso...

—¿Y cómo sabe que en el tercer piso si ni siquiera está usted seguro de que viva aquí? A propósito, ¿qué asunto lo trae? ¿A quién busca? ¿Quién le dio la dirección?

Huí.

8 de abril

El puerto. Un café en el puerto, próximo al gigante blanco que habrá de llevarme... una mesita frente al café, amigos, conocidos, saludos, abrazos, cuídate, no nos olvides, saluda de nuestra parte a... y de todo aquello la única cosa que no murió fue una mirada mía, que por motivos desconocidos me quedará para siempre; miré casualmente al agua del puerto, por un segundo percibí un muro de piedra, un farol en la acera, al lado un poste con una placa, un poco más allá las barquitas y las lanchas balanceándose, el césped verde de la orilla... He aquí cuál fue para mí el final de la Argentina: una mirada inadvertida, innecesaria, en una dirección casual; el farol, la placa, el agua, todo ello me penetró para siempre.

Estoy ya en el barco. Se inicia la marcha. Se aleja la costa y la ciudad emerge, los rascacielos con lentitud se superponen unos a otros, las perspectivas se desdibujan, confusión entera de la geografía –jeroglíficos, adivinanzas, equivocaciones–, todavía se presenta "La torre de los ingleses" de Retiro, pero en un lugar que no le corresponde; he aquí el edificio de correos, pero el panorama es irreconocible y fantasmagórico en su enredo, algo de mala fe, prohibido, engañoso, como si malignamente la ciudad se cerrara frente a mí, ¡sé ya tan poco de ella!.. Me llevo la mano al bolsillo. ¿Qué sucede? Me faltan los doscientos cincuenta dólares que había llevado conmigo para el viaje; me palpo, corro al camarote, busco, quizás en el abrigo, en el pasaporte; no, no hay nada. ¡Diablos! Tendré que cruzar el Atlántico con los pocos pesos que me han quedado, ¡una suma aproximadamente equivalente a tres dólares!

Pero allá, afuera, la ciudad se aleja, concéntrate, no permitas que te despojen de esta despedida; corro de nuevo a cubierta: ya sólo se veían oblicuamente en el extremo de la superficie del agua los indeterminados torbellinos de la materia, una nebulosa calada tejida acá y allá con un contorno más claro; mi vista ya nada captaba, tenía frente a mí un plasma en el que se adivinaba cierta geometría, pero era una geometría demasiado difícil... Esta dificultad, sin cesar creciente y opresora, acompañaba el murmullo del agua surcada por la proa de la nave. Y a la vez los doscientos cincuenta dólares perdidos se sumergían en los veinticuatro años de mi estancia en la Argentina, aquella dificultad se desdoblaba en ese momento en veinticuatro y doscientos cincuenta. ¡Oh, matemática misteriosa y engañosa! Doblemente robado fui a recorrer el barco.

La cena y luego la noche que mi gran fatiga merecía. Al día siguiente salí a cubierta; murmullo, agitación, azul del cielo, océano surcado profundamente, florecimiento tempestuoso de la espuma en el espacio corroído por la demencia incesante de un movimiento violento, la proa del *Federico* apunta al cielo y vuelve a hundirse en el abismo del agua, chorros de agua salada, no es posible permanecer parado sin asirse de algo... allá a la izquierda, a unos quince kilómetros de distancia, la costa del Uruguay, ¿serán aquéllas acaso las montañas que conozco, las que rodean Piriápolis?... Sí, sí, y ahora ya se ven los cubitos blancos de los hoteles de varios pisos de Punta del Este y, juro, llega hasta mí el brillo intenso que produce el sol al reflejarse en el cristal de los automóviles –brillo agudo de largo alcance. Ese brillo procedente de un automóvil en alguna bocacalle fue el último signo humano emitido para mí desde la América que conozco, me llegó como un grito en medio del desorden enorme del mar, bajo un cielo embrujado que intensificaba la confusión total. ¡Adiós, América! ¿Cuál América? La tormenta con la que nos saludó el Atlántico no era nada habitual (me comentó después el *steward* que desde hacía mucho tiempo no había visto otra semejante), el océano era omnipotente, el viento ahogaba, y yo sabía que en este desierto enloquecido surgía ya delante de mí, indicada por nuestra brújula, Europa. Sí, se acercaba y yo no sabía aún qué dejaba tras de mí. ¿Cuál América? ¿Cuál Argentina? Oh, ¿en realidad qué fueron esos veinticuatro años? ¿Con qué regresaba a Europa? De todos los encuentros que me aguardaban había uno especialmente molesto... tenía que encontrarme con un barco blanco... salido del puerto polaco de Gdynia con rumbo a Buenos Aires..., tenía que encontrarme inevitablemente con él, tal vez dentro de una semana, a mitad del océano. Era el *Chrobry* de agosto de 1939, en cuya cubierta me hallaba con el señor Straszewicz y el senador Rembielinski y el ministro Mazurkiewicz... ¡alegre compañía! Sí, sabía que tenía que encontrarme con aquel Gombrowicz rumbo a América, yo, Gombrowicz, el que partía ahora de América. Cuánta curiosidad me consumía en aquel entonces, ¡monstruosa!, respecto de mi destino; sentía entonces mi destino como si estuviera en un cuarto oscuro, donde no se tiene idea de con qué va uno a romperse la nariz. ¡Qué hubiera dado por un mínimo rayito de luz que iluminara los contornos del futuro!, y heme aquí acercándome a aquel Gombrowicz; como solución y explicación, yo soy la respuesta.

¿Pero seré una respuesta a la altura de la tarea? ¿Seré capaz de decirle algo al otro cuando el barco emerja de la brumosa extensión de las aguas con su chimenea amarilla y potente, o tendré que permanecer callado? Sería lastimoso. Y si aquél me pregunta con curiosidad:

—¿Con qué regresas? ¿Quién eres ahora?.. —yo le responderé con un gesto de perplejidad y las manos vacías, con un encogimiento de hombros, quizá con algo parecido a un bostezo:

—¡Aaay, no lo sé, déjeme en paz!

El balanceo, el viento, el murmullo, el enorme encrespamiento de las olas bullentes y turbias se funden en el horizonte con el cielo inmóvil, que con su inmovilidad inmortaliza la liquidez... y a lo lejos, a la izquierda, aparece vagamente la costa americana, como un preámbulo del recuerdo... ¿seré incapaz de dar otra respuesta? ¿Argentina? ¡Argentina! ¿Cuál Argentina? ¿Qué fue eso? ¿Argentina? Y yo... ¿qué es ahora ese *yo*?

Mareado, porque la cubierta se me escapa bajo los pies en todas direcciones, me aferro a la barandilla, titubeo, me dejo llevar por el torbellino, aturdido por el viento; a mi alrededor: rostros verdes, miradas turbias, figuras encogidas. Me suelto de la baranda y realizando un milagro de equilibrio, avanzo... de pronto miro, hay algo en una tabla de cubierta, algo pequeño. Un ojo humano. No hay nadie, sólo junto a la escalera que conduce a la cubierta del puente un marinero que mastica chicle. Le pregunto:

–¿De quién es este ojo?

Se encoge de hombros.

–No lo sé, sir.

–¿Se le cayó a alguien o se lo arrancaron?

–No vi a nadie, sir. Está ahí desde la mañana; lo habría levantado y guardado en una cajita, pero no puedo apartarme de la escalera.

Iba a continuar mi marcha interrumpida hacia mi camarote, cuando apareció un oficial en la escalera de la escotilla.

–Aquí en cubierta hay un ojo humano.

Manifiesta gran interés:

–¡Diablos! ¿Dónde?

–¿Piensa usted que se le haya caído a alguien o que le fue sacado?

El viento me arrebataba las palabras, había que gritar, pero el grito también huía de la boca, se hundía irremisiblemente en la lejanía. Seguí caminando; oí un gong que anunciaba el desayuno. El comedor estaba vacío, el vómito general había hecho desertar a toda la gente. Éramos sólo seis audaces, con la vista fija en el "bailotéo" del suelo y en la inverosímil acrobacia

243

de los camareros. Mis alemanes (porque desgraciadamente me sentaron con un matrimonio alemán, que habla tanto español como yo alemán) no aparecieron. Pedí una botella de Chianti y los doscientos dólares se me clavan una vez más como un enorme alfiler. ¿Con qué voy a pagar la cuenta que ahora estoy firmando? Después del desayuno envío un radiotelegrama a mis amigos de París para que me giren al barco doscientos dólares. Viajo cómodamente, tengo un camarote exclusivamente para mí, la cocina, como antaño en el *Chrobry*, es excelente, puro placer... ¿No morir? ¿Qué es este viaje sino un viaje hacia la muerte?.. Las personas de cierta edad ni siquiera deberían moverse, el espacio está demasiado relacionado con el tiempo, el impulso del espacio resulta una provocación al tiempo, todo el océano está hecho más bien de tiempo que de inmensas distancias, es un espacio infinito, se llama: muerte. Da lo mismo.

Al analizar mis veinticuatro años de vida argentina percibí sin dificultad una arquitectura bastante clara, ciertas simetrías dignas de atención. Por ejemplo, había tres etapas, de ocho años cada una: la primera etapa, miseria, bohemia, despreocupación, ocio; la segunda etapa, siete años y medio en el Banco, vida de oficinista; la tercera etapa, una existencia modesta, pero independiente, un prestigio literario en ascenso. Podía también enfocar ese pasado estableciendo ciertos hilos: la salud, las finanzas, la literatura... u ordenándolo en otro sentido, por ejemplo desde el ángulo de mi problemática, los "temas de mi existencia", que mudaban poco a poco con el tiempo. ¿Pero cómo tomar la sopa de la vida con una cuchara agujereada por estadísticas, diagramas? ¡Bah!, una de mis valijas en el camaro-

te contenía una carpeta; en ella había una serie de pliegos ama-
rillentos con la cronología, mes tras mes, de mis hechos –
veamos, por ejemplo, qué pasaba exactamente hace diez años,
en abril de 1953: "Últimos días en Salsipuedes. Escribo mi
Sienkiewicz, Ocampo y los paseos por Río Ceballos, regresos
nocturnos. Leo *La mente prisionera* y a Dostoievski. El día 12
regreso en tren a Buenos Aires. El Banco, el aburrimiento, la
señora Zawadska, el horror, la carta de Giedroyó anunciando
que el libro no va bien, pero que aún quiere publicar alguna
otra cosa mía. En casa de los Grocholski y de los Grodzicki.
El "banquete" publicado en Wiadonosci, etcétera, etcétera. Podía
así ayudar a mi memoria, pasear de un mes al otro, por el
pasado. ¿Y qué?, ¿qué hacer? –me pregunto, con esta letanía de
especificaciones, cómo absorber esos hechos, si cada uno se
desintegra en un hormigueo de acontecimientos menores que
al fin se convierten en una niebla; era un asalto de miles de
millones, una disolución en una continuidad imperceptible,
algo como el sonar de un sonido... ¿pero, en realidad, cómo
poder hablar aquí de hechos? Y sin embargo ahora, al regresar
a Europa, ya habiendo acabado todo, me acuciaba la necesidad tiránica de rescatar aquel pasado, de asirlo aquí, en el estruendo y el torbellino del mar, en la angustia de las aguas, en
la efusión inmensa y sorda de mi partida por el Atlántico, ¿no
sería sólo una especie de balbuceo, un balbucear el caos, como
estas olas? Una cosa no obstante se volvió evidente: no se trataba de ninguna cuestión intelectual, ni siquiera de un asunto
de conciencia, se trataba únicamente de pasión.

Estar apasionado, ser poeta frente a ella... Si la Argentina
me conquistó, fue a tal grado que (ahora ya no lo dudaba)

estaba profundamente, y ya para siempre, enamorado de ella (y a mi edad no se arrojan estas palabras al viento del océano). Debo agregar que si incluso alguien me lo hubiera exigido, al costo de la vida, no hubiese logrado precisar qué fue lo que me sedujo en esta pampa fastidiosa y en sus ciudades eminentemente burguesas. ¿Su juventud? ¿Su "inferioridad"? (¡Ah, cuántas veces me frecuentó en la Argentina la idea, una de mis ideas capitales, de que "la belleza es inferioridad"!) Pero aunque ese y otros fenómenos considerados con mirada amistosa e inocente, con una gran sonrisa, en un ambiente cinematográficamente coloreado, cálido, exhalación tal vez de las palmeras o de los ombúes, desempeñaron, como es sabido, un papel importante en mi encantamiento, no obstante la Argentina seguía siendo algo cien veces más rico. ¿Vieja? Sí. ¿Triangular? También cuadrada, azul, ácida en el eje, amarga desde luego, sí, pero también inferior y un poco parecida al brillo del calzado, a un topo, a un poste o a la puerta, también del género de las tortugas, fatigada, embadurnada, hinchada como un árbol hueco o una vasija, parecida a un chimpancé, consumida por el orín, perversa, sofisticada, simiesca, parecida también a un sándwich y a un empaste dental... Oh, escribo lo que me sale de la pluma, porque todo, cualquier cosa que diga puede aplicarse a la Argentina. *Nec Hercules...* Veinte millones de vidas en todas las combinaciones posibles es mucho, demasiado, para la vida singular de una persona. ¿Podía yo saber qué fue lo que me cautivó en esa masa de vidas entrelazadas? ¿Tal vez el hecho de haberme encontrado sin dinero? ¿El haber perdido mis privilegios polacos? ¿Sería que esa latinidad americana complementaba de algún modo mi polonidad? Quizás el sol del Sur, la pereza de la forma, o tal vez su brutalidad específica, la suciedad, la infamia... no lo sé... Y, además, no correspondía a la verdad la afirmación de que yo estuviera enamorado de la Argentina. En realidad no estaba enamorado de ella. Para ser más preciso, sólo quería estarlo.

Te quiero. Un argentino en vez de decir "te amo", dice "te quiero". Meditaba entonces (todo el tiempo sobre el océano, sacudido por el barco, éste a su vez sacudido por las olas) que el amor es un esfuerzo de la voluntad, un fuego que encendemos en nosotros, porque así lo queremos, porque decidimos estar enamorados, porque no se puede tolerar no estar enamorado (la torpeza con que me expreso corresponde a cierta inhabilidad, producto de la misma situación)... No, no es que la quiera, sólo deseo estar enamorado de ella y por lo visto para eso me era vehementemente necesario acercarme a Europa en un estado de aturdimiento apasionado por la Argentina, por América. No quería tal vez aparecer en el ocaso de la vida en Europa sin esa belleza que da el amor –puede ser que temblara por haber roto con un lugar lleno de mí, que temiera que mi traslado a lugares extraños, no calentados aún por mí, me empobreciera y enfriara y matara–, deseaba sentirme apasionado en Europa, apasionado por la Argentina, temblaba ante ese único encuentro que me esperaba (en pleno océano, al anochecer, tal vez al alba, en las nieblas veladas del espacio salado) y por nada del mundo quería presentarme a ese *rendez-vous* con las manos enteramente vacías.

El barco avanzaba. El agua lo levantaba y lo hundía. Soplaba el viento. Me sentía un tanto desvalido, confundido, porque quería amar a la Argentina y a mis veinticuatro años comprendidos en ella, pero no sabía cómo...

El amor es dignidad. Así me lo parece a mis años. Cuando mayor es el derrumbe biológico, más se hace necesária la pasión de arder entre llamas. Mucho mejor es terminar abrasado que irse lenta, cadavéricamente enfriando. La pasión, ahora lo aprendía, es más necesaria en la vejez que en la juventud.

Cae la noche. Ya es noche cerrada. Del lado de babor, apenas perceptible, los centelleantes faros de la costa brasileña, y aquí en cubierta yo, yendo hacia delante, alejándome sin cesar en una marcha incomprensible... Desierto... lo infinito de un vacío que hierve, truena, ruge, salpica... infinito imposible de definir, inalcanzable, hecho de torbellinos y de abismos marítimos, igual aquí que allá, y aun más allá y más allá; en vano aguzo la vista, hasta el dolor; nada se puede ver tras la barrera de la noche, todo cae y se vierte sin reposo, se hunde y se sumerge tras las tinieblas; allá abajo, deformidad y movimiento, delante de mí sólo un espacio irreal; arriba el cielo con un innumerable enjambre de estrellas indistinguibles, irreconocibles... Sin embargo aguzo la mirada. Y nada. Por otra parte, ¿acaso me asistía el derecho de poder ver? Yo, abismo en este abismo, sin memoria, perdido, desbordado por pasiones, dolores, que desconocía, ¿cómo es posible ser después de veinticuatro años sólo agua que se vierte, espacio vacío, noche oscura, cielo inmenso?.. ser un elemento ciego, no poder lograr nada en sí mismo. ¡Oh, Argentina! ¿Qué Argentina? Nada, un fiasco. Ni siquiera podía desear, cualquier posibilidad de deseo estaba excluida por un exceso de efusión que lo inmovilizaba todo, el amor se convertía en desamor, todo se confundía; debo irme a acostar, ya es tarde, el ojo humano... ¿Cómo llegó un ojo humano a cubierta?.. ¿Fue sólo una impresión? ¡Quién puede saberlo! A fin de cuentas da lo mismo, ojo o no ojo. Porque, ¿para qué jugar a los formalismos? ¿Vale la pena exigir a los fenómenos un pasaporte? ¡Qué pretensiones! ¿Puedes ver algo? No, será mejor que duermas.

XIII

¿Mis apuntes de viaje? Aquí los tienen.

Miércoles, 10 de abril

Pasó la tormenta. Mar apacible. Se me acercó una dama:
—¿El señor Gombrowicz? —resulta ser conocida de Ernesto
Sabato, una argentina del Ministerio de Relaciones Exteriores.
Me presenta a una amiga suya millonaria, que viaja a Europa
por vigesimoquinta vez. Por ellas me entero de que se encuentra en el barco el nuevo encargado de negocios de la delegación
argentina en Varsovia.

El encargado de negocios nos invita a tomar un *drink*.

Conversación sobre las situaciones dramáticas que surgen
con motivo de que para las autoridades polacas un polaco re-
sidente en Argentina, aunque reciba la ciudadanía argentina,
no deja de ser ciudadano polaco.

Coñac.

La cita con la multimillonaria y el encargado de negocios me
llena de ánimo respecto de los doscientos cincuenta dólares.

Café.

Correspondencia. Un partido de ajedrez con un aviador.

Continuamente por el lado izquierdo aparecen vagamente, allá donde la vista se pierde, las costas montañosas del Brasil.

Jueves, 11 de abril

Ayer, Santos.

Hoy, Río de Janeiro.

¡Al diablo con el paisaje! ¡El paisaje es tremendamente estúpido! Preferiría mucho más un robo, aunque fuese sólo pequeño. Así, sin más ni más, salir por ejemplo del barco durante una hora, detenerme en una esquina desconocida y robar... aunque sólo se trate de aprovechar la mala suerte del vendedor que deja caer al resbalarse un racimo de bananas y además es pisoteado por un niño... robar algo, a lo que no se tenga derecho, algo que existe ahora, "allá en Santos", asir, tomar.

Aburrida euforia de los negros.

Sábado

Turbiedad del agua, continúa la navegación, colores y resplandor, calma, hace más calor, mucho más calor; el resplandor dormita sobre la penumbra y los vapores, nubes desmadejadas por el sol, peces voladores, fantásticos crepúsculos solares; tras de nosotros la estela espumante; ellas se divierten, juegos y pasatiempos, hamacas, reposo, un aparato en un zapatito, el brillo molesta, comienza a funcionar la piscina, saltan, salen salpicando el agua a su alrededor, saltan, charlas, conversaciones, un industrial suelta sus ¡ja, ja, ja! En tono grave, ella extrae una agenda, aquél se rasca, ja, bitte sehr, buon giorno, parece ofendida, se ha ido, tal vez él le hizo una señal, ¿de quién es esto? Resplandece el bronce, saltó bien, qué hora es, oh, no, cómo fue aquella vez, con quién... aquél por fin... la perdiz, por qué no lo sabía él, oh, pico de loro en la espalda, qué sería si... la locomotora... la locomotora... por ejemplo... "Por ejemplo" es una locución excelente, cómoda, facilitadora; hace ya bastante tiempo me decía Adancito Mauersberger, creo que en Konstancin, en una terraza, que términos como "por ejemplo" o "adecuadamente" facilitan... Con su ayuda se puede expresar todo, aun lo que no esté acorde con la verdad. Se puede decir: "el pan con manteca preparado adecuadamente sabe igual que el chocolate". Azul extenso y apático. ¿No sería quizás mejor dejar, no tocar, permitir que se aleje flotando y adiós?.. ¡Argentina, Argentina, Argentina!

¡Argentina! En sueños, con los ojos entornados, vuelvo a buscarla en mi interior –con todas mis fuerzas– ¡Argentina! Es extraño y sólo quisiera saber, ¿por qué nunca se me produjo en Argentina semejante pasión hacia Argentina? ¿Por qué me asalta ahora, cuando ya me he alejado?

¡Dios mío! Yo que ni por un momento quise a Polonia... Y ahora me empeño en querer a Argentina.

Extraño, porque a ti la palabra "amor" te estaba vedada. Y he aquí que ahora experimentas los impúdicos ataques del amor. ¡Oh, oh, oh! (Se me hace difícil escribir, difícil redactar, pues, como siempre, al intensificar en mí la franqueza aumenta también el riesgo de la exageración, de la pose, y entonces la estilización resulta inevitable...)

Y es cierto –pensé–, es cierto que todo esto no es sino un asunto de distancia: no querer a Polonia porque se estaba demasiado cerca de ella, querer a la Argentina porque siempre me mantenía a distancia, amar justamente ahora, cuando me alejo, me separo... Y también porque en la vejez se puede reclamar el amor con mayor atrevimiento, ¡bah!, también la belleza, porque ambos conceptos –amor y belleza– surgen en la lejanía, lo que permite una mayor soltura... y ambos, tal vez, a la distancia se vuelven más *concretos*. Sí, el pasado se puede amar desde lejos, cuando uno se aleja no sólo en el tiempo sino también en el espacio... Me veo secuestrado, sometido al proceso interrumpido del distanciamiento, de la separación y, en ese alejamiento, consumido por la pasión del amor hacia eso que se va alejando de mí: la Argentina, ¿el pasado o el país?

Lunes

Susurra la lona –espumante la estela–, susurra nuestra navegación –muchas hamacas, juegos y charlas–, ¡aaah!, bullicio sereno, diversión somnolienta, brilla un ángulo, resplandece el bronce, cuerdas y palos que se trenzan en una red de sombras sedosas, sal y lejanía, balanceo en el azul y alguien dice: *tráigalo aquí*, alguien se da vuelta, el aire.

Buscaba algunos puntos de partida que me sirvieran para trasladarme a la Argentina con un invasor salto de tigre. Viajaba en el barco un muchachito de unos diez años, Daniel, un uruguayo, saltaba a la piscina... con tanta facilidad física, corpórea, que incluso para América aquella facilidad resultaba excesiva. Lo intachable de la epidermis suave y oscura bajo la cual se destacaban unos músculos infantilmente flexibles, la destreza y el reposo del cuerpo, como si cada movimiento estuviera aceitado, los ojos, la boca infantil que sonreía con encanto, la cabellera negra ondulada y tersa, la alegría chispeante –era inverosímil la cordial familiaridad con que lograba granjearse la voluntad de los demás. Sin embargo, en los momentos cumbre se volvía de una indiferencia salvaje, llegaba al pleno salvajismo, pues era evidente que le daba igual acercarse a quien fuera... Aquel muchacho se interesaba sobre todo en los niños, se les acercaba corriendo, los asía, los levantaba, bromeaba, era un juego ligero y travieso que despertaba el éxtasis entre los niños que lo seguían saltando y gritando... pero en ciertos momentos se entregaba a una libertad indiferente y primitiva, y no obstante no menos confianzuda... ¡He aquí la Argentina!... Sí, eso es la Argentina... Y ya me parecía que la había condensado en aquel niño hispanoamericano, ¿por qué no?.. cuando vi a su lado, muy cerca, acostada con pereza en un sillón, a una damisela con las comisuras de la boca caídas; el sinsabor y la amargura pendían de esa boca como adornos de negros; el hastío y la repugnancia, una vaga desesperación... y de pronto me dije: "Ésa es la Argentina", y sentí cómo aquel país que se alejaba –ya lejano– se me formaba de acuerdo con esa boca, tanto su pasado como su presente, sus ciudades, sus ríos, sus montañas, calles, cafés. Todo lo que me aconteció en Argentina podía concentrarse tanto en el chiquillo como en el relajamiento de comisuras amargas... Después me fijé en el forro del saco de alguien y pensé que también en

254

aquel forro podía "concebir, abarcar, dominar" a la Argentina. Los refrescos, Alguien saca fotografías. La pepita. El costado. Ondea la lona, la estela espumante; todos vuelven de pronto la cabeza hacia la izquierda, estrépito, un disparo, el tiro al blanco, y en esa vuelta simultánea de cabeza también estaba de algún modo contenida la Argentina. Ondea el toldo. Navegamos. La navaja. Ella exclama. El arte y la muerte. Algo acontece, incesantemente, sin tregua, como en una pantalla cinematográfica, no cesa ni por un instante y al no cesar no me permite dar el salto dominante que requiero. ¡Tal vez hubiese logrado alcanzar el pasado si el presente no existiera!

La lona y la chimenea. Un codo. Un marinero. El mozo. ¡Oh, cualquier sentimiento hacia la partida sin retorno era imposible a causa de la avalancha de hechos!.. hechos y hechos... una reseña de hechos, surgieron los hechos, un enjambre de acontecimientos, atacaron mi partida como langosta, no pude simplemente librarme de los hechos, y además su furiosa abundancia produce en ellos una rabiosa degradación, nada puede existir en serio porque ya lo otro, lo siguiente, está pisándole los talones; jamás me han consumido los hechos a tal grado; ondea la lona, la estela se espuma, juegos y diversiones, el hilo y el tacón. Tonterías. Estupideces. Sacar. Se apagó. El salto. Silueta. Un murmullo. La botella. Rezar. La cuna. Cáscaras... y en el murmullo, en el brillo, en el avance, en el alejamiento, en la afluencia y en el reflujo. ¡Oh, cómo me consumía el presente, cómo me debilitaba! Pasábamos frente a las costas septentrionales del Brasil, el *Federico* avanzaba en un promedio de dieciocho nudos con *beidevind* favorable. Miré la tierra de América, que escapaba. ¡Adiós América! A medida que caía la tarde la ya mencionada degradación de los hechos –hechos imaginarios y ahogados en el murmullo, y también desbordados, que se fundían hasta casi hacerse invisibles– me empezó a fastidiar cada vez más intensamente, pero no estaba completamente seguro de nada, por estar yo mismo, entre el murmullo y el balanceo, consumido por la lejanía... pero he aquí, por ejemplo, un acontecimiento, bastante insólito por cierto, que pude advertir. Sucedió aproximadamente después de las once (no de la noche, sino al día siguiente, por la mañana, a la luz del día). Ocurrió que uno de los marineros, un tal Dick Harties, *se tragó por descuido el cabo de una cuerda delgada pendiente del palo de mesana.* Según creo fue a causa de... (pero no puedo hablar de eso con toda seguridad, puesto que muchos otros hechos distraían mi atención) la capacidad tentacular del tubo digestivo; empezó a sorber repentinamente la cuerda y antes de que se dieran cuenta ya había subido en ella hasta la cima como en un funicular, con el hocico enteramente abierto y, por supuesto, aterrorizado. La naturaleza tentacular del tubo digestivo resultó ser tan potente que no había modo de hacerlo bajar; en vano dos marineros lo tironeaban de los pies. Hay que agregar que en este tiempo el barco avanzaba sin cesar, y que yo me alejaba... basta decir que hubo largas discusiones hasta que al primer oficial, de apellido Smith, se le ocurrió hacer uso de medios vomitivos... pero aquí se formuló la pregunta: ¿cómo introducir el vomitivo en el esófago, completamente colmado por la cuerda? En fin, después de discusiones aún más largas (durante las cuales el enjambre de acontecimientos llegaba "volando" y "volando" se alejaba, en el murmullo, en el desfallecimiento por balanceo), se decidieron a actuar por medio de los ojos y la nariz sobre la imaginación del marino.

He aquí lo que ocurrió (la escena se me clavó en la memoria, tanto como puede clavarse una escena mientras uno se aleja sin cesar). Por orden del oficial uno de los grumetes trepó al mástil mostrando al paciente un racimo de colas de rata. El infeliz las miraba con los ojos desorbitados... mas cuando añadieron a las colitas un pequeño tenedor, recordó repentinamente el spaghetti italiano de su niñez y bajó vomitando a la cubierta, tan precipitadamente que poco faltó para que se rompiera las piernas. Confieso que preferí no mirar demasiado la escena, que en su brillantez se presentaba como debilitada y moribunda, como los óleos antiguos sacados de un baúl del sótano, nítida, sí, pero como si hubiese sido vista a través de un trozo de cristal ahumado, como extraviada.

Martes

Hemos roto con el continente americano; el transatlántico, en el alto Atlántico, cruza el ecuador apuntando la proa hacia Europa.

¿Curiosidad? ¿Excitación? ¿Espera? Pues no. ¿Las amistades que me aguardan allá, a quienes hasta el presente no conozco: Telenski, Giedrayó, Nadeau? No. ¿París, después de treinta y cinco años? No. No quiero reconocerlo... Estoy encerrado y consumido.

Divago... todo lo que pienso está ya un poco más lejos en este instante. Mi pensamiento se encuentra atrás, no delante de mí.

El telegrama de Kot Jelenski: me enviarán los doscientos dólares. Hasta la fecha el dinero no llega. ¿Quizás en Las Palmas?

Aburrido. Ni una cara interesante. Ajedrez. Gané el concurso, me llevé la medalla y soy campeón de ajedrez del barco.

¿Deseo de la muerte mediante un movimiento retrospectivo? (No confío en tales "pensamientos".)

Miércoles

Arquitectura.

La catedral construida sin un respiro... Estoy construyendo y construyendo ese edificio... no puedo observarlo. A veces, en ocasiones excepcionales... parece como si vislumbrara algo en un santiamén... la mezcla de las bóvedas, los arcos, algún elemento de simetría...

¿El exterior?

En el año 1931... ¿cómo podía suponer que mi destino sería la Argentina? Esta palabra ni siquiera podía ser presentida.

Y sin embargo en aquel entonces escribí un relato titulado: "Los acontecimientos a bordo del *Brig Banbury*". En aquel cuento navego hacia América del Sur. Los marineros cantaban:

> *Bajo el cielo azul de Argentina*
> *donde los sentidos beben hermosas muchachas...*

Aquel cuento, por extraña casualidad, fue traducido al francés hace algunos meses y quizá ya en este momento haya aparecido en París en *Preuves*. Navego hacia él. ¡Las ilusiones! ¡Los espejismos! ¡Las falsas asociaciones! Ningún orden, ninguna arquitectura, la tiniebla en mi vida, de la que no surge ni un verdadero elemento de forma y sin embargo hoy me atacan fragmentos enteros de aquel cuento, nacen en mi memoria, pálidos, dolorosos, como espectros. "La imaginación cual un perro rabioso, liberado de la cadena, mostraba los dientes y gruñía sordamente, acechando en las esquinas." "Tengo la mente débil. Tengo la mente débil. Por eso no se borra la diferencia entre las cosas..." "La cubierta se convirtió en un vacío completo. El mar se agitó estremecedoramente, el viento soplaba con doble fuerza, en las tenebrosas aguas aparecía vagamente el armazón roto de una ballena, infatigable en su movimiento giratorio." Quiero mencionar aún que "el encuentro" tuvo lugar hoy al amanecer, al nordeste de las Islas Canarias. "El encuentro", lo escribo entre comillas, esta palabra no da la imagen total...

No dormí por la noche, salí a cubierta antes de que se anunciara el día, contemplé a través de la oscuridad, durante largo rato, algo que uno siempre puede contemplar, el agua; percibí las luces de algunos barcos rompiendo el océano hacia África... en fin, no diría que se hubiera aclarado la noche, pero disminuyó, desfalleció, se perdió en sí misma, entonces acá y allá surgieron blancas densidades, que en la severidad acentuada de la madrugada emergían reptando, semejantes a copos de algodón, y el mar hormigueó con esos blancos icebergs de niebla, entre los que vi aquello en lo que uno siempre puede fijar la mirada, el agua, las olas cual gallos enturbiados por la espuma. Entonces apareció por entre sus blancas envolturas, también blanco, con una gran chimenea que reconocí al instante, a una distancia de tres o cuatro kilómetros. Se hundió enseguida entre los torbellinos de niebla, volvió a asomarse. Yo, a decir verdad, no miraba sino que más bien tenía la vista fija en el agua... Sabía muy bien que aquello no estaba ocurriendo, no existía, y sin embargo prefería no mirar, pero mi no-mirar parecía confirmar su presencia. Es curioso que el no-mirar pueda ser una manera de mirar. Prefería también no pensar y no sentir en vano. Pero curiosamente el no-pensar y el no-sentir pueden ser una manera de pensar y sentir. Mientras tanto el fenómeno se acercaba, no se acercaba en la fantasmagoría de los torbellinos desgreñados con un *pathos* casi operístico y algo parecido a una fraternidad perdida, sino como el hermano asesinado, el hermano muerto, el hermano mudo, el hermano perdido para siempre, ya indiferente para mí... algo así se reveló y reinó en mi desesperación sorda, completamente enmudecida, entre los blancos torbellinos.

Al fin pensé en mí en aquella cubierta; pensé que para aquél yo era un fantasma exactamente igual al que él era para mí.

Después recordé que, en efecto, hace años, a bordo del *Chrobry* hacia la Argentina, una noche cerca de las Islas Canarias no pude dormir y al amanecer salí a cubierta para mirar el mar... Buscaba algo...

Enseguida reprimí aquel recuerdo, pues advertí que ahora puedo fabricarlos por razones –como ya he dicho– arquitectónicas. ¡Qué manía! Observas un globo de cristal, un vaso de agua, e incluso ahí logras hilar algo de la nada, la forma...

Viernes, 20 de abril

¡Ante mí, Europa! ¡París!

En vísperas de mi llegada a París, cuando debía poseer el brillo, la dureza y el filo de una navaja, me encuentro débil, disperso, disuelto...

Desde 1928 no he vuelto a París. ¡Treinta y cinco años! Vagaba entonces por París como un insignificante estudiante. Hoy Witold Gombrowicz llega a París; es decir, recepciones, entrevistas, charlas, discusiones... y es necesario organizar el efecto, voy a París a conquistar. Ya he cautivado a mucha gente en esta batalla y se espera de mí ese efecto. ¡Pero estoy enfermo! Los labios ardientes, la vista turbia, la fiebre...

En este desenfreno me molesta una necesidad que considero inevitable, es decir que en París tendré que ser enemigo de París. ¡Ni hablar! Me engullirían demasiado fácilmente si no logro mantenerlos a raya; no podré existir a menos que me sientan como enemigo.

No, ni el menor escrúpulo ante la probidad de esa actitud *ad hoc*, adoptada con entera sangre fría; la probidad es una necedad, no se puede ni hablar de probidad cuando uno nada sabe de sí mismo, cuando no recuerda nada, cuando no tiene pasado, cuando se es sólo un presente que fluye continuamente... En una niebla como la mía, ¿es posible hablar de escrúpulos morales?

Pero es difícil encontrar un destino más irónico: yo, una vez más, ahora en mi crepúsculo, refluyo, tengo que esculpirme a mí mismo con la niebla que soy... y transformar esa niebla, esa polvareda en un puño, ¡en mi puño!

Domingo, Barcelona

Hoy, día 22, pisé tierra española; desde hace mucho tiempo sé que el doble dos es mi número, también por primera vez toqué tierra argentina un 22 (de agosto). ¡Bienvenida la magia! Analogía de los números, expresividad de las fechas... ¡Miserable! Ya que no puedes explicarte por otros medios prueba al menos ése.

Llegué a la plaza donde se yergue el monumento a Colón y lancé una mirada a la ciudad, en la que tal vez me radique permanentemente después de la estancia en Berlín (me horroriza cada palabra de esta oración: "llegué" "a" "la" "plaza", etcétera).

Me horroriza hasta lo indecible y me llena de desesperación andar arrastrándome por esos lugares como algo aún más desconocido que todos los lugares desconocidos. Ningún animal, batracio, crustáceo, ningún monstruo imaginario, ninguna galaxia me son tan inaccesibles y ajenos como yo. (¿Una idea fútil?)

Te has esforzado durante años en ser alguien, ¿y qué has llegado a ser? Un río de acontecimientos en el presente, un torrente tempestuoso de hechos fluyendo en el presente hacia el momento frío que padeces y que no logras referir a nada. El abismo, he ahí lo único tuyo. Ni siquiera puedes despedirte. Los doscientos dólares. No aparecieron ni en Las Palmas ni en Barcelona...

¿Qué hacer? ¿Dónde obtener el dinero para las propinas y las cuentas? ¡La millonaria!

Lunes

Cannes, de noche, iluminación, feria. Apenas bajé con mis valijas a tierra cuando se me acercó corriendo una señorita de la agencia y me entregó los doscientos dólares (por suerte ya la millonaria me había prestado en el barco algo de dinero).

Noche en el hotel. Al día siguiente (lluvia) viaje en el *Mistral* a París: montañas, mar, lagos, el valle del Ródano, retumba el tren corriendo apresuradamente, vagón-restaurante.

París a la una de la mañana, los hoteles llenos, por fin el taxista me deposita en un hotelito cerca de L'Opéra. El *Hotel de l'Opéra*.

Abro la ventana. Me asomo y observo desde el cuarto piso con mirada de idiota un callejón, *Rue du Helder*; aspiro el aire a todo pulmón, el mismo que respiraba hace treinta y cinco años, abro la valija, saco algo, empiezo a desvestirme. La situación es soberbiamente inhumana, completamente hueca, absolutamente tranquila y privada de sentido. Me acuesto y apago la luz.

Miércoles

Llamo antes que nada por teléfono a Kot Jelenski. Se sorprende (pues no esperaba mi arribo hasta unos días más tarde), estalla en saludos. Pero le advierto:

–Te lo ruego, Kot, finjamos que nos conocemos desde hace mucho tiempo y que apenas ayer nos hemos visto.

Llegó al hotel, fuimos al café de la esquina donde primero me habló de varios proyectos relacionados con mi llegada... luego empezamos a charlar un poco...

Así conocí a Jelenski y él, al destruir mi jaula argentina, me construyó el puente a París. ¿Y qué? Nada. Tranquilo y sordo. Volví al hotel.

¿Qué es esto? La posibilidad de odiar a París —esa posibilidad que se me imponía sencillamente como una necesidad de lucha por la existencia— ya despertó y ansía dar el salto. Bastó ver a algunos transeúntes mientras charlaba con Kot en el café, el acento y el aroma del idioma francés, el movimiento, los gestos, la expresión, el vestido... y estalló en mí la antipatía desde hace mucho tiempo contenida. ¿Ya me he convertido en el enemigo de París? ¿Seré el enemigo de París? Conocía desde tiempo atrás las fuentes ocultas de mi fobia parisina, sabía que esta ciudad tocaba mi parte más sensible, la edad, el problema de la edad, y es cierto que si estaba en riña con París era debido a que se trataba de una ciudad "que pasaba de los cuarenta". Al decir "que pasaba de los cuarenta" no pienso en la antigüedad de sus muros milenarios, quiero decir tan sólo que es una ciudad cuya gente frisa ya en los cincuenta años. Las playas son el lugar de la juventud. En París se sienten en el aire los cuarenta, aun los cincuenta; esas dos cifras llenan los bulevares, las plazas, los jardines.

Sin embargo si esta sensación me penetra ahora tan intensamente no es debido a su contenido intelectual sino porque estaba intoxicado de poesía. La poesía me obliga a una aversión vehemente. En la pared de mi habitación cuelga un óleo que representa un fragmento de la bóveda de la Sixtina en que

Dios, en forma de un potente anciano, se acerca a Adán para insuflarle vida. Contemplo a Adán, que tiene cerca de veinte años, y a Dios, que pasa ya de los sesenta, y me pregunto: "¿A quién prefieres? ¿A Dios o a Adán? ¿Prefieres los veinte o los sesenta?". Y esa pregunta me pareció muy importante, ¡bah!, decisiva, porque es importante saber qué ideal de hombre y de humanidad alienta en uno, qué belleza se exige del género humano, cómo se desea que sea el hombre. El hombre –sí– ¿pero a qué edad? Porque no hay un hombre único. ¿Qué hombre es para ti el ideal... el más hermoso... el más atractivamente formado física y espiritualmente? ¿Consideras acaso al niño como el logro supremo de la belleza humana? ¿O al anciano? ¿Tal vez piensas que todo aquel que sobrepasa los treinta años ya es peor? Al contemplar a Dios y a Adán meditaba que las obras más ilustres del espíritu, del intelecto y de la técnica pueden resultar insatisfactorias únicamente por ser la expresión de una edad humana que es incapaz de infundir amor o éxtasis... tendré entonces que rechazarlas en cierto grado, a pesar de mi propio reconocimiento, en aras de una razón más apasionada relacionada con la belleza de la humanidad. Y cometiendo un pequeño sacrilegio rechacé a Dios en el cuadro de Miguel Ángel para tomar partido a favor de Adán.

Y hacía todo eso para forjar mis armas contra París... como literato debía aislarme de París.

Es extraño y doloroso que la belleza suela habitar en mi interior tan pragmáticamente.

El mismo día por la noche

¿Las institutrices? ¿Las institutrices? Mlle. Jeanette, luego Mlle. Zwieck, suiza... adiestrándonos en la infancia en francés y en urbanidad, hace ya de esto muchos años, en Maloszyce. Insertas en el fresco y agreste paisaje del campo polaco, como dos papagayos. Mi aversión al idioma francés... ¿no fueron acaso ellas quienes me lo imbuyeron? ¿Y París? ¿No es para mí hoy como una gigantesca institutriz francesa? El leve baile de Mlle. Jeanette y Mlle. Zwieck alrededor de la Torre Eiffel, en la plaza de la Ópera... ¿No son ellas acaso las que vuelan sobre las aceras?

¡Fuera, fuera, ninfas ridículas que degradan mi ataque a París!

BIBLIOGRAFÍA SOBRE WITOLD GOMBROWICZ EN ARGENTINA

Por Klementyna Suchanow

La bibliografía aquí presentada, fruto de una investigación hecha durante el año 2000 en las bibliotecas de Buenos Aires, consigna todos los textos de y sobre Witold Gombrowicz publicados en Argentina, incluidos los de la prensa de la comunidad polaca en Buenos Aires. También se consignan los textos de autores argentinos publicados fuera de la Argentina.

A pesar de que queda algo de material por investigar, esta es la mayor y más actualizada investigación bibliográfica de este tipo sobre Gombrowicz publicada hasta el momento.

Las referencias que llevan asterisco (*) son textos de Gombrowicz hasta ahora desconocidos en la Argentina (y en muchos casos también en Polonia).

La verificación final demostró algunas veces que el material con que contaba gracias a quienes pusieron a mi disposición sus archivos, contenía datos incompletos o falsos, de modo que en esos casos puntuales las indicaciones de fechas y lugares estaban equivocadas. Pese a esto, y porque cada huella me pareció importante, decidí incluirlos, marcándolos con el símbolo (x); de este modo podrán servir de guía en el futuro a otros investigadores.

Agradezco la colaboración de Miguel Grinberg, Néstor Tirri, Adolfo de Obieta, Alejandro Rússovich, Germán García y de todos los han contribuido a completar este trabajo.

1939 - Llegada:

1. Sin firma; "Chrobry przybywa w sobote". Glos Polski, 18/8/ 1939 (n° 1660), p. 5.

2. Sin firma; "La nave polaca Chrobry". La Razón, 20/8/1939.

3. Sin firma; "Llegó una nueva nave de bandera polaca, el Chrobry". La Nación, 21/8/1939 (n° 4096).

4. Sin firma; "Cumplió su viaje inaugural al Río de la Plata la motonave Chrobry". La Prensa, 21/8/1939 (n° 25.367), p. 11.

5. Sin firma; "Hace su viaje inaugural el Chrobry". El Mundo, 21/ 8/1939 (n° 4097), p. 23.

6. Sin firma; "El servicio de vapores entre los puertos de Gdynia y Buenos Aires". La Prensa, 22 /8/1939 (n° 25.368), p. 13.

7. Sin firma; "Almuerzos". El Mundo, 22 /8/1939 (n° 4097), p. 14.

8. Sin firma; "Comidas". La Nación, 22/8/1939 (n° 4098), p. 8.

9. Michalik, K. Al., "Na Chrobrym". Glos Polski (Bs. As.), 25/8/ 1939 (n° 1661), p. 4.

10. Sin firma; "Nowy motorowiec Chrobry w Buenos Aires" ("Una nueva motonave Chrobry en Buenos Aires"). Argentyna, n° 48, septiembre de 1939, p. 6.

Los años 40:

1. * Ianka, Alexandro (seudónimo de Gombrowicz, Witold); "El salón de Madame Aubernon". Aquí está, 27/6/1940 (n° 429), pp. 62-63.

2. * Ianka, Alexandro (Gombrowicz, Witold); "Quiero tener París a mis plantas". Aquí está,18/7/1940 (n° 435), pp. 56-57.

3. * Ianka, Alexandro (Gombrowicz, Witold); "En mi edad no se tiene alma". Aquí está, 22/7/1940 (n° 436), pp. 14-15.

4. * Ianka, Alexandro (Gombrowicz, Witold); "Francamente me aburre Ud. y esta carta es la última". Aquí está, 15/8/1940 (n° 443), pp. 14-15, 29.

5. * Ianka, Alejandro (Gombrowicz, Witold); "Dos amores para Adam Czartoryski". Aquí está, 16/9/1940 (n° 452), pp. 18-19, 53.

6. * Ianka, Alexandro (Gombrowicz, Witold); "El rey necesita un bañista turco". Aquí está, 10/10/1940 (n° 459), pp. 34-35, 54.

7. * Ianka, Alejandro (Gombrowicz, Witold); "Marysienka y Sobieski, reyes y enamorados". Aquí está, 21/10/1940 (n° 462), pp. 16-17, 44.

8. * Ianka, Alejandro (Gombrowicz, Witold); "Liselotte en la corte de Versalles". Aquí está, 2/12/1940 (n° 474), pp. 18-19.

9. * Ianka, Alejandro (Gombrowicz, Witold); "Las encantadoras sobrinas de Mazarino", Aquí está, 16/1/1941 (n° 487), pp. 14-15, 48.

10.* Ianka, Alejandro (Gombrowicz, Witold); "Cuando un conde de Guisa regaló un genio". Aquí está, 10/2/1941 (n° 494), pp. 42-43.

11.* Ianka, Alejandro (Gombrowicz , Witold); "Polacos en la Argentina", Aquí está, 6/3/1941, (n° 501), pp. 54-55.

12.* Ianka, Alejandro (Gombrowicz, Witold); "La enamorada más vieja del mundo". Aquí está, 19/6/1941, (n° 531), pp. 42-43.

13. Ianka, Alejandro (Gombrowicz, Witold); "Un romance en Venecia". El Hogar, 1941.

14. Lenogiry, Mariano (Gombrowicz, Witold); "El catolicismo frente a las nuevas corrientes en el arte". Criterio, 3/2/1944 (n° 831), p. 109.

15. Gombrowicz, Witold; "Filifor forrado de niño". Los papeles de Buenos Aires n° 3, abril de 1944, pp. 5-7.

16. Gombrowicz, Witold; "Nosotros y el estilo". La Nación, 30/4/1944, p. 2 (sección cultural).

17. Gombrowicz, Witold; "El arte y el aburrimiento". La Nación, 11/6/1944, (n° 26.211), p. 1 (sección 2).

18. Gombrowicz, Witold; "Nuestro rostro y el rostro de la Gioconda". La Nación, 13/8/1944, (n° 26.274), p. 2 (sección 2).

19. x Alejandro, Jorge (Gombrowicz, Witold); "¿Será acaso necesario crear un ministerio de asuntos eróticos?". Viva cien años, 18/10/1944.

20. Alejandro, Jorge (Gombrowicz, Witold); "Ellas quieren ser flores". Viva cien años, 1/11/1944 (n° 3), pp. 172-175.

21. Alejandro, Jorge (Gombrowicz, Witold); "Vida para las mujeres". Viva cien años, 15/11/1944 (n° 4), pp. 246-249.

22. Sin firma; "Programas de teatros, circos y de variedades". La Nación, 28/8/1940 (n° 24.832), p. 9.

23. Alejandro, Jorge (Gombrowicz, Witold); "La decencia femenina". Viva cien años, 6/12/1944 (n° 5), pp. 336-339.

24. Sin firma (Gombrowicz, Witold); reseña de Roger Pla, "Los Robinsones". Qué sucedió en siete días, 26/12/1944 (n° 21), p. 26.

25. Alejandro, Jorge (Gombrowicz, Witold); "El hombre sudamericano y su ideal de belleza". Viva cien años, 3/1/1945, (n° 7), pp. 462-464.

26. Alejandro, Jorge (Gombrowicz, Witold); "Ellos son muy malos". Viva cien años, 7/1/1945, (n° 9), pp. 597-598.

27. Alejandro, Jorge (Gombrowicz, Witold); "La reforma erótica". Viva cien años, 21/2/1945 (n° 10), pp. 653-655.

28. Sin firma; "Cuatro respuestas de W. G". 9 Artes, 4/4/1949, pp. 35, 43 (entrevista).

LOS AÑOS 40. PRENSA POLACA EN LA ARGENTINA:

1. * Sin firma; "Witold Gombrowicz o swoim odczycie w Teatrze del Pueblo" ("Witold Gombrowicz sobre su conferencia en el Teatro del Pueblo"). Kurier Polski, 23/8/1940 (n° 2845), p. 5.

2. [Aviso] Odczyt Witolda Gombrowicza (La conferencia de Witold Gombrowicz). Kurier Polski, 28/8/1940 (n° 2849), p. 3.

3. Sin firma; "Przykre incydenty podczas odczytu polskiego literata w Teatrze del Pueblo" ("Los desagradables incidentes durante una conferencia de un escritor polaco en el Teatro del Pueblo"), Kurier Polski, 30/8/1940 (n° 2851), p. 4.

4. Sin firma; "Antypolska robota" ("Un trabajo antipolaco"). Glos Polski, 30/8/1940 (n° 1712), p. 5.

5. * Gombrowicz, Witold; "List" "Una carta". Glos Polski, 6/9/1940 (n° 1713), p. 13.

6. Sin firma; [...], suplemento dedicado a Oredownik (Misiones) 5/9/1940 (n° 580), p. 4.

7. Sin firma; "Ferdydurke w przkladzie hiszpanskim" ("Ferdydurke en la traducción"). Polska Wyzwolona, 23/10/1947 (n° 126), p. 6.

8. * Gombrowicz, Witold; "Z powodu przybycia Jaroslawa Iwaszkiewicza" ("Por la visita de Jaroslaw Iwaszkiewicz"), Polska Wyzwolona, 21/10/1948 (n° 40), p. 6.

1947 - PUBLICACIÓN DE *FERDYDURKE*, TRADUCCIÓN COLECTIVA DIRIGIDA POR EL AUTOR Y LOS ESCRITORES CUBANOS VIRGILIO PIÑERA Y HUMBERTO RODRÍGUEZ TOMEU.

1. Coldaroli, Carlos; "Witold Gombrowicz, Ferdydurke". Los Anales de Buenos Aires, mayo-junio de 1947.

2. Piñera, Virgilo; "Ferdydurke". Realidad, n° 3, 18/6/1947, pp. 469-471.

3. Pla, Roger; "La vida y el libro". Expresión, n° 8, julio de 1947, pp. 167-172.

4. Sagüés, Isidoro; "Acotaciones". La Razón, 8/7/1947, (n° 13.938), p. 15.

5. Sin firma; "Ferdydurke por Witold Gombrowicz". Qué sucedió en siete días, 19/8/1947 (n° 55), p. 33.

6. Sin firma; "Ferdydurke por Witold Gombrowicz". La Nación, 21/9/1947 (n° 27.397), p. 4 (sección cultural).

7. Winocur, Sergio; "Ferdydurke". Savia, noviembre de 1947.

1948 – Publicación de *El Casamiento*, tradución de Witold Gombrowicz y Alejandro Rússovich. Editorial **EAM**, Buenos Aires.

Los años 50:

1. * Gombrowicz, Witold; reseña de *La gravedad y la gracia*, de Simone Weil. El Hogar, 9/3/1956 (n° 2416), p. 59.

2. * Gombrowicz, Witold; "Filifor forrado de niño". Mundo Argentino, 30/5/1956 (n° 2363), p. 46.

3. * Gombrowicz, Witold; reseña de *Cuentos fríos*, de Virgilio Piñera. El Hogar, 28/12/1956 (n° 2456), p. 96.

4. * Gombrovicz, Witold; reseña de *El oro de sus cuerpos*, por Charles Gorham. El Hogar, 15/3/1957 (n° 2467), p. 64.

Los años 50. Prensa polaca en la Argentina:

1. * Gombrowicz, Witold; "Kilka słów o Arte Moderno" ("Un par de palabras sobre Arte Moderno"). Glos Polski, 6/2/1953 (n° 2341), p. 5.

2. Kozlowski, Waclaw; "Witold Gombrowicz". Glos Polski, 19 y 23/3/1954 (n° 2399), p. 5; continuación, 26/3/1954 (n° 2400), pp. 5-7.

3. * Gombrowicz, Witold; "List do Redakcji" ("Carta a la Redacción"). Glos Polski, 7/5/1954 (n° 2406), p. 5.

4. Szwejs, Stanislaw; "O pewnej krytyce słów kilka" ("Un par de palabras sobre una crítica"). Glos Polski, 7/5/1954 (n° 2406), p. 5.

5. Kozlowski, W.; "Komu sluzy Gombrowicz?" ("¿Para quién trabaja Gombrowicz?"). Glos Polski, 28/5/1954 (n° 2409), p. 6.

6. Szwejs, St.; "Do redakcji Naszej Sprawy" ("A la Redacción de Nasza Sprawa"). Nasza Sprawa, n° 5/17-6/18, mayo-junio 1954, p. 14.

7. Sin firma; "Odczyty. Komunikat Klubu Polskiego ("Conferencias. Informes del Club Polaco"). Glos Polski, 15/10/1954 (n° 2429), p. 7.

8. Sin firma; "Odczyty. Komunikat Klubu Polskiego" ("Informe del Club Polaco"). Glos Polski, 22/10/1954 (n° 2430), p. 7.

9. J. S. (Stempowski, Jeremi); "Gombrowicz w ogniu dyskusji" ("Gombrowicz en el fuego de la discusión"). Glos Polski, 19/11/1954 (n° 2434), p. 6.

10.* Gombrowicz, Witold; "Hoc opus, hic labor est...". Glos Polski, 11/3/1955 (n° 2450), p. 5.

11.E.S.; "Wieczór 'Kultury'" ("Un encuentro con 'Kultura'"). Glos Polski, 11/11/1955 (n° 2485), p. 5.

12.* Gombrowicz, Witold; "List" ("Una carta"). Glos Polski, 11/11/1955 (n° 2485), p. 6.

13.* Fuksa, Waleria; "Listy do redakcji" ("Una carta a la Redacción"). Glos Polski, 25/11/1955 (n° 2487), p. 6.

14.Eichler-Jukowiczowa Krystyna; "Kursy filozoficzne Gombrowicza" ("Los cursos filosóficos de Gombrowicz"). Ib., p. 2.

15.* Gombrowicz, Witold; "Co wiem o Eichlerze?" ("¿Qué sé yo sobre Eichler?"). Glos Polski, 3/7/1956 (n° 2520), p. 5.

16. Sin firma; "Ferdydurke i Dziennik. Powodzenie Gombrowicza w Kraju" ("Ferdydurke y Diario. El éxito de Gombrowicz en el país"). Glos Polski, 30/8/1957.

17. Sin firma; "Organizacyjne. Wieczór autorski pisarzy z Argentyny" ("Una velada de escritores argentinos"). Glos Polski, 16/8/1957 (n° 2577), p. 7.

18. Woyslaw, Wlodzimierz; "Wieczór autorski" ("Una velada con el autor"). Glos Polski, 30/8/1957 (n° 2579), p. 6-7

19. W. O. (Ostrowski, Wiktor); "Wieczór autorów polskich" ("Una velada literaria de autores polacos"). Kurier Polski, 22/8/1957 (n° 2), p. 7.

20. Sin firma; "Ciekawostki kulturalne z kraju" ("Las novedades culturales del país"). Kurier Polski, 2/1/1958 (n° 21), p. 5.

21. Sin firma; "O Iwonie Gombrowicza" ("Sobre *Yvonne* de Gombrowicz"). Kurier Polski, 30/1/1958 (n° 25), p. 7.

22. Sin firma; "O Iwonie Gombrowicza" ("Sobre Yvonne de Gombrowicz"). Kurier Polski, febrero de 1958 (n° 26), p. 6.

23. Sin firma; "O Gombrowiczu" ("Sobre Gombrowicz"). Kurier Polski, 13/2/1958 (n° 27), p. 7.

24. Sin firma; "O Iwonie Gombrowicza" ("Sobre Yvonne de Gombrowicz"). Kurier Polski, 20/2/1958 (n° 28), p. 6.

25. Sin firma; "Ksiazki pisarzy emigracyjnych" ("Libros de los escritores exiliados"). Kurier Polski, 6/3/1958 (n° 30), p. 7.

26. Zahora, F.; "Obok wojny" ("Al lado de la guerra", sobre Szkice piórkiem de A. Bobkowski). Kurier Polski, 3/4/1958 (n° 34), p. 6 ().

27. Gombrowicz, Witold; "Smierc psa" (fragmentos del Diario, "La muerte del perro"). Kurier Polski, 22/5/1958 (n° 42), p. 4.

28. Sin firma; "Witold Gombrowicz". Kurier Polski, 12/6/1958 (n° 44), p. 6.

29. Pawluczuk, Piotr; "W obronie sztuki" ("En defensa del arte"). Kurier Polski, 18/11/1958 (n° 68), p. 4.

30. Halaman, Zofia; "O Panu Gombrowiczu i Dzienniku" ("Sobre el señor Gombrowicz y su Diario"). Glos Polski, 27/2/1959 (n° 2657), p. 5.

31.* Gombrowicz, Witold; "Sukces Zygumnta Grocholskiego w Polsce" ("El éxito de Zygmunt Grocholski en Polonia"). Kurier Polski, 3/12/1959 (n° 121), p. 3.

32. Gombrowicz, Witold; "Fragment z Dziennika" ("Un fragmento del Diario"). Kurier Polski, 22/12/1959 (n° 175/6), p. 4.

33. J. P., "Pornografii, Kronika kulturalna". Kurier Polski, 22/12/1959 (n° 175/6), p. 4.

Los años 60. Prensa polaca en la Argentina:

1. Chadzynska, Zofia; "O Pornografii Gombrowicza" ("Sobre *La seducción* de Gombrowicz"). Kurier Polski, 15/11/1960 (n° 161), pp. 2-3.

2. Woyslaw, Wlodzimierz; "Gombrowicz, Argentyna i swiat" ("Gombrowicz, Argentina y el mundo"). Glos Polski, 20/1/1961 (n° 2755), p. 2.

3. Woyslaw, Wlodzimierz; "O Pornografii Witolda Gombrowicza. Glossy iluminacyjne" ("Sobre *La seducción* de Witold Gombrowicz. Glosas iluminatorias"). Glos Polski, 4/8/1961, (n° 2783), p. 3.

4. J. S. (Stempowski, Jeremi); "Kronika kulturalna, Pornografii". Kurier Polski, 25/12/1962 (n° 269), p. 2.

5. Szwejs, St.; "Gombrowicz opowiada" ("Gombrowicz cuenta"). Kurier Polski, 25/12/1962 (n° 269), p. 2. [una entrevista con Gombrowicz].

6. Gombrowicz, Witold; "Fragment z Dziennika" ("Un fragmento del Diario"). Kurier Polski, 22/11/1962 (n° 273), p. 3.

7. *Gombrowicz, Witold; "Gombrowicz o kraju" ("Gombrowicz sobre el país"). Kurier Polski, 7/3/1963 (n° 288), p. 3 [sobre el viaje de Sabato a Polonia].

8. Gombrowicz, W.; "Gombrowicz w kraju" ("Gombrowicz en el país"). Glos Polski, 8/3/1963 (n° 2865), p. 2 [sobre el viaje de Sabato a Polonia].

9. Sin firma; "Witold Gombrowicz laureatem nagrody" ("Witold Gombrowicz laureado con el premio") en: Wiadomosci (Kronika kulturalna). Kurier Polski, 11/4/1963 (n° 293), p. 3.

10. Sin firma; "Pozegnanie" ("La despedida"). Kurier Polski, 11/4/1963 (n° 293), p. 3.

11. Sin firma; "Wyjazd Witolda Gombrowicza" ("La partida de Witold Gombrowicz"). Glos Polski, 12/4/1963 (n° 2870), p. 5.

12. Sin firma; "Gombrowicz we Francji" ("Gombrowicz en Francia"). Kurier Polski, 1/8/1963 (n° 309), p. 3.

13. Sin firma; "List do Gombrowicza" ("Una carta a Gombrowicz"). Kurier Polski, 7/11/1963 (n° 323), p. 3.

14. *Gombrowicz, Witold; "List Witolda Gombrowicza. I nasza odpowiedz" ("Una carta de Gombrowicz y nuestra respuesta"). Glos Polski, 7/2/1964 (n° 2913), p. 2.

15. Szwejs, Stanislaw; "Przyszky laureat Nobla?" ("¿El futuro laureado con el Nobel?"). Kurier Polski, 12 3 1964 (n° 341), p. 3.

16. Szwejs, Stanislaw; "Zwyciestwo Ferdydurkistów" ("La victoria de los ferydurkistas"). Kurier Polski, 8/4/1965 (n° 397), p. 3.

17. Analityk; "Dziennik Gombrowicza. Co przynosi 'Kultura'" ("El Diario de Gombrowicz. ¿Qué lleva la 'Kultura'?"). Glos Polski, 14/2/1969 (n° 3175), p. 3.

18. Szwejs, Stanislaw; "Witold Gombrowicz" [sobre *Lo humano en busca de lo humano*]. Kurier Polski, 10/7/1969 (n° 619), p. 3.

19. Sin firma; "Nagly zgon Witolda Gombrowicza" ("La inesperada muerte de Gombrowicz"). Kurier Polski, 31/7/1969 (n° 622), p. 3.

20. Nawrot, Irena; "Gombrowicz". Glos Polski, 15/8/1969 (n° 3201), p. 3.

21. Sin firma; "Wieczór ku czci Gombrowicza". ("Velada en honor de Gombrowicz"). Glos Polski, 5/9/1969 (n° 3204), p. 5.

Los años 1960 -1963:

1. Leroy, Pat (seudónimo de Bau, Zdzislaw); "Witold Gombrowicz. Ese otro gran desconocido". Clarín (Revista), 8/1/1961, p. 20-2.

2. Calvetti, Jorge; "Reside en Buenos Aires un renombrado escritor polaco". La Prensa, 20/7/1962 (n° 31.745), p. 6.

3. Grinberg, Miguel; "Gombrowicz, genio desconocido". La Razón, 30/3/1963 (n° 19.478), p. 6.

DESPUÉS DE SU REGRESO A EUROPA - A PARTIR DEL AÑO **1963:**

1. Gombrowicz, Witold; "Filifor forrado de niño". Eco contemporáneo, n° 5, 1963, pp. 24-26.

2. Grinberg, Miguel; "24 años de silencio". Eco contemporáneo, n° 5, 1963, pp. 28-29.

3. Vilela, Jorge Rubén; "Witoldo". Eco contemporáneo, n° 5, 1963, pp. 31-39.

4. Di Paola Levin, Jorge; "Gombrowicz de Polonia, Ferdydurke de sí mismo". Eco contemporáneo, n° 5, 1963, pp. 40-45.

5. Morell, Gaston; "Witold en su salsa". Clarín, 28/7/1963 (n° 6323), pp. 28-29 [en: "Del Buenos Aires cosmopolita", "Gente, hechos, lugares"].

6. Morell, Gaston; "Informe sobre un jour-fixe". Clarín, sin fecha ["Del Buenos Aires cosmopolita", "Gente, hechos, lugares"].

7. Morell, Gaston; "Andanzas europeas de monsieur Ferdydurke". Clarín, 5/7/1966 (Revista).

8. Mendía, José Antonio; "París: Una obra desconcertante y un brillante director argentino". La Prensa, 9/5/1964.

9. A.D.Q.; "Redescubrimento de Gombrowicz". La Nación, 9/5/1965 (n° 33.615), p. 4 (sección cultural).

10.x Sin firma; "El agua, el pan, el amor". Clarín, 23/5/1965.

11.Sin firma; "Witold Gombrowicz". El Mundo, 30/5/1965 (n° 13.047), p. 42.

12.x Sin firma; "Witold Gombrowicz, el autor polaco que vivió 20 años en Buenos Aires casi ignorado, ahora es el escritor mimado de la crítica europea". La Razón, 3/10/1965.

13. Sin firma; "Elogio a Gombrowicz y a su original obra *Ferdydurke*". Clarín, 27/7/1966 (n° 7415), p. 3.

14. K. A. J. (Jelenski, Konstanty); "Witold Gombrowicz llama maldito a Ionesco porque la crítica lo sitúa en su órbita de influencias". La Razón, 14/1/1967 (n° 20.825), p. 13.

15. Rudni, Silvia; "Escritores. Viaje al país de Gombrowicz". Primera plana, 9-15/5/1967, n° 228, pp. 58-59.

16. Sin firma; "Gombrowicz reportea a Gombrowicz". Confirmado, 11/5/1967, n° 99, pp. 64-67.

17.x Sin firma; "Gombrowicz". Clarín, 18/5/1967.

18. Sin firma; "La lenta fama". Visión, 23/6/1967, p. 35 y subsiguientes.

19. Mastronardi, Carlos; *Memorias de un provinciano*, Buenos Aires, Ediciones Culturales Argentinas, 1967.

20. Gombrowicz, Witold; prólogo a la edición española de *Ferdydurke*. Solcalmo, n° 1, verano 1967/68, pp. 29-32.

21. Sin firma; "Éxito en Milán de *El matrimonio*". Clarín, 3/1/1969 (n° 8251), p. 19 (segunda sección).

22. García, Germán L.; "Leer a Gombrowicz". Los libros, agosto de 1969.

23. Sin firma; "Un escritor polaco de 64 años, ex exiliado en Bs. Aires, se ha casado". La Razón, 7/1/1969 (n° 21.528), p. 2.

24. Sin firma; "Un ensayo de Witold Gombrowicz que desmitifica a Alighieri". Clarín, 10/5/1969.

25.x Sin firma; "Gombrowicz". Clarín, 4/12/1969.

1964 - REEDICIÓN DE *FERDYDURKE*; TRADUCCIÓN COLECTIVA DEL AUTOR DIRIGIDA POR LOS ESCRITORES CUBANOS VIRGILIO PIÑERA Y HUMBERTO R. TOMEU. BUENOS AIRES, EDITORIAL SUDAMERICANA.

1965 - PUBLICACIÓN DE *LA SEDUCCIÓN*, TRADUCCIÓN DE GABRIEL FERRATER. BARCELONA, ED. SEIX-BARRAL.

1. Tirri, Néstor; "*La seducción* de W. Gombrowicz". Sur, n° 314, septiembre-octubre de 1968, pp. 97-100.

2. Sin firma; "*La seducción* de W. Gombrowicz". Primera Plana, 11-17/6/1968 (n° 285) p. 2.

3. O.H.V.; "Lo insólito como norma". La Nación, 8/9/1968 (n° 34.807), p. 4 (sección 4).

1968 - PUBLICACIÓN DE *DIARIO ARGENTINO*, TRADUCCIÓN DE SERGIO PITOL. BUENOS AIRES, EDITORIAL SUDAMERICANA.

1. Lanuza, Eduardo González; "Witold Gombrowicz y su diario". Sur, n° 314, septiembre-octubre de 1968, pp. 81-85.

2. Mosquera, Marta; "Las memorias interiores". Imágenes (Caracas), 15-30/10/1968 (n° 35), p. 7.

1968 - Publicación de *Ivonne, Princesa de Borgoña,* traducción de Álvaro del Almo. Madrid, Ed. Cuadernos para el Diálogo.

1968 - Puesta de J. Lavelli de *El casamiento* , en París.

1. Sin firma; "Un autor polacoargentino", dirigido por Lavelli, se consagra en Europa. Clarín, 5/10/1965 (n° 7103), p. 24 (segunda sección) .

2. Sin firma; "Gombrowicz, más allá del silencio". Análisis, 29/1/ 1968 (n° 359), pp. 48-49.

1969 - Publicación de Cosmos, traducción de Sergio Pitol. Barcelona, Ed. Seix-Barral.

1969 - Muerte.

1. Sin firma; "Witold Gombrowicz falleció en Niza". La Nación, 26/7/1969 (35.119), p. 5.

2. Sin firma; "Witold Gombrowicz murió en Francia". La Prensa, 27/7/1969 (n° 34.234), p. 4.

3. Sin firma; "Falleció el escritor polaco W. Gombrowicz". Clarín, 26/7/1969.

4. Sin firma; "Witold Gombrowicz ha dejado de existir". La Capital, (Rosario) 27/7/1969, (n° 37.767), p. 4.

LOS AÑOS 70. PRENSA POLACA EN LA ARGENTINA:

1. "Nieznane listy Gombrowicza" ("Las cartas desconocidas de Gombrowicz"). Glos Polski, 10/4/1970 (n° 3235), p. 4.

2. Lis-Kozlowski, St.; "W Argentynie o Witoldzie Gombrowiczu" ("Sobre Gombrowicz en la Argentina"). Kurier Polski, 1ª parte, 23/VII/1970, n° 30, p. 2; 2ª parte, 30/VII/1970, n° 31, p. 2; 3ª parte, 6/VIII/1970, n° 32, p. 2; 4ª parte, 13/VIII/1970, n° 33, p. 2; 5ª parte, 20/VIII/1970, n° 34, p. 2; 6ª parte, 27/VIII/1970, n° 35, p. 2; 7ª parte, 3/IX/1970, n° 36, p. 2.

LOS AÑOS 70:

1. Puig, Manuel; "Cartas de Manuel Puig desde París". Siete días ilustrados, 2-8/3/1970 (n° 147).

2. Wainerman, Luis; "Gombrowicz entre la pornografía y la forma". Clarín, 19/3/1970.

3. x J.H.B.; "Más cerca del tedio". La Nación, 27/12/1970.

4. Sin firma; "Gombrowicz, turista por 24 años". (?) 10/9/1970, pp. 32-33.

5. Sin firma; "La fanática juventud". Primera Plana, 4/5/1971 (n° 431), p. 59.

6. Paz, Juan Carlos; *Alturas, tensiones, ataques, intensidades. Memorias I,* Buenos Aires, Ed. De la Flor, 1972.

7. García, Germán L.; "Gombrowicz textual". Los libros, mayo de 1972.

8. Berni, Antonio; "Un encuentro de Antonio Berni con el escritor polaco Witold Gombrowicz". La Opinión, 1/7/1972.

9. Rússovich, Alejandro; "Gombrowicz por dentro". La Opinión, 6/8/1972.

10. Oks, Mario; "Tránsito argentino de Gombrowicz". La Opinión, 18/VI/1972, pp. 2-5.

11. "La polémica sobre arte y cultura de Gombrowicz–Dubuffet". La Opinión, 18/VI/1972, pp. 6-8.

12. Mrozek, Slawomir; "La pesadilla de Slawomir Mrozek". La Opinión, 18/VI/1972, p. 8.

13. Kott, Jan; "Máscaras y rostros en el teatro de Gombrowicz". La Opinión, 18/VI/1972, pp. 9-10.

14. Lavelli, Jorge; "Gombrowicz según Lavelli. Un recuerdo sobre el estreno mundial de *El matrimonio*". La Opinión, 18/VI/1972, p 12.

15. "El último reportaje". La Opinión, 18/VI/1972, p. 10.

16. Gombrowicz, Witold; "El banquete". La Opinión, 3/12/1972, p. 12.

17. De Obieta, Adolfo; "Cómo recuerdo a Witold Gombrowicz". Radio Municipal, julio de 1972, (archivo de Adolfo de Obieta).

18. Di Paola, Jorge; "Tango Gombrowicz". El Cronista, n° 11, 1972.

19. Pla, Roger; "Witold Gombrowicz, un 'muy mi amigo'". Clarín, 7/12/1972 (n° 9645), p. 4 (sección Cultura y Nación).

20. Sabato, Ernesto; "La gran literatura no es cosa de broma". Páginas vivas, 1974, p. 150-151.

21. Di Paola, Jorge. "Tango Gombrowicz". Hispanoamérica, n° 10, 1975, p. 55-63.

22. García, Germán L.; "Gombrowicz, citado". Pluma y Pincel, 26/10/1976 (n° 15), p. 3.

23. De Obieta, Adolfo; "Gombrowicz, río de ideas y de absurdo". Vigencia, julio de 1979 (revista de la Universidad de Belgrano, Bs. As.).

1970 - PUBLICACIÓN DE *LO HUMANO EN BUSCA DE LO HUMANO*, TRADUC-CIÓN DE AURELIO GARZÓN DEL CAMINO. MÉXICO, ED. SIGLO XXI.

1. Soares, Norberto J.; "Las 'fachas' de Gombrowicz". Primera Plana, 24/11/1970 (n° 408), p. 48.

2. Sin fecha; reseña de *Lo humano en busca de lo humano*. La Nación, 27/12/1970 (n° 35.624), p. 4 (sección 4).

3. Goligorsky, Eduardo; "*Lo humano en busca de lo humano*". Clarín, 7/1/1971 (n° 8965), p. 5 (sección 3).

4. Yañez, Martín (seudónimo de Olga Orozco). "Aquí vivió". Claudia, 1971, p. 36.

1971 - PUBLICACIÓN DE *TRANSATLÁNTICO*, TRADUCCIÓN DE KAZIMIERZ PIEKAREC Y SERGIO PITOL. BARCELONA, ED. SEIX-BARRAL.

1972 - PUESTA DE *YVONNE, PRINCESA DE BORGOÑA*, DE J. LAVELLI, EN BUENOS AIRES:

1. Sin firma; "Obra de autor polaco en el Teatro San Martín". El Territorio (Resistencia), 25/1/1972.

2. Urondo, Francisco; "Regresó Lavelli para hacer en el San Martín una obra de Gombrowicz". La Opinión, 20/4/1972.

3. Medina Castro, Luis; "Nunca tuve que jugar con mi estómago". Antena, 25/4/1972.

4. Claus, María Marta; "El teatro que regresa". Esquel, 19/5/1972.

5. Sin firma; "Jorge Lavelli, un argentino que triunfó en París". Clarín (Revista), 28/5/1972.

6. Sin firma; "Importante estreno teatral, el viernes". Crónica, 19/6/1972 (n° 3.150), p. 21.

7. Sin firma; "Una obra de Witold Gombrowicz daráse en el San Martín". La Razón, junio de 1972.

8. Sin firma; "En los umbrales de un estreno importante". Panorama, 22/6/1972, pp. 54-55.

9. Sin firma; "*Yvonne, princesa de Borgoña*". La Nación, 23/6/1972 (n° 36. 152), p. 12.

10. Sin firma; "*Yvonne, princesa de Borgoña* estrenan hoy en el San Martín. Clarín, 23/6/1972 (n° 9481), p. 6 (Espectáculos).

11. Esteve, Patricio; "La princesa de Borgoña llega a Buenos Aires". Claudia, junio de 1972.

12. Ardiles Gray, Julio; "La excelente puesta de *Yvonne* no pudo hacer olvidar desniveles actorales". La Opinión, 25/6/1972.

13. J.P.; "De cómo es también posible ser profeta en tierra propia". La Prensa, 25/6/1972.

14. Sin firma; "Preocupaciones estéticas en una ruptura con formas tradicionales". La Nación, 25/6/1972 (n° 36.154), p. 14.

15. Sin firma; "*Yvonne*, princesa de Gombrowicz, y un judío no muy inocente". El Andino, (Mendoza) 26/6/1972.

16. Berruti, Rómulo; "Efectos de puesta en escena apuntalan un texto vulnerable". Clarín, 26/6/1972 (n° 9484), p. 6 (Espectáculos).

17. Sin firma; "Opina el público". Clarín, 26/6/1972 (n° 9484), p. 6.

18. Sin firma; "Triunfal reencuentro de Lavelli con el público teatral porteño". La Gaceta, (Tucumán) 26/6/1972 (n° 21.870), p. 11.

19. Caffera, Eduardo; "La princesa que quería vivir". El Cronista comercial, 27/6/1972.

20. Schóo, Ernesto; "La conciencia es insoportable". Panorama, junio de 1972.

21. Eichelbaum, Edmundo E.; "Cuando la pureza es un bicho". Confirmado, 27/6/1972, (n° 367), pp. 104-105.

22. Sin firma; "Una fascinante experiencia teatral ha ofrecido Lavelli en Buenos Aires". Crónica (Rosario), 27/6/1972.

23. C. Z.; "*Yvonne, princesa de Borgoña*" en el Teatro San Martín. Argentinisches Tageblatt, 28/6/1972.

24. Sin firma; "Un ángel espantoso". Análisis, 30/6/1972 (n° 589), p. 50.

25. Sin firma; "Teatro". Acción, 1, V7, 1972.

26. N. T. (Tirri, Néstor); "La otra muerte de Witoldo". Primera Plana, 4/7/1972 (n° 492), p. 54.

27. Stevanovitch, Emilio A.; "Yvonne (I)". Siete Días Ilustrados, 10/7/1972.

28. Sin firma; *"Yvonne, o el descenso a los infiernos"*. Siete Días Ilustrados, 10/7/1972.

29. Matharon de Potenze, Sylvia; *"Yvonne, princesa de Borgoña"*. Criterio, 13/7/1972 (n° 1647), pp. 375-376.

30. Dafcik, Juan Marian; *"Yvonne, princesa de Borgoña"*. Freie Presse, 13/7/1972.

31. Stevanovitch, Emilio A.; "Yvonne (II)". Siete Días Ilustrados, 17/7/1972.

32. Sin firma; nota sobre *"Yvonne"*. Panorama, 20/7/1972.

33. Arcidiácono, Carlos; "Lo exquisito y lo absurdo". Mercado, 26/7/1972 (n° 156), p. 65.

1973 - PUBLICACIÓN DE *EL MATRIMONIO* Y *OPERETA*, TRADUCCIÓN DEL FRANCÉS DE JAVIER FERNÁNDEZ DE CASTRO. BARCELONA, ED. SEIX-BARRAL.

1. Sin firma; *"El matrimonio* y *Opereta* por Witold Gombrowicz". La Nación, 15/7/1973 (n° 36.530), p. 4 (sección 3).

1973 - PUBLICACIÓN DE *AUTOBIOGRAFÍA SUCINTA*, TEXTOS Y ENTREVISTAS.

1974 - PUBLICACIÓN DE *BAKAKAI*, TRADUCCIÓN DE SERGIO PITOL. BARCELONA, ED. BARRAL.

1. Orphée, Elvira; "Un marginado del lugar común". La Nación, 18/5/1988 (n° 41.855), p. 4

2. Sgrosso, Carmen; "*Bakakai*, cuentos de Witold Gombrowicz. Prefiguración de un mundo inquietante". La Capital (Rosario), 27/4/1986 (sección 3).

LOS AÑOS 80:

1. Gombrowicz, Witold; prólogo a *Ferdydurke*. Último Reino, n° 7, octubre-diciembre de 1981, pp. 25-28.

2. Piglia, Ricardo; *Respiración artificial*, Buenos Aires, Ed. Pomaire, 1981. [las conversaciones de Tardewski con Renzi].

3. Poirot-Delpech, Bertrand; "El redescubrimiento de Witold Gombrowicz". Clarín, 3/12/1981 (n° 12.853), pp. 4-5.

4. Pla, Roger; "Vívida semblanza". Clarín, 3/12/1981, p. 4.

5. Tirri, Néstor; "Sobre su prolongado exilio en Buenos Aires". Clarín, 3/12/1981, p. 5 [una entrevista con A. Rússovich].

6. Piglia, Ricardo; "¿Existe la literatura argentina?". *Crítica y ficción*, Buenos Aires, 1984.

7. Sin firma; "Witold Gombrowicz". La Nación, 24/11/1985 (n° 40.964), p. 1 (sección 2ª).

8. Sin firma; "Homenaje a Gombrowicz". La Nación (?), 1985.

9. Russo, Edgardo; "¿Padres? ¿Padrastros? ¿Padrillos? ¿Padrinos?". Tiempo Argentino, 28/12/1986.

10. Russo, Edgardo; *Poesía y vida. Consideraciones sobre el panfleto de Gombrowicz* "Contra los poetas", Cuadernos de Extensión Universitaria, serie ensayo (n° 11), Universidad Nacional de Litoral, Santa Fe, enero de 1987.

11. García, Germán L.; "Gombrowicz, cómico de la lengua". Escrita (Córdoba), n° 4, julio de 1988.

12. García, Germán L.; "Gombrowicz, un crimen premeditado". Descartes, n° 4, VII 1988.

13. García, Germán L.; "Informe para el psicoanálisis (Gombrowicz)". Babel, junio de 1989.

14. Sin firma; "Medio siglo atrás arribaba a Buenos Aires Witold Gombrowicz". La Prensa, 22/8/1989 (n° 41.407), p. 3 (suplemento cultural).

15. Saer, Juan José; "La perspectiva exterior. Gombrowicz en Argentina". Punto de vista, n° 35, septiembre de 1989.

16. Matamoro, Blas; "La Argentina de Gombrowicz". Cuadernos Hispanoamericanos, n° 469/470, 1989, pp. 271-279.

LOS AÑOS 80. PRENSA POLACA EN ARGENTINA:

1. ANI; "Sluby niepanienskie". Glos Polski, 11/12/1981 (n° 3841), p. 6.

1981 - PUESTA DE *EL CASAMIENTO*, POR LAURA YUSEM:

1. R. de P.; "De una boda blanca a un casamiento soñado". Clarín, 10/10/1981 (n° 12.799), p. 1 (Espectáculos).

2. Ventura, Beatriz. "Estrénase una obra de Witold Gombrowicz". La Prensa (sección segunda), 14/10/1981 (n° 38.590), p. 3.

3. Sin firma; "Obra de Gombrowicz en el San Martín". La Nación, 15/10/1981 (n° 39.476), p. 2 (sección segunda).

4. x Rodríguez de Anca, Antonio; "Laura Yusem dirigirá una pieza de Witold Gombrowicz". Clarín, 16/10/1981 (n° 12.805), p. 18.

5. Sin firma; "Clima onírico en una obra de Gombrowicz". La Nación, 21/10/1981 (n° 39.482), p. 1 (sección segunda).

6. Castagnino, Raúl H.; "Gombrowicz, pesadilla surrealista". La Prensa, 21/10/1981 (n° 38.597), p. 5 (sección segunda).

7. Pogoriles, Eduardo; "El criollo Gombrowicz". Somos, 30/10/1981 (n° 267), p. 64.

8. E.P.; "El casamiento". Somos, 30/10/1981 (n° 267), p. 64.

9. Antúnez, Gregorio; "Pesadillesca pero brillante". La familia Cristiana, octubre de 1981.

10. Caffera, Eduardo; "Un constante desafío". El cronista comercial, 3/11/1981 (n° 23.578), p. 23.

11. Sin firma; "La pesadilla de un hechizo". La Gaceta (Tucumán), 11/11/1981 (n° 25.228), p. 14.

12. Matharon de Potenze, Sylvia; "El casamiento de Witold Gombrowicz". Criterio, 12/11/1981 (n° 1871), p. 682.

13. Pinasco, Olga; "Una directora menuda, serena y exacta". La Nación, 22/11/1981, p. 12-13.

14. x Berruti, Rómulo; "Entre las brumas de una pesadilla". Clarín, 23/11/1981 (n° 12.843), p. 6.

15. Sin firma; "Laura Yusem, una directora cabal". El Andino, (Mendoza) 24/11/1981 (n° 4.652), p. 16.

16. Rodríguez de Anca, Antonio; "La pieza de Gombrowicz se quedó a mitad del camino". Convicción, 24/11/1981.

17. Grinberg, Miguel; "Gombrowicz, el polaco de la Argentina". Salimos, noviembre de 1981, p. 47.

18. Esteve, Patricio; "Un lugar llamado Polonia...". Claudia, noviembre de 1981.

19. Thiers, Walter; "Tenemos un archivo interior que sale a la luz en la labor creativa". Norte (Resistencia), 6/12/1981.

20. Gregorich, Luis; "Introducción al teatro de vanguardia". Teatro, n° 5, 1981, pp. 6-10.

21. Sin firma; "Cronología". Teatro, n° 5, 1981, pp. 12-21.

22. Di Paola, Jorge; "Gombrowicz profeta". Teatro, n° 5, 1981, pp.22-24.

23. Kott, Jan; "Las máscaras y el rostro". Teatro, n° 5, 1981, pp. 26-30.

24. Mrozek, Slawomir; "Gombrowicz, mi pesadilla". Teatro, n° 5, 1981, pp. 28-29.

25. Gombrowicz, Witold; "La Argentina que vio Gombrowicz" (fragmentos del *Diario*). Teatro, n° 5, 1981, pp. 32-33.

26. Gombrowicz, Witold; "Prológo al *El Casamiento*". Teatro, n° 5, 1981, pp.38-39.

27. Grinberg, Miguel; "La difícil interrogación". Teatro, n° 5, 1981, pp. 34-36.

28. Tirri, Néstor; "*El Casamiento* o la experiencia imaginaria". Teatro, n° 5, 1981, pp.46-49.

29. Fernández, Gerardo; "Un Shakespeare surrealista" (entrevista con J. Lavelli). Teatro, n° 5, 1981, p. 40-45.

30. Cosentino, Olga; "Lenguaje y símbolo en el teatro de Gombrowicz". Teatro, n° 5, 1981, pp. 56-59.

1982 - Publicación de *Los hechizados*, traducción de José Bianco. Buenos Aires, Ed. Sudamericana.

1. Gómez, Carlos Alberto; "Más allá de lo gótico". La Nación, 13/6/1982 (n° 39.715), p. 4 (sección 4).

2. Potenze, Jaime; "Folletín en estado puro". La Gaceta, 22/8/1982, p. 3 (sección 2).

1985 - Publicación de *Recuerdos de Polonia*. Barcelona, Ed. Versal.

1985 - Publicación de *La piedra madre* de Néstor Tirri:

1. Tirri, Néstor; "Y entonces apareció Witoldo". Clarín, 29/8/1985 (n° 14.204), p. 8.

1985 – Película de Alberto Fischerman, *Gombrowicz o la seducción*.

1. Sin firma; "Gombrowicz, filme para TV". Clarín, 3/6/1985 (n° 14.117), p. 36.

2. Sin firma; "Filmarán un documental sobre la vida de Witold Gombrowicz". La Gaceta (Tucumán), 1986, p. 5 (sección 3).

3. Couselo, Jorge Miguel; "Witold o la seducción". Clarín, 12/11/1985 (n° 14.279), p. 67 (Espectáculos).

4. Sin firma; "Paseo con vistas al río inmóvil". La Nación, 12/2/1986, p. 4 (sección 2).

5. García Olivieri, Ricardo; "(...) seducción y misterio". Clarín, 12/10/1986.

6. Sin firma; "Gombrowicz". Clarín 12/10/1986.

7. López, Daniel; "Gombrowicz, eje de un film atípico". La Razón, 19/10/1986, p. 33 (Arte y Espectáculos).

8. Sin firma; "Un polaco que estuvo en la Argentina revivió por obra de Alberto Fischerman". La Nación, 24/11/1985 (n° 40.964), pp. 1-3 (sección 2ª).

1986 - PUBLICACIÓN DE *TRANSATLÁNTICO*, TRADUCCIÓN DE KAZIMIERZ PIEKAREC Y SERGIO PITOL. BARCELONA, ED. ANAGRAMA.

1987 - PUBLICACIÓN DE *PEREGRINACIONES ARGENTINAS*. MADRID, ED. ALIANZA TRES.

1. Sifrim, Mónica; "De la radio al libro". Clarín 5/5/1988 (n° 15.169), p. 4.

1988/1989 - PUBLICACIÓN DE *DIARIO I* Y *II*. MADRID, ED. ALIANZA.

1. Modern, Rodolfo; "La literatura como lucha". Clarín, 8/6/1989 (n° 15.563), p. 4-5 (Cultura y Nación).

1989 - PUESTA DE *OPERETA* EN PARÍS POR J. LAVELLI:

1. Lepot, François; "Jorge Lavelli, saludado como descubridor de Gombrowicz". Clarín, 5/11/1989 (n° 15.712), p. 1 (Espectáculos).

LOS AÑOS **90**:

1. Mauriès, Patrick; "Gombrowicz o la voluntad de imperfección".
   La Nación, 27/1/1990 (n° 42.466), p.7.

2. Gombrowicz, Witold; "Introducción al psicoanálisis de Freud".
   El Murciélago, mayo de 1990, pp.19-20.

3. Morán, Carlos Roberto; "Vuelve la leyenda de Witold
   Gombrowicz, un escritor para algunos genial". El Cronista comercial, 26/8/1990 (n° 25.882), p. 4.

4. Gombrowicz, Witold; "Fragmentos de *Peregrinaciones argentinas*". Ib., p. 4.

5. Sabato, Ernesto; "Un pionero entre sus escasos lectores". Ib.,
   p. 4.

6. Sin firma; "Cinco grandes nombres. Un inédito de W.
   Gombrowicz". Primer Plano, 9/6/1991, p. 5.

7. Grinberg, Miguel; "Gombrowicz, la inmadurez como sabiduría". Contacto n° 8, 1993, pp. 10-12.

8. "Mar del Plata por Gombrowicz", selección y traducción por
   Jorge Fondebrider. La Prensa, 21/11/1993 (n° 42.942), p. 12
   (Viajes).

9. Sin firma; "Ese hombrecito". Clarín, 17/2/1994 (n° 17.254).

10. Gombrowicz, Witold; "La forma que nos deforma", prólogo de
    El Casamiento, Antología. "Visionarios implacables". Mutantia,
    1994, p. 66-71.

11. Gombrowicz, W.; "Yo y mi doble". Página/12, 11/8/1996 (n°
    2844), pp. 4-5.

12. Mayer, Marcos; "La placidez y la angustia". *Página/12*, 11/8/ 1996 (n° 2844), p. 4.

13. Isola, Laura, "*Ferdydurke* de Witold Gombrowicz, diario de la traducción", en: Nuevos territorios de la literatura latinoamericana, Buenos Aires, 1997, pp. 393-397.

14. Grzegorczyk, Marzena; "Discursos desde el margen. Gombrowicz, Piglia y la estética del basurero". Hispamérica, n° 73, 1996, p. 15-33.

15. Sin firma; "Witold Gombrowicz, 'Estoy proyectado hacia el futuro'". La Maga, 2/11/1994, (n° 146), p. 37.

16. Ranieri, Sergio; "Para leer al conde apócrifo de la literatura argentina". La Maga, 2/11/1994, (n° 146), pp. 37-38.

17. Gombrowicz, Witold; "Carta a los ferdydurkistas". La Maga, 2/ 11/1994, (n° 146), p. 38.

18. Grinberg, Miguel; "El último reportaje antes de retornar a Europa". La Maga, 2/11/1994, (n° 146), p. 39.

19. Gombrowicz, Witold; "En la Argentina el pecado es menos pecaminoso". La Maga, 2/11/1994, (n° 146), pp. 39-40.

20. Ranieri, Sergio; "Macedonio tenía una certeza absoluta de la eternidad". La Maga, 2/11/1994, (n° 146), pp. 40-42.

21. Pauls, Alan; *Cómo se escribe el diario íntimo*. Buenos Aires, Editorial El Ateneo, 1996, pp. 243-264.

22. Baron Supervielle, Odile; "Mítico Gombrowicz". La Nación, 25/4/1999 (n° 45.795), p. 3 (sección 6).

23. Alonso, Alicia; "Coloquios Descartes. Matrimonios (50 años después de la traducción de *El Casamiento*)". El Murciélago, n° 10, abril-junio de 2000, pp. 28-30.

24. González, Horacio; "Santucho y Gombrowicz" (un capítulo). *Restos pampeanos,* Buenos Aires 1999. Ediciones Colihue.

25. Cristófani Barreto, Teresa; Gianera, Pablo; Samoilovich, Daniel; "Cronología" (parte de "Dossier Virgilio Piñera"). Diario de Poesía, n° 51, primavera de 1999, pp. 14, 17-18, 24.

26. "Carta de Piñera a Gombrowicz (1949 r.)". Diario de Poesía, n° 51, primavera de 1999, pp. 25-26.

27. Rússovich, Alejandro; "Piñera en persona". Diario de Poesía, n° 51, primavera de 1999, p. 22-23.

28. Kleiman, Paula; "Ferdydurkistas 1999 en acción". El Murciélago, n° 11, agosto-octubre 2000, p. 35.

LOS AÑOS 90. PRENSA POLACA EN LA ARGENTINA:

1. Urbanski, Edmund; Witold Gombrowicz en *Sylwetki polskie w Ameryce Lacinskiej XIX i XX-go wieku.* Stevens Point 1991, USA, pp. 158-164.

2. Woyslaw, Krystyna; "Mlody Gombrowicz. FERDYDURKISTAS 1999", Glos Polski, 19/7/1999 (n° 26), p. 11.

3. Jarzebski, Jerzy; "Buenos Aires Gombrowicza", Glos Polski, 1ª parte, 19/7/1999, n° 26, p. 7; 2ª parte, 26/7/1999, n° 27, p. 21; 3ª parte, 2/8/1999, n° 28, p. 6; 4ª parte, 9/8/1999, n° 29, p. 6.

4. Woyslaw, Krystyna; "Witold Gombrowicz - Polak w Argentynie", Glos Polski, 19/7/1999 (n° 26), p. 7.

1991 - Publicación de *Lo humano en busca de lo humano*, traducción de Aurelio Garzón del Camino. *Testamento*, Barcelona, Ed. Anagrama.

1993- junio - Publicación del libro de Germán L. García, *Gombrowicz. El estilo y la heráldica*.

1. Espejo, Miguel; "Releer Gombrowicz". revista Papiros, n° 5, junio de 1993, p. 5.

2. Sin firma; "Gombrowicz y la crítica". La Voz del Interior (Córdoba), 26/1/1993, p. 4 (sección cultural).

3. Sin firma; [reseña]. La Razón, 20/8/1993, p. 16.

4. Mónica Caffaro; [reseña]. La Razón, 20/8/1993 (n° 245), p. 16.

5. Sin firma; [reseña]. Página/12, 26/12/1993 (n° 2026), p. 5 (suplemento de cultura).

6. Siscar, Cristina; García, Germán L. "Una pasión argentina". Humor, mayo de 1993, p. 57.

7. Caffaro, Mónica; "Por el valor de la risa". Colofón. Boletín de la Federación Internacional de Bibliotecas del Campo Freudiano (Barcelona), n° 8, 1993, pp. 24-25.

8. García, Liliana; [reseña]. Actividad Psicológica, mayo de 1993.

9. Russo, Miguel; "La obsesión, de ida y de vuelta", Página/12, 21/3/1993 (n° 1789), p. 5.

Círculo Gombrowicz de Germán García:

1. "Noticias". El *Cronista comercial, 10/5/1993.*

2. [Anuncio de] Gombrowicz o *la seducción*, de A. Fischerman. Pá*gina/12, 28/5/*1993.

1994 - 24° aniversario de la muerte de Gombrowicz:

1. Sin firma; "Gombrowicz, forrado de mito". Cl*arín, 25/7/*1994 (n° 17.410), p. 6 (Espectáculos).

1997 - Publicación de Curso de filos*ofía en seis horas y cuarto.*

1997, diciembre – publicación de El cuarteto de Buenos Aire*s*, de Álvaro Abos.

1. Berti, Eduardo; "Hombres de letras". La Nación, 14/12/1997 (n° 45.305), p. 7.

1999, marzo - Publicación de *Vidas filosóficas,* de Tomás Abraham.

1. Abraham, Tomás; "La aventura de la filosofía". Clarín, 21/3/ 1999 (n° 19.089), p. 8 (Cultura y Nación).

2. Rússovich, Alejandro; "¿Quién es Witold Gombrowicz?" Clarín, 21/3/1999 (n° 19.089), p. 9.

1999, junio - Publicación de *Cartas a un amigo argentino* (Cartas de Gombrowicz a Juan C. Gómez).

1. Gombrowicz, Rita; "Los días de un escritor". Clarín, 25/7/1999 (n° 19.214), p. 5 (Cultura y Nación).

2. Gusmán, Luis; "El demonio de la forma". Clarín, 25/7/1999 (n° 19.214), p. 7.

3. Sifrim, Mónica; "Memorias de un polaco irreverente". Clarín, 25/7/1999 (n° 19.214), p. 4.

4. Rússovich, Alejandro; "El otro idioma de Witoldo". Clarín, 25/7/1999 (n° 19.214), p. 6.

5. Tirri, Néstor; "El capítulo imposible". Clarín, 25/7/1999 (n° 19.214), p. 7.

6. Gombrowicz, W.; *Cartas a un amigo argentino*. La Nación, 4/7/1999 (n° 45.865), pp. 1-2.

7. "La larga risa de todos esos años". Página/12, junio de 1999 (n° 86), pp. 1-4 (sección cultural).

8. Pauls, Alan; "Cuando un amigo se va..." Página/12, 25/7/1999.

1999, julio - Homenaje en la calle Venezulea **615:**

1. Sin firma; "Homenaje al escritor Witold Gombrowicz". Clarín, 25/7/1999 (n° 19.214), p. 41.

2. Sin firma; "Homenaje a Gombrowicz". La Nación, 24/7/1999 (n° 45.885), p. 9.

2000 - Varios:

1. Jorge, Claudia; "La palabra migrante, insistencias sobre Gombrowicz". El Murciélago, n° 12, marzo-mayo de 2000, pp. 4-9 [entrevista con Guillermo David por el libro Witoldo o la mirada extranjera].

2. Guerrero, Leila; "Placeres desde una celda". La Nación, 22/10/2000, p. 4 (sección 6), [a propósito del nuevo libro de Néstor Tirri, *Los cuadernos de Tánger*, se habla un poco de Gombrowicz].

2000, abril - Visita de Rita Gombrowicz.

1. González Toro, Alberto; "La TV francesa, tras los pasos de Gombrowicz". Clarín, 17/IV/2000 (n° 19.479), p. 36 (sección cultural).

2000 - Puesta de Ivonne, *princesa de Borgoña*.

1. Capalbo, Armando; "Fiasco de *Ivonne*". El Menú de Buenos Aires, julio de 2000 (n° 83), p. 12.

2000, noviembre - *Tres miradas a Witold Gombrowicz* en el Teatro San Martín.

1. Tirri, Néstor, "Balada de un viejo príncipe descalzo". La Nación, 27/11/2000, p. 2 (Espectáculos).

2. García Olivieri, Ricardo; "Tres películas sobre Witold Gombrowicz". Clarín, 27/11/2000, p. 2 (Espectáculos).

ÍNDICE

Prefacio 7

I   11
II   34
III   55
IV   71
V   88
VI   121
VII   136
VIII   155
IX   189
X   206
XI   226
XII   233
XIII   250

Bibliografía de Witold Gombrowicz en Argentina 267

Esta edición de 3.000 ejemplares
se terminó de imprimir en Grafinor s.a.
Lamadrid 1576, Villa Ballester, en el mes de agosto de 2006